U0908889

把孩子培养成未来的领袖

BAHAIZI PEIYANGCHENG WEILAI DE LINGXIU

翟　杰 编著

新世界出版社
NEW WORLD PRESS

图书在版编目（CIP）数据

把孩子培养成未来的领袖/翟杰编著．—北京：新世界出版社，2011.1

ISBN 978－7－5104－1487－9

Ⅰ.①把… Ⅱ.①翟… Ⅲ.①家庭教育 Ⅳ.①G78

中国版本图书馆 CIP 数据核字（2010）第 235766 号

把孩子培养成未来的领袖

作　　者：翟　杰
责任编辑：闫　红　孔令钢
责任印制：李一鸣　黄厚清
出版发行：新世界出版社
社址：北京西城区百万庄大街 24 号（100037）
发行部：（010）6899 5968　（010）6899 8733（传真）
总编室：（010）6899 5424　（010）6832 6679（传真）
网址：http：//www.nwp.cn
　　　http：//www.newworld－press.com
版权部：+8610 6899 6306
版权部电子信箱：frank@nwp.com.cn
印刷：北京中印联印务有限公司
经销：新华书店
开本：710mm×1000mm　1/16
字数：280 千字　　印张：19
版次：2011 年 1 月第 1 版　2011 年 1 月第 1 次印刷
书号：ISBN 978－7－5104－1487－9
定价：36.00 元

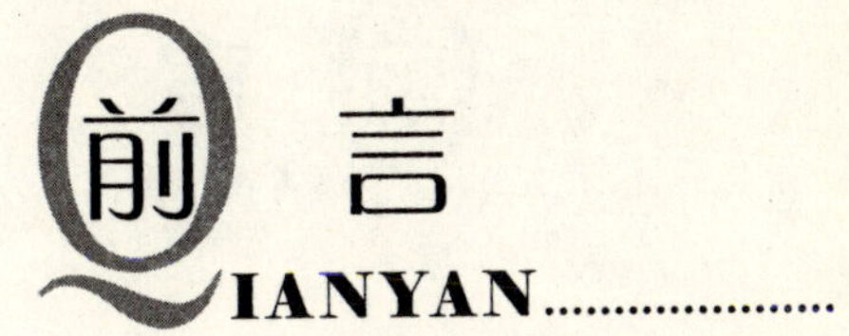

前言

在现实生活中，我们常常看到这样的现象：很多父母费尽心思，花费大量的时间、金钱、精力去教育他们的孩子，结果却发现孩子离自己的期望值日行渐远。有的孩子不理解父母的所作所为，与父母作对；有的孩子甚至成为了问题儿童。于是父母们大呼起来："为什么我的孩子不是比尔·盖茨一类的神童啊！"

没有教不好的孩子，只有不会教的父母。父母使用的教育方法是否妥当，直接影响了孩子的表现甚至一生。每一个孩子的成长、成才，都凝聚着父母巨大的心血，都是父母精心培养的结果。要知道，教育孩子不但是一门科学，也是一门艺术。培养孩子不能照本宣科，也不能一点技巧都不用。在众多的教育法则中，总有适当的方法和技巧适合您的孩子，但如何更好地把它们运用到实际生活中去，却是很多家长梦寐以求的"秘诀"。

此书正是站在东西方家庭教育的前沿，借鉴了名人、领袖的成长经历，寻找了大量值得广大父母学习的真人真事，我们从头到脚，从外到内，分析了"领袖们"成长的过程、成才的原因、成功的基础，帮助家长学习培养"领袖类"孩子的技巧；从根本入手、从具体入手，分析"领袖们"的本质；通过实例，具体问题具体分析，找出领袖们的共同点，让父母不再为教育子女而头痛，帮父母打造出一个优秀的未来领袖。

全书共分十个篇章，首先，教会家长如何丰富孩子的“硬件”，比如：如何给孩子一个领袖头脑，如何让孩子拥有惊人口才。其次，教会家长如何完善孩子的“软件”，比如：如何培养孩子的领袖气质，给孩子一个领袖素养。最后，为了“软件与硬件”的完美结合，本书又介绍了如何改良孩子的心理问题，比如：如何给孩子一个领袖心态，做到了全方位地打造孩子。

竞争激烈的年代，想要在人群中脱颖而出，想要成为别人的领袖，更需要从小培养。玉不琢不成器，孩子不教育不成才，为了让您的孩子成人成才，为了让您的孩子在竞争中脱颖而出，朝着领袖的方向前进，并做到“面面俱到”，请您开始阅读本书，从中找出教育孩子的“秘诀”吧！

目录

第一章 Chapter 1

给孩子一个领袖头脑，他将指挥千军万马 1

比尔·盖茨是怎样“炼”成的? 3

智力培养，原来可以从游戏开始 7

阅读是开发头脑的最佳方式 10

帮助孩子拥有自己的思考力 13

有创造力的人更容易成功 16

没主见，注定一生平庸 19

鼓励孩子有“不一样”的想法 23

和孩子一起探讨和解决问题 26

第二章 Chapter 2

给孩子一个领袖品性，他将走上卓越之路 29

想要“成龙”“成凤”，先要“成人” 31

告诉孩子品格和素养的重要性 34

待人如待己，给孩子一诺千金的诚信 37

把孩子培养成为有爱心的天使 40

培养孩子的幽默感，成为魅力领袖 43

用讲道理代替不由分说的责备 46

懂得谦让的孩子会少很多麻烦 49

诚实正直，做德才兼备的未来领袖 52

让孩子懂得为自己的过失负责 55

给孩子一个领袖习惯，他将更容易成功 59

帮孩子克服依赖习惯，自己的事情自己做 61

教孩子寻求策略，不为抱怨浪费时间 64

鼓励孩子发表意见，让他自己做决定 68
给孩子体验生活的机会，学会自我管理 71
培养孩子的主动性，保持向上提升的感觉 74
第三章 Chapter 3
以变应变，让孩子绝不受困于环境 77
不满足于现状者，才能成为合格领袖 80
让胆怯孩子变勇敢，在机会面前表现自我 83
和孩子一起养成珍惜时间的好习惯 87

第四章 Chapter 4
给孩子一个领袖气质，他将获得无数拥趸 91
懂得感恩的孩子，容易赢得人心 93
让孩子在压力面前能做到挥洒自如 96
耐心和毅力是未来领袖的左膀右臂 99
把孩子当做珍珠，让他永不看低自己 102
宽容让人自在，宰相肚里能撑船 105
不张狂不卖弄，低姿态让人更尊重 108
帮助孩子成为有影响力的人 111
一呼百应的号召力从哪里来 114
让未来领袖流露出公平正义感 118

第五章 Chapter 5
给孩子一个领袖使命，他将时刻保持乐观 121
正确引导，帮孩子描绘光明前景 123
了解孩子的梦想，帮他树立目标 126
预备多种人生方案，制定使命宣言 130
用不变的支持和信赖对待孩子 133
告诉孩子热情洋溢的惊人力量 136
怎样赏识孩子才有最好效果 139
做孩子乐观情绪的“发电站” 143
自我激励，让孩子正确评价自己 147
让孩子从实践中学会维护自己的权利 150

第六章 Chapter 6

给孩子一个领袖能力，他将战胜一切难题 153

培养孩子敏捷的思维与应变能力 155
对细节的洞察能力是决定成败的关键 158
眼光很重要，提高选择和判断能力 161
学习能力是增强孩子竞争力的根本 164
插上想象的翅膀，孩子将飞得更高 167
卓越的领袖需要过人的记忆力 170
逻辑分析能力会帮孩子运筹帷幄 173
寻找特长，打造孩子的核心竞争力 176

第七章 Chapter 7

给孩子一个领袖口才，他将更容易成就自己 179

要想拥有领袖口才，先要学会倾听 181
未必伶牙俐齿，但要掷地有声 185
有效交流，成就更完美的合作 189
赞美别人的技巧对孩子很有必要 192
教给孩子说服别人的艺术 195
如何才能建议到位还不伤人 199
讲故事是非常巧妙的沟通手段 202
让孩子牢记，表情是一种无声口才 205

第八章 Chapter 8

给孩子一个领袖素养，他将处处赢得人脉 209

让自制力赋予孩子更多力量 211
懂得变通和分寸，才能如鱼得水 214
善于自我总结与反省的人更完美 217
团队合作精神是领袖的必修课程 220
不仅要激励自己，更要懂得激励他人 223
帮孩子树立既认真又淡泊的人生态度 226
不做孤家寡人，和别人分享自己的想法 229

教导孩子接受他人合理的建议 232
引导孩子学会尊重每一个人 235

第九章 Chapter 9
给孩子一个领袖心态，他将承受一切磨难 239

培养孩子的吃苦精神，让他勤勉自强 241
帮孩子坚定信念，不把人生交给命运 244
为失败庆祝，成功者必然经历失败 247
面对挫折，问问孩子是否全力以赴 251
给孩子制造“麻烦”，提高他的承受能力 254
让跌倒的孩子自己爬起来，他会更坚强 257
不要心软，挫折是孩子最好的营养品 260
引导孩子接受有失败记录的自己 263
适度施压，别让孩子生活太悠闲 266

第十章 Chapter 10
给孩子一个领袖财商，他将创造无限财富 269

引导孩子树立健康的财富观念 271
投资意识和经济头脑比金钱更重要 275
理智消费，把钱花在该花的地方 279
帮孩子攒钱，养成储蓄习惯 283
利用零用钱让孩子学会自主理财 286
人情往来，成大事者不计较小钱 289
让孩子知道，聪明的脑袋会生钱 292

第一章 1

给孩子一个领袖头脑，他将指挥千军万马

毋庸置疑，把孩子培养成为一个未来的领袖，就必须要从头脑的开发着手。没有清晰且富有创意的头脑，一个人是很难超越平庸、成为卓越领袖的。对于父母来说，越早开发和培养孩子的头脑，对孩子的成长和潜能释放越有利。

比尔·盖茨是怎样“炼”成的？

“世界首富”“个人财富几百亿”“改变了世界”，无数个光环套在比尔·盖茨的身上。然而，比尔·盖茨也是从一个普通小孩成长为“人中之龙”的。父母是他的第一位老师，为他后来的成功奠定了牢固的基础。事实上，每个孩子出生的时候都是一张白纸，他的第一笔都是由父母来填写的。想要让你的孩子成为“比尔·盖茨”类的卓越栋梁，那么，就要从现在开始行动了。

1.因材施教，树立孩子的目标

家长都希望孩子能够有所成就，成为人上人。然而教育孩子不是照本宣科、生搬硬套，而是要根据孩子的爱好、特长，因材施教。要知道，对孩子的教育目标，终点要放在孩子身上，而不是自己身上。比如家长很喜欢音乐，在他的心目中一个优秀的音乐家就是成功的，所以，他就希望孩子向音乐方面发展。其他像政治家、军事家、律师、教师等等，这些目标在某种程度上都有家长自己的意愿，但并不代表孩子的真实想法。于是，家长的目标反而变成加在孩子身上的包袱，显然不利于孩子的发展。要知道，兴趣是孩子学习的动力。家长在制订这些目标的时候，一定要把孩子自身的兴趣考虑进去，尊重孩子的意愿，而不是强硬地逼迫孩子。

比尔的父亲威廉就是尊重孩子的好父亲。威廉是一个优秀的律师，他希望儿子可以子承父业，也做律师。但是他逐渐发现，孩子的兴趣在理科上，于是，他没有逼迫比尔，而是让比尔按着自己的兴趣走下去。孩子喜欢计算机，尽管去摆弄；突然之间孩子又密切关注经济学，尽管去尝试；当儿子选择放弃哈佛大学的法学学士学位，从事计算机行业时，开明的父亲也同意了。因为他相信，目标是孩子自己设立的，他一定会努力去实现自己的理想。

2.做好合理的分工

俗话说，教育孩子，要一个人唱白脸，一个人唱红脸，家里一定要有个震得住孩子的人。每个人在家庭扮演的角色不同，因此，教育孩子的方式也不同。很多父母也许没有意识到，但是家里对孩子的教育问题已经存在了一定的分工。聪明的父母应该根据教育内容、自身特点做出不同的分工，这样才能更全面地了解孩子，更有效地教育孩子。

从比尔·盖茨家的情况来说，母亲主要负责比尔品质方面的培养，而父亲考虑孩子发展方面的问题。这样分工是因为身为女性的母亲性格细腻，跟孩子接触时间多。一般来说，儿童跟母亲最亲密，最爱效仿母亲，母亲的一举一动会在很大程度上影响到孩子的性格和品质。让母亲来处理这些方面的问题，会做得更温和、稳妥。而父亲作为一个男性，更容易用客观的眼光看待自己的孩子，对孩子未来的路看得更长，更懂得客观分析哪种方式适合孩子的发展，做出正确的抉择。

分工可以合理分配父母的任务，每个人关注一部分要比考虑全局节省精力，而遇到问题时，可以考虑得更深入和透彻。有了分工，并不意味着父母之间的教育工作就完全分开了。恰恰相反，父母更应该多交流，保证教育原则的一致。如果父母双方的意见不统一、出现分歧，给孩子的教育和指令也是不一致的，会造成孩子不知道该听从哪一方、无所适从的现象，这样不仅没有教育好孩子，反而在孩子的意识里会造成混乱。

3.正确地引导孩子

对孩子要求永远满足的溺爱方式往往会影响孩子的成长，正确地引导孩子，才是教育孩子的好办法。在青少年阶段，孩子逐渐有了自己的意识跟想法。随着生活范围的扩大，孩子的要求也越来越多。对于孩子提出的每一个要求，家长要认真思考，这个要求是不是合理。无理的要求，家长一定要懂得说“不”。这一点，比尔的妈妈做得很好。

当比尔提出一些超出父母承受限度的要求时，比尔的妈妈就会拒绝并告诉比尔拒绝他的理由。一次，比尔希望拥有一个自己的小小实验室，就和父母提出了自己的想法。由于比尔想法充分，又是为了学习投资，父母都非常支持，但是对一个小孩子来说，一个实验室需要很多添置的物品，而有一些物品比较昂贵，或者比较危险还不适合比尔现在使用。因此，比尔的妈妈就给比尔讲了这个道理，而且还鼓励比尔通过自己的劳动来赚取更多的“创业基金”，这样用自己的努力建造的实验室会更有成就感。于是，比尔开始参加家务劳动，换取买物品的钱。这样既锻炼了自理能力，又懂得金钱来之不易，不能大手大脚。这些好的品质都为他将来的成功，打下了基础。

所以说，家长只要用心去爱孩子，用正确的态度对待孩子，用科学的方式教育孩子，每一个家长都可以成为玛丽和威廉，都能养育出像比尔·盖茨一样优秀的孩子！

孩子是父母的希望。爱孩子，是每一个父母发自心底最真挚的情愫。把自己的孩子培养成才是每个家长的愿望。然而爱孩子，同样要了解孩子，给他合适的物质环境、人文环境；教育孩子要采用正确、科学的方式，才能事半功倍地让自己家里“炼”出一个“比尔·盖茨”。

智力培养，原来可以从游戏开始

心急吃不了热豆腐，培养孩子更是要一步一步来。当孩子吃、喝、睡等基本的生存需要和安全需要得到满足后，家长们就要开始进一步地培养孩子的智力了。然而，孩子是不可能一下子就成为知识渊博的博士的，培养孩子不需要填鸭式地灌输高深的知识，适当的游戏反而更能起到良好的作用。智力培养，其实可以从游戏开始。游戏不仅锻炼了孩子的动手能力，更锻炼了孩子的用脑能力。不知不觉之中，孩子就变得更聪明了。

一个孩子，并不是功课做得好，就可以称得上有智慧。事实是，人的智慧不仅仅是单一的，而是多种能力综合在一起的产物。人类已经进化了几百万年，在时间的长河中，人类从最早的语言、绘画到象形文字，再到文字，需要相当长的时间，这是人类发展的必然规律。孩子的学习也是一样，从他自发地涂鸦、绘画，再发展到学习文字和算术这些抽象的东西，也是需要一个过程的。而伴随孩子度过这个过程最好的方法，就是有益的游戏。游戏可以激发孩子的潜能，培养孩子的智力，成为家长培养孩子的好帮手。比尔·盖茨就是在游戏中学会了独立思考。

比尔·盖茨一天天大了起来，作为母亲的玛丽开始着手培养孩子的智力，聪明的玛丽想到了利用游戏这个好工具。每天晚饭后，大家开始坐在一起玩牌。

一家四口，爸爸和哥哥都是玩牌的老手。起初，小比尔总是落后，他皱着眉头，紧闭着嘴巴，一副不肯服输的样子。他的两只眼睛盯着对方手里的牌，心里快速地盘算着应该怎么出牌。小比尔那么投入的神情被母亲看在眼里，母亲在一旁轻轻地捅了捅父亲，父亲看到儿子的鼻头上都沁出了汗水，会意地向母亲笑了笑。这一局，当然是小比尔赢了，但是没有人看出父亲错打了几张牌。尝到赢的喜悦，小比尔的积极性更高了，父亲把儿子抱起来举过头顶，“啊，我的小比尔今天表现得太棒了，但是下次也许你就没这么幸运了！”“下次我一定还会赢的。”比尔握着小拳头，向父亲发出了挑战。“那好吧，我们下次打牌的时候看看谁会赢吧！”

又是一个晚饭后，全家开始玩牌。小比尔的积极性非常高，这次爸爸开出的奖励是一只棒球手套，这可是比尔兄弟俩都心仪已久的东西。大家个个都摩拳擦掌，想要获得梦寐以求的奖品。这次爸爸有意要灭灭儿子们的气焰，防止他们骄傲，所以爸爸的牌出得又凶又狠，完全不给其他人余地。“呵呵，这只棒球手套谁也拿不走了，你们负责洗下周的碗吧！”比尔哭丧着一张脸，棒球手套就这样飞了。“噢，我的小宝贝，别这样，妈妈看到会伤心的”，玛丽抱着小儿子，“棒球手套还在，对吧，我们下次把它赢过来就好了。可是怎么赢呢？噢，咱们来想想怎么才能赢呢？比尔，你有没有注意到爸爸这次出牌的特点呢？通过爸爸出牌的方式，你想到了什么呢？”比尔一下子来了精神，听妈妈仔细分析爸爸是如何打牌的，并且两个人还拟定了策略，扬言下次打牌一定要扳回一局。

有了妈妈对爸爸牌技的准确分析，再加上小比尔灵活出牌，终于赢回了棒球手套，小比尔乐得手舞足蹈的。爸爸妈妈也相视一笑，小比尔在打牌的过程已经学会了分析别人的打法，灵活出牌，牌技已经达到一定程度了，大脑也在不知不觉中得到了锻炼，比同班的同学都聪明。

开发孩子的智力，是所有家长都很关心的事情。但是如何开发呢，很多家长却是一头雾水。孩子的智力发展，除了按照年龄的自身规律逐步发展以外，有的时候，需要父母给孩子搭建一个梯子，这样孩子就能够到达更高的地方，而这个通往这个更高地方的梯子就是游戏。

好好在班级的测验中又拿了100分，很多家长纷纷咨询好好是在哪里补习的？好好吃过什么灵丹妙药？为什么这么聪明呢？好好妈的答案却是：游戏，用游戏培养孩子。当别的孩子三岁开始接触英语的时候。好好却连字都不认识一个。但是一有时间，父母就会带着好好去大自然体验，游山玩水。在她3岁前，周末去过最多的地方是植物园、动物园、海洋馆；外出度假是去海边。不知不觉中，好好通过游玩增长了不少见识，认识了不少事物。4岁起，她通过日常生活中的接触以及讲故事等方式，短时间内就认识了大量的汉字。由于父母从没刻意教过，没有压迫感，好好对认字的兴趣一直很强烈，而且乐在其中。上学以后，好好也不用父母操心，自己能在学习中找到乐趣，相比其他孩子在父母的逼迫下被动地学习，这样自主的学习方式，最能激发孩子的学习兴趣。这样的发展是良性的，能够很好地保护孩子的自主思维和好奇心，增长孩子的智力。

很多父母抱怨：别人家的孩子看起来都那么聪明，自己看着自家的孩子只能白白着急，却无从下手。其实，养育一个聪明的孩子比你想象的容易，既不需要购买昂贵的设备，也不需要高价聘请家庭教师，你也不用时时刻刻让孩子做各种功课。有一种很容易但很有效的方法，可以极大地提高孩子的脑力，这个简单的方法，就是和孩子玩正确的游戏。游戏不仅可以满足孩子身体活动的需要，更满足了孩子的脑部发展的需要。

时代在进步，父母不仅仅希望自己的孩子能吃饱穿暖，更希望自己的孩子能够智力超群，像比尔·盖茨一样，能够飞黄腾达，有自己的事业。因此从孩子哇哇坠地，家长们就憋足了劲要培养好孩子。而通过游戏培养孩子的智力，不仅可以提高孩子的积极性，更为家长减轻了难度，让孩子轻轻松松地在开心中变得聪明。

阅读是开发头脑的最佳方式

望子成龙是所有家长的心态，一家一个孩子，当然要尽全力培养。目前，热衷于儿童早期智力开发的家长很多。许多父母很早就教儿童认字、算术；有的家长还对儿童进行早期定向培养，如很小的小孩就在家长的逼迫下学画画、学书法、学钢琴、小提琴等。其实这种教育方式，有利有弊，甚至可以说是弊大于利。在这种高强度的培养之下，孩子往往会因为压力而讨厌学习。真正的智力开发，就是要针对孩子的年龄特点，按照规律，通过环境和教育的作用，使孩子圆满地完成每一个年龄阶段的发展任务，让智能、性格诸方面协调发展，成为有较高的认识能力和健康人格的社会成员。阅读就是一种既轻松，又可以激发儿童兴趣的好工具，可以被家长用来开发孩子的大脑。

比尔·盖茨并不是一出生就是个神童，而是通过父母的培养，才有了今天的作为。阅读对他的成长起到了决定性的作用。孩提时代起，比尔·盖茨就生活在一个富有文化气息的环境中。在他三四岁时，比尔·盖茨的妈妈玛丽去为学生作讲解总是把他带在身边。玛丽在学校里讲本地历史和文化时，小小的比尔·盖茨就坐在前面的桌旁，两眼死死盯着母亲，聚精会神地听讲，经常得到母亲的赞赏。他性格好动，但是喜欢思考，酷爱读书。他的课余时间几乎都花在了阅读上。他读的书也不是一般儿童喜欢的连环画、童话故事之类，而是供成人阅读的各种作品。他的父亲有许多藏书，他可以一连几个小时独自呆在书房里翻看。描写人猿泰山、火星人等等的幻想作品最先引起他的兴趣。这些书描写的世界非常广大，远远超过了他平日的活动范围。他发现通过书房里那一架架五花八门的书籍，可以毫不费力地进入一个无边无际的想象天地。就在这个让他尽情驰骋的天地中，他的心智早早地得到了开发。

到8岁时，比尔·盖茨的好奇心更加强烈了。他有了独立阅读的能力，就开始把兴趣由小说童话，转变到了世界百科上。他发现家里有一部图文并茂的《世界图书百科全书》，讲的都是现实世界上的各种事情，正好能回答他久存于心的种种疑问。他一下子就喜欢上了，并开始逐字逐句地阅读起来。小小年纪就满怀热情地大量地阅读，这在同龄儿童中是十分罕见的。幼时的比尔·盖茨从《世界图书百科全书》中获取了大量的知识，同时也发现了这种百科全书的不足之处。他说："笨重的书卷里仅包含文本和插图。它能够说明爱迪生的留声机外观怎样，却不能让我听听它刺耳的声音；它有毛虫变成蝴蝶的照片，却没有图像将这一变化栩栩如生地呈现出来。如果它能就我所读的内容进行测验，或它的信息能够与时代同步，那真是锦上添花。虽然它有这些缺点，但是我还是很喜欢这部百科全书，并坚持读了5年，一直读到上中学。"良好的阅读习惯锻炼了他，让他成为了同龄中的佼佼者。阅读不仅开阔了他的视野，增长了他的见识，更在无形中开发了他的头脑，锻炼了他的智力水平，提高了他的学习能力。

比尔·盖茨可以通过阅读来开发头脑，普通人也可以通过阅读来提高智力水平，然而很多家长却掌握不好让孩子爱上阅读的技巧。许多家长在孩子读完一本书后，总喜欢考察孩子"记住了多少"。这种做法只会让孩子有了抵触情绪，讨厌阅读。

明明语文不好，他的父亲听取了老师的建议，同意让孩子看课外书。明明刚读了第一本小说，父母就迫不及待地要孩子复述这个故事，背会其中的“优美段落”，要孩子在写作中用上小说中的一些词语和素材，甚至还要求孩子写读后感。到孩子读了第二本小说，父亲就责怪孩子把第一本小说中的故事情节和人物忘得差不多了，认为前一本书白读了。结果，明明现在看见书就头疼，成绩更是一落千丈。

家长盲目地逼孩子阅读，只能是搞得孩子厌恶阅读。不仅开发不了孩子的头脑，反而容易让孩子对阅读产生抵触情绪。当儿童面对一本书时，如果有人向他提出了识记的要求，他就会把注意力转移到识记上，而把阅读的兴趣放到次要的地位。一旦孩子意识到读完一本书后有那么多任务等着他，他就不会想再去读书。破坏兴趣，就是在扼杀阅读。想要让孩子爱上阅读，先要让孩子能够感觉到阅读是件有趣的事，除了有趣没有任何其他目的。恰是这种“没有任何其它目的”，才能让孩子喜爱这项活动，这样才能起到锻炼孩子、开发孩子大脑的作用。

教育孩子需要一个过程，而不是一蹴而就的事；教育孩子需要讲究手段，讲究技巧。家长可以利用阅读这个办法作为开发孩子头脑的手段，但是一定要讲究方式、方法。每个孩子在阅读中都会有一个不熟悉到熟悉、不适应到适应的发展过程，这是正常的发展规律。家长不要操之过急，不要对孩子施加压力，只能采取诱导鼓励的方法，使其正确对待这个问题。经过一段时间的教育熏陶，就会逐步使孩子养成喜爱读书的兴趣和习惯，并且使书成为孩子成长生活中不可缺少的一部分。只有孩子能够主动去读书，你开发孩子头脑的目的才算真正地实现了。

帮助孩子拥有自己的思考力

思考可以让孩子独立；思考可以让孩子理解、记忆；思考也是孩子将零散的知识归纳集中的一个整理过程。养成勤于思考的习惯对一个孩子来说是至关重要的。同时，养成勤于思考的习惯，能让孩子在读书的同时，做到真正地动脑筋，在现有的知识层面上配上自己的独特理解；而不是成了书呆子，读“死书”，只读而不去理解。想要让自己的孩子与众不同，成为比尔·盖茨类的佼佼者，一定不能忽略了锻炼孩子的思考力。

社会竞争越来越激烈，很多家长都意识到，即使孩子在学校取得优秀的成绩，也不足以确保孩子在长大之后能找到一份理想的工作。因为不少大机构在招募人才时，不再只看重学术成绩，反而看重应聘者是否拥有独立思考能力，在处理问题时能否作出正确的判断。思考力对人的影响非常大，许多伟人取得的非凡成就都是靠他惊人的思考力而获得的。

牛顿从小就是个喜欢独立思考的小孩子，他喜欢制作各种玩具，而且做得十分精巧。12岁那年，他上了中学，寄宿在一个开药店的人家里。没有什么玩具，他便思索着自己动手做玩具，他用斧头、锯子和锤子制作各种奇怪的小玩具。有一次，他制作了一架小风车，又活捉了一只老鼠，把老鼠捆在风车轮子前面的踏板上，并且在老鼠的前面放上一粒玉米。这粒玉米让老鼠看得到却又吃不到，饥饿的老鼠为了吃上这粒玉米，就拼命往前跑，就这样带动了风车的轮子。还有一次，他用木箱和玻璃瓶做了一只水钟，他将适量的水注入木箱，箱内滴出的水流控制着钟上时针的转动，每天黎明时水钟能按时滴水到他脸上，叫他醒来，催他早读。这一切都是他自己用脑袋想出来的，完全没有大人帮忙。

有一天，牛顿坐在苹果树下思考问题，忽然一只苹果从树上掉了下来。苹果熟透了自然就会从树上掉下来，很多人对这种现象都习以为常。然而，这一平常的自然现象引起了牛顿的深思，他从苹果落地想到地心引力的存在，想到这种引力可能同时存在于整个宇宙之中，想到地球与整个天体的运动。后来他得出惊人的结论："宇宙定律就是质量与质量之间的相互吸引。"由苹果落地而受到启发，牛顿终于发现了万有引力定律。

苹果落地的故事，说明了不管是多小的事情、多常见的现象，只要你去思考、去研究，就会得到意想不到的成功。因此，从小培养孩子独立思考、拥有判断力是极为重要的。那么，家长应怎样帮助孩子培养这些能力呢？

想要让孩子拥有思考能力并不是一朝一夕便能够培养出来的。在孩子拥有独立的思考能力之前，必须要培养出孩子正确的学习态度、高度的专注力。只有孩子掌握了这些基础能力后，在学习过程中才懂得如何透过反覆试验、不断摸索，从中掌握知识，才能引发思考力，拥有独立思考的能力。很多家长都有这样的经验，当孩子在家遇到问题时，都会毫不犹豫地问父母，而父母亦会不自觉地把答案直接告诉孩子。其实，这样做不但帮不了孩子，反而会阻碍孩子思考力的发展，更会让孩子逐渐失去自己判断、尝试解决问题的意识。久而久之，孩子一遇到难题便问别人，不懂自己先思考后解决，养成了依赖的个性，将来步入社会，也很难独立，很难自己思考。

李华是个很有经验的妈妈。当她遇到孩子向自己请教时，例如："妈妈，2+2等于多少呢？"，她从来不立即告诉孩子答案，反而以引导的方式来协助孩子思考，例如问孩子："2+1是多少呢？那么，2+1后再+1又是多少呢？"如此利用已掌握的知识引导孩子学习新的内容，逐渐学会自己思考解决问题。如果孩子做得好，李华会即时给予孩子赞赏，并且鼓励他多思考；即使他错了，李华也从来不责备孩子，了解原因后，再耐心地引导。就这样，虽然李华的孩子在班级里年龄最小，但是成绩却总是名列前茅。

李华的例子，更加体现了培养孩子思考能力的重要性。当孩子学会自己学习，从思考答案的过程中得到满足感及领悟时，孩子的学习兴趣自然会得到提升，并主动寻找未知的知识，进一步提升思考能力。这样孩子自己独立思考的积极性就会越来越强，时间长了，就会自己主动动脑，而不是张口就问了。

学而不思则罔，思而不学则殆。一味地读书，而不思考，只能被书本牵着鼻子走，只会被书本所累。只有把学习和思考结合起来，才能获得真知灼见。作为家长，一定不希望自己的孩子是个只会读书、不会应用的"废材"，是个高分低能、不会动手的"好学生"。为了让孩子拥有自己的独立的思考力，让我们从现在开始，不要在动手帮助孩子做好每一件事，不要让孩子坐享其成，而是开始帮助孩子拥有自己的思考力、自己的动手能力吧！

有创造力的人更容易成功

想要让孩子成为成功人士，就要从小开始培养。培养一个孩子是要从多方面出发的，创造力是一个孩子智力和能力的重要标志，更是能否成才的重要因素。它取决于后天的培养。有的家长认为孩子聪明、智商高，就一定会有所发明创造。其实不然，有的人智商很高，却没有任何创造性表现，终生平平庸庸。这是因为创造力的发挥除要求有正常的智力水平外，还必须具有良好的非智力因素，即兴趣、意志、性格、动作、情感等综合能力。所以，要培养孩子的创造力，就要从小开始、从细节开始。

很多家长也许认为创造力是虚无缥缈的东西，不像数学、语文那样实在。实际上，创造力对一个人的影响，往往超过了一门技术带给人的好处。那么，如何培养一个孩子的创造力呢？要知道，培养孩子不是纸上谈兵，一定要结合到日常生活中去，以下几个方面对培养孩子的创造力十分重要。

首先，要培养孩子的兴趣。一个孩子对某项活动产生了浓厚的兴趣，他会积极、努力地参加这项活动，在活动中不断地开动脑筋，获得有关的知识技能，从而进一步改进活动的内容和方法。

其次，要培养孩子的独立性。许多家长认为，听话、顺从、不调皮捣蛋的孩子是乖孩子、好孩子。还有的家长娇惯、溺爱孩子，怕添乱，不鼓励孩子做力所能及的事。这对孩子创造力的发展是不利的。家长应该相信孩子，让孩子动手做一些力所能及的事。当孩子遇到困难时，要鼓励和启发他想办法克服和解决，但不能越俎代疱。

此外，还要保护和激发孩子的好奇心和想象力。好奇是幼儿的特点之一，是探索知识奥秘的动力。想象力是儿童创造性思维能力的核心。好奇心愈强，想象力愈丰富，创造性就愈高。孩子对许多事情都感到好奇，凡事都想弄个明白。手电筒为何发光？不倒翁为什么推不倒？孩子想要弄明白，会把手电筒和不倒翁拆开。家长千万不能指责、制止。好奇是探求、创造的动力源。牛顿从苹果落地得到启发，后来发现了“万有引力”定律；瓦特少年时曾为壶盖被水蒸汽顶起而惊奇，最终发明了蒸汽机。所以家长要引导孩子大胆想象，允许他们创造性地尝试。

居里夫人有两个女儿：伊蕾娜·居里和艾芙·居里。居里夫人的家教观是：发掘女儿在某种天赋领域的创造力，而不是死记硬背只会考100分的死知识。早在女儿们咿呀学语时，居里夫人就开始对她俩的创造力进行了发掘，经过两年的特殊教育后，居里夫人觉得，伊蕾娜性格文静、专注，迷恋化学并立志要当科学家，这些正是科学家所具备的素质。而艾芙生性活泼，充满梦幻。居里夫人便先让她学医，然后再引导她研究镭，又激励她从事自然科学，可艾芙对科学不感兴趣。经多次观察，居里夫人才发现艾芙的天赋是文艺。于是，居里夫人不再干涉女儿的意愿，任由她自由发挥，利用自己的创造力去改变自己的人生道路。这种不断发掘孩子创造力的家教观念，使伊蕾娜·居里因“新放射性元素的合成”而获1939年诺贝尔化学奖，也使艾芙·居里成为一位优秀的音乐教育家和传记文学作家，最大程度地发挥了两个女儿的潜能。如果居里夫人一味地限制孩子的创造力，一味地强迫孩子做不喜欢的事情，也许历史上只会多出一名平庸之辈，而少了一朵文坛之花。

父母培养孩子的方式直接影响了孩子的一生，填鸭式的教育已经不能适应当今社会的发展。在儿童阶段，培养孩子应从真正的基础素质方面入手，以培养孩子的思维、创造力为主，使孩子成长为有独立思维能力、有想象力、有创造力的人。要记住，有创造力的人更容易成功，想让你的孩子成才，先培养他的创造力。

没主见，注定一生平庸

孩子总有长大的一天，需要自己去面对社会、解决问题。有主见的孩子知道自己想要什么，于是他朝着目标不停地前进；没主见的孩子唯唯诺诺，不知道什么才是自己想要的，注定一生平庸。可见，培养孩子成为一个有“主见”的人极为重要。很多家长认为：孩子听话、乖巧可以省却父母许多力气，少操很多心。但事实上，如果孩子表现得过于顺从，凡事没有主见，总是模仿别人，就不是一种好现象了，这对孩子今后个性的健康发展是不利的。因为你的孩子已经成为了“学舌的鹦鹉”，没有自己的主见了。

生活中很多家长常常碰到这样的现象：自己的孩子的想法总是被大人所左右，他们总是不敢坚持自己的观点，摇摆不定。有的明明自己是正确的，也常常怀疑自己的答案或观点，非得看看大人怎么说，老师怎么讲，核对一番后自己才放心，生怕自己被家长训斥。

以上这个现象表明，孩子缺乏“主见”，本质上说就是缺乏思维的独立性，缺乏深入思考或者主动思考的良好习惯。他们的学习也往往是机械模仿的成份较多，这样的孩子长大后只会成为平庸之辈。

玛格丽特·撒切尔是迄今为止第一位大国女首相，更是一位高瞻远瞩的女政治家、外交家。很小的时候，她的父亲罗伯茨先生就谆谆告诫她千万不要盲目迎合他人。等到玛格丽特入学后，随着年龄的增长，她才惊讶地发现：她的同学有着比自己更为自由和丰富的生活，一切都是那么诱人，那么令人愉快。看着别人，幼小的玛格丽特心里痒痒的，她幻想能有机会与同学们自由自在地玩耍。

有一天，她回家鼓起勇气跟充满威严感的父亲说："爸爸，我也想去玩。"罗伯茨脸色一沉，说："你必须有自己的主见！不能因为你的朋友在做某件事情，你就也得去。你要自己决定你该怎么办，不要随波逐流。"见孩子不说话，罗伯茨缓和了语气，继续劝导玛格丽特："孩子，不是爸爸限制你的自由，而是你应该有自己的判断力，有自己的思想。现在是你学习知识的大好时光，如果你想和一般人一样，沉迷于游乐，那样一定会一事无成。我相信你有自己的判断力，你自己做决定吧。"听罢父亲的话，小玛格丽特再也不吱声了。父亲的一席话深深地印在了她的脑海里。她想：是啊，为什么我要学别人呢？我有很多自己的事要做呢，刚买回来的书我还没看完呢。从那以后，玛格丽特一有时间就沉潜在书的海洋中，再也不羡慕别人可以出去玩了。

罗伯茨经常这样教育女儿，要有主见，有自己的理想，特立独行、与众不同最能显示一个人的个性。随波逐流只能使个性的光辉淹没在芸芸众生之中。这样的家庭教育培养了玛格丽特高度的自信和独立不羁的个性，使她常常有一种心理优越感。

玛格丽特所在的学校经常请人来校演讲，每次演讲结束，她总是第一个站起来大胆提问。不管她的问题是比较幼稚，还是比较尖锐，她总是充满好奇地脱口而出，而其他的女孩子则怯生生地不敢开口，她们只能面面相觑或抬眼望着天花板。回家后，玛格丽特向父亲汇报学校的情况时，父亲总是鼓励她："孩子，你有这样的信心，我真为你感到骄傲。你一定会成为一个出色的辩论家。"

父亲的不断鼓励使玛格丽特对自己的口才充满了自信，她相信自己可以在演讲方面闯出一片天地。上中学的时候，玛格丽特是学校辩论俱乐部的成员，演讲从不怯场。就这样，玛格丽特成长成为一个有自信、有自己独到见解的人。1974年，玛格丽特·撒切尔成为英国历史上第一位女首相，而且之后连续三次当选。她在重大国际、国内问题上，思路清晰、观点鲜明、立场强硬、做事果断，这一切跟她从小养成的有主见的性格是分不开的。

罗伯茨可以把自己的女儿培养成有主见的人，其他父母也可以把自己的孩子培养成有主见的人才。作为家长一定要牢记，随着孩子的长大，他会越来越有自己的见解。但因为亲子之间在成长背景、成长经历、价值归属等诸多方面的巨大差异，孩子的见解很可能和我们不同。如果孩子不同的见解不被允许，孩子的“主见性”就会被一点点毁掉，成为一个以父母意见为自己见解的“乖孩子”。

期中考试过后，陶陶成绩又退后了几名，作为母亲的王霞看在眼里，急在心里，除了给陶陶报更多的补习班，王霞不知道自己还可以做什么。班主任的一席话，却让王霞认识到了问题所在，陶陶的退步，问题完全在家长身上。原来每天王霞都会告诉孩子做什么，上课听讲，回家做作业。然而，她却不去倾听孩子想说什么，时间长了，陶陶变得一点主见没有，对自己没了自信。考试的时候，更是畏手畏脚，明明会的东西，却因为害怕答错被家长责备而不敢做答。渐渐地，陶陶就更没了主见、没了主意，时间长了，就造成了今天的恶性循环。

总之，如果我们能够尊重孩子和我们的不同，我们和孩子就能互相接纳；如果我们能够欣赏孩子的不同，我们和孩子就能互相滋养。孩子就会变得越来越有自信，越来越有主见。

想让你的孩子能够做事果断吗？想让你的孩子能够在将来的职场上运筹

帷幄吗？那么就从现在开始，从培养孩子的独立性和主见开始吧！要知道，没主见，只能拥有一个平庸的人生。为了孩子的日后精彩，就从现在起让他成为一个有主见的“小大人”吧！

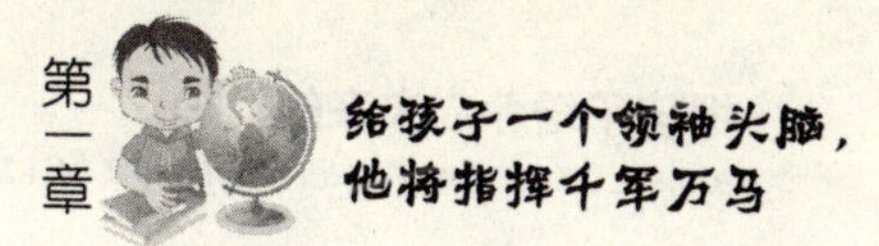

鼓励孩子有“不一样”的想法

现在的家庭基本上是六个大人忙活一个孩子。独生子女们格外受到爱护，成为家里的小皇上。衣食住行被父母安排的妥妥当当，遇到问题，爸爸妈妈抢着给孩子解决，然而很多家长逐渐发现，孩子没有自己的想法，口头禅永远是“妈妈说……”或者“爸爸说……”。不要认为这是孩子听话的表现，要知道孩子是个个体，需要有自己独立思考的能力，应该有跟家长不一样的想法。

作为家长，一定要注意鼓励孩子“多说话”。要知道，在孩子随声附和家长的时候，他的思路会被家长的固有想法限制而得不到发挥；在孩子不敢表达自我的时候，他的自信心也会一点一滴地消失殆尽。他只会成为重复父母的应声虫，而丧失成为号令千军的领袖的机会。

被誉为“炸药大王”的诺贝尔从小热爱科学，一心想用自己的智慧创造出世界上没有的东西来为大家谋福利。有一年，诺贝尔家失了火，弄得家中一贫如洗，只得漂洋过海到俄国谋生。在俄国，父亲开了一家日用五金商店用来谋生度日。

生活的困苦并没有使诺贝尔放弃自己的理想。小诺贝尔经常看到工人为了开凿铁路在荒山野岭手拿铁镐砸石头，既费劲又费时。然而如果使用一种炸药，就可以不费劲地把大山劈开了。小诺贝尔对这种神奇的炸药着了迷，缠着父亲给他讲解。父亲最开始却不肯回答诺贝尔的问题，他觉得炸药是个危险的东西，小孩子不应该去接触它。诺贝尔却回答说："我现在只是想要明白它的原理，搞清楚它的构造，带着问题去学习，这样我才能学得更快、更好。"小诺贝尔不一样的说法打动了父亲的心，从那开始，父亲成了他的启蒙老师。小诺贝尔记熟了各种化学物品的名称，常向父亲提出各种不懂的问题，父亲总是耐心地给他讲解，还指导他做小实验。

诺贝尔17岁的时候，他感到自己生活的狭隘性，他决定去周游世界，开开眼界。父亲觉得出门在外，既危险，又吃苦，劝他不要去。诺贝却说："我远渡重洋，是为了学习各国新的科学和技术。"

诺贝尔先后到过德国、意大利和法国，又去英国参加了世界博览会，最后横渡大西洋，到美国的机械工厂当了一名学徒工。

诺贝尔这次旅行整整用了两年。他除了尽情观赏了世界各地的奇异风光外，还学习了许多新的科学技术和一些科学实验，拜访了著名科学家、教授和学者，大大地开阔了眼界，增长了见识，最终成为了炸药大王。

孩子听话，不一定是件好事，作为父母，应该鼓励孩子大胆提出不同的意见，允许他们有自己的见解，努力为他们创造一个宽松的成长环境，以此培养孩子的求异思维和发散思维，鼓励孩子创新。这样，才能使孩子释放自己，坦然地接受失败和错误，并将其转化为成功的动力。同时也给孩子展示自己的机会，让孩子在不断地表达中，逐步培养自己的交际能力。

李涛是个内向的孩子，在上幼儿园，不像同龄人一样喜欢跟父母"叽叽喳喳"，李涛更喜欢看书、看电视。最近爸爸和妈妈商量要买套房子，为的是离学校近，李涛将来上学方便。爸爸妈妈忙得不亦乐乎，每逢周末还去看房子，可是妈妈突然发现李涛的情绪不太对，饭吃得更少了，话说得也更少了，好像对新房子没有兴趣。

李涛一直就是个沉默寡言的孩子，妈妈试探性地问他有什么想法，李涛说："妈妈，我们可以不搬家吗？"妈妈鼓励他将自己的想法说出来。

李涛说："我在这边有不少小伙伴，我们都是一个幼儿园的，玩得很开心，可是搬家后就没机会和他们玩了。我想等我上小学时再搬家，那时候大家都成为了小学生，忙着学习了，就没有时间玩了。"妈妈听了他的想法，决定按照他说的做。这件事给了李涛很大的鼓励，他开始爱说话了，买衣服的时候，他能主动说出自己喜欢的是蓝色，而不是妈妈挑选的绿色；看电视的时候，他会主动说到睡觉的时间，该休息了；餐桌上，李涛也会不时地插进父母的对话，变得越来越活泼。幼儿园的毕业典礼上，李涛竟然敢于主动跟老师说，担任主持人的角色，他声情并茂的演出更是跟沉默寡言对不上号。李涛从敢于说话开始，变成了一个越来越有自信的男子汉了。

作为父母，一定要站在孩子的角度，理解孩子的思维方式，引导他们正确地区分和表达。对于孩子"不一样"的想法，父母不要嘲笑孩子的幼稚，而是从孩子的视角，去了解和理解孩子。孩子的词汇量少，有时不能将想法完整准确地表达出来，这就需要父母在孩子表达的时候，及时地给予补充，帮助孩子完整地表达，引导孩子。孩子会在这个过程中，不断积累表达的技巧，更积极主动地表达自己的想法，变得越来越有自信，越来越独立。

一个孩子如果敢于说出跟父母不同的意见，那说明他非常自信，非常勇敢。做父母的要鼓励这种行为，孩子有自己的思维习惯、方式、逻辑，当成人以自己的思维方法作出结论，以自己的标准来训斥孩子，这是不尊重孩子，扼杀孩子天性的愚蠢做法。只有鼓励孩子说出自己的内心想法，才能培养孩子独立自主的意识。为了您的孩子健康成长，从这一刻开始，鼓励您的孩子说出与您"不一样"的想法吧！

和孩子一起探讨和解决问题

盲目的爱、溺爱，都会对孩子的成长造成伤害。爱孩子，就要了解自己的孩子，洞察他们的内心世界和性格特点。只有了解了孩子才会理解孩子，也才能更好地教育孩子。爱孩子、教育孩子，必须从倾听开始，从跟孩子一起探讨和解决问题开始。

孩子在成长过程中，都会有各种各样的烦恼。如果孩子心目中的这些困扰能跟自己的父母讨论，通常问题就解决了一半。对孩子来说，随时有人倾听自己、关注自己，同自己探讨问题，这是一种最大的心理上的支持。当孩子把自己心中的烦恼表达出来并且确知不会受到嘲笑，孩子会变得更自信、更积极。孩子心中的烦恼就像一场暴雨后的水库，父母的倾听就像是打开了一道闸门，让孩子心中的洪水缓缓流进父母那宽阔的胸膛。如果经常得不到发泄和疏通，孩子心灵这个还不坚固的小水库有朝一日就要决堤。所以不要认为孩子小、不懂事，就不去倾听孩子的诉说、不理会孩子的意见。

比尔·盖茨的父母就是一对非常称职的听众。玛丽一直努力营造一种平等、民主和相互尊重的家庭氛围，让孩子感到友好和接纳，愿意与家里人一起分享自己的想法。父亲威廉工作很忙，但是非常重视家庭生活，会尽量抽出时间和家人一起共进晚餐来了解孩子们最近的情况。于是，餐桌就成了大家交流讨论的场所，一起探讨问题，解决问题成为家庭的一个固定节目。

通常，一家人围坐在餐桌旁，在一块儿边进餐，边亲密友好地讨论交流。这时候，孩子们在父亲面前，都享有平等地发表各自意见的权利。父母也不再是家长，他们的发言也仅仅代表个人意见，不会用命令的语气。盖茨父母对待孩子的友好和亲近，为孩子们发展自己的个性、交流看法、扩大各自的眼界，创造了良好的条件。盖茨的父母总是从外面带回许多新鲜有趣的书回来给孩子们看，孩子们看完以后，就可以在餐桌交流一下各自看过的书，一家人也会经常去参观各种各样的展览、比赛。孩子们在外面的时候，玩得非常开心，等到回家吃饭的时候，就可以彼此交流一下，看看大家都增长了什么新知识。

有一次万圣节，哥哥得知博物馆会举行大型的恐龙化石展，便在晚饭的时候提出来，有没有人要一起去博物馆看恐龙展。比尔节日没有事情，就答应和哥哥一起去。在博物馆里，兄弟俩看到了各种各样的恐龙化石，肿头龙、翼龙、暴龙、食草龙……这些恐龙，躯体庞大，最小的也比两三个人摞起来高。兄弟俩边看边发出惊叹，这些恐龙都吃什么东西才能吃饱啊？这么庞大的动物，怎么会从地球上消失呢？太奇怪了。晚上回到家，比尔连吃饭都顾不上，就滔滔不绝地向大家讲述他在博物馆里看到的各种恐龙，“那些恐龙有这么高，比我们家的房顶还高”，比尔用小手比划着。“有一种恐龙叫做肿头龙，你们知道为什么叫肿头龙吗？”看见大家都一脸疑惑的样子，比尔更得意了，“因为它头顶上有一个很大的包，就像肿起来的大包，太好玩了！”在比尔兄弟热情的煽动下，姐姐克丽丝汀也跑去博物馆看恐龙了，回家以后大呼那些庞大的动物太奇妙了，真难以想象地球上曾经有过这么大型的动物。

玛丽细心地观察到孩子最近都对恐龙这个庞大的家伙着迷了，就告诉丈夫威廉出差的时候买一些这方面的书回来，给孩子看，增长知识。当爸爸把那些恐龙的书带回来的时候，孩子们高兴得都跳了起来，就这样连续好几周，恐龙成了餐桌上不变的话题。比尔家的餐桌话题随着这孩子们的兴趣而变化，这让比尔不仅仅感受到了家的温暖，更感受到自己被当做大人来对待。他更愿意与父母一起去分析问题、解决问题，跟父母的关系也更进了一步。

现在的生活节奏很快，家长的工作都很忙，常常抽不出时间来和孩子谈话交流。更多的时候，家长关心孩子吃饭饱不饱，穿衣暖不暖，关注的是物质的满足。很多家长不知道如何处理与孩子的隔阂，他们把这个问题归结为自己忙，孩子小，将来有的是时间解决。孩子究竟在想些什么，他们不清楚，当他们终于“闲”下来，等到想跟孩子交流的时候，发现大家的想法、话语、视野根本就不搭调，孩子和家长之间根本就没有共同语言，形成了很深的代沟。此刻，家长们往往很难处理与孩子的关系，更不用说培养孩子成才了。

其实，与孩子交流，不需要太长时间，一天抽出十几分钟就可以了。也许，只是利用餐桌上的时间就能跟孩子交流，扩大他们的视野，一起探讨并解决他们的问题。家长丢掉家长的架子，营造一种接纳、平等的氛围。从学校里的事情开始聊，从无关紧要的小事开始讨论，让孩子感觉到你的关心和友好。让孩子敢于同你探讨人生，敢于向你寻求答案。当孩子向父母敞开心扉，说出胆怯、疑惑、建议，说出奇思妙想的时候，才能最终说出光明的未来，说出健康的人格，说出灿烂的明天。

第二章 2

给孩子一个领袖品性，他将走上卓越之路

如果把孩子成为领袖所需的外在因素看做一种物质钙质，那么，他们成为领袖所需的更为关键的内在因素可称为一种精神钙质。这种精神钙质就是要培养孩子的品性，为他们自身的发展提供一个良好的内在精神环境。

想要“成龙”“成凤”，先要“成人”

一家只有一个“宝贝”的现状导致家长对子女的“期望值”普遍超高。家长们恨不得自己的孩子一出生就是神童，巴不得在某一个早晨，家里就飞出一条“龙”、一只“凤”来。孩子刚会写几个毛笔字，家长就逼他往书法家靠拢；孩子刚会画几幅画，就好像注定要走画家的路；由于“期望值”过高，有的家长也就迫不及待地“拔苗助长”。其结果可想而知，在高压环境下，孩子不仅成不了龙凤，可能连成人都困难。

成功都是用汗水换来的，“成龙、成凤”不是一件容易的事，不是一蹴而就的，只有迈过成人这道门槛，才能走向成才之路。古往今来，无数成功人士用自己的行动证明了，想要成才，先要学会做人。

美国巨富——洛克菲勒家族就给我们教育子女树立了典范。他们培养孩子的重点就是要让孩子“成人”。像洛克菲勒这样的豪富之家，人们会设想，“小帝王”们无疑会应有尽有，至少在物质上是宝贵的。但是洛克菲勒家的五个孩子在童年没有享受过任何超级富人的待遇，没有游泳池，没有网球场，没有棒球场。在家里，男孩们穿着同雇工儿子一样的普通服装，玩着自行设计的种种游戏。父母们对孩子关怀，但并不溺爱，在培养他们的特长之前，他们更重视教育他们做好人。

每星期六早餐之后，五个孩子一个一个排队走进父亲的办公室，拿自己一周的零花钱。开始每周给三角，十五岁时不过两元上下。大学时期每年一千五百元，与一个普通学生差不多。多用一分钱都要提出申请与详细解释；提前花完津贴，必须囊空如洗地等到下一次。有趣的是，每个孩子在领到津贴时还得到一个小账本，用来记怎样处理钱。他们听父亲说：这是一个人能知道怎样用掉钱和计划怎样用钱财的唯一方法，力求节约，不能浪费。

津贴的数目总比需要的少，而且无法索取。于是未来的富豪们开始做家务事挣钱，家中仆佣成群，但孩子们从小要学会生活自理。父亲带头补衣服给他们看，教他们怎样折叠衣服和整理旅行箱，还安排一个管家教男孩们当厨子。不久以后每星期有一顿晚餐由孩子们准备，从配购作料、摆餐桌、煮、烤、上菜到事后收拾一切，每个男孩都各司一职。洛克菲勒的幼子戴维在上大学时这样写道：“从我们最初的岁月起，父亲就教我们不要把食物剩在盘子里，不用的时候不要让电灯亮着，不要缺少考虑地乱花钱，因为这些都是浪费……可是在一切形式的浪费之中，最令人憎恶的浪费是懒惰。”在这种严格要求之下，五个子女终于没有一个成为败家子，不仅接下了他的班，还发展了洛克菲勒家族的事业，成为了生意场上的佼佼者。

因此，对家长来说，教育孩子，首先应该把握的一条原则是，想要“望子成龙”，就要先“望子成人”——先把孩子培养成一个懂得做人道理、光明正大、品格高尚、脚踏实地、乐于助人、实实在在、有益于社会的人。成“人”是成“龙”“凤”的基础和前提，打好了基础才能“飞”，才能变成“龙”“凤”。

容嘉跟黄庭是同班同学，两个人的成绩都属于中游，马上升初中了，两个人的家长都很希望孩子能够上重点中学。容嘉的妈妈开始给她找家教，不仅补习语文，每个周末容嘉还要去学奥数、围棋、以及钢琴、书法等课程，忙得团团转，一点喘息的时间都没有。容嘉妈觉得，上学这几年，咬咬牙就过去了，学生本来就应该是刻苦学习的。黄庭虽然成绩也不是非常理想，可是黄庭的家长却认为，孩子的成绩需要按部就班地提高，家长逼得太紧，只会是拔苗助长，产生副作用。就这样，黄庭每天只需要完成作业，就可以看一会儿动画片，吃完饭帮妈妈洗碗，自己的事情自己做。每天临睡前看半个小时的作文书，仅此而已。就这样，一学期过去了，容嘉天天忙得手忙脚乱，黄庭的成绩虽然进步不大，但是她变得越来越独立自主，生活琐事不依靠别人。小升初的考试中，容嘉因为之前的钢琴考级失败导致信心不足，成绩倒退，黄庭却因为稳中有进，发挥正常，取得了令他自己满意的成绩。

其实黄庭与容嘉相比，值得骄傲的并不是成绩，而是懂得了独立自主和拥有了良好的心态，而这些是“成人”所必需的因素。因此，望子成龙一定要应适可而止，如果过度，子女不仅成不了龙，反而是可能成了“虫”。在中国社会中，由于过度望子成龙而毁了孩子前程甚至酿成悲剧的事情并不少见。常从报上看到某某不堪重负而离家出走，某某因家长逼迫，考不到多少分就不允许回家等而造成悲剧……过度望子成龙起码有两个危害：其一是极易拔苗助长；其二是必然给子女造成过大的心理压力。拔苗助长，必定适得其反，甚至毁掉孩子的一生，耽误孩子成人。

先成人，才能成龙。少年时期是孩子长身体的时期，是孩子形成人生观、价值观的时期，是孩子“成人”的时期。如果说“望子成龙”，不如说“望子成人”。因为在当今的社会，心态是否健康才是决定成功与否的关键。成为人中之龙，成为领袖的基础，就是先成长为人。如果基础打不好，即使侥幸成龙，也终有失败的一天。

告诉孩子品格和素养的重要性

身体健康为孩子的将来奠定了基础，知识为孩子提供了工具，品格和素养决定孩子的未来。面对未来世界的强烈竞争，孩子不仅需要一颗聪明的小脑袋，还需要拥有优良的品格！拥有一颗乐于与人分享，善于关心和尊重他人，并且诚实、负责任的心，才能为孩子未来的人格发展奠定良好的基础，成为日后制胜的关键，所以说，教育孩子，品格跟素养一个都不能少。

在古代，人们就懂得品格的重要性，举例来说，我们可以从幼稚园孩子们朗朗上口的“三字经”听到这段叙述：“人之初，性本善，性相近，习相远……为人子，方少时，亲师友，习惯仪。”然而在科技发展迅速的今天，部分家长却过度地追求“才能的培养”而忽视了品格跟素养的培养。我们常常会发现很多父母非常关注孩子说话早不早、从小会不会背唐诗，而且在孩子四五岁的时候，家长就赶紧把孩子送去学英语、弹钢琴等等，甚至为此剥夺孩子游戏和玩耍的时间。并且振振有词：“社会竞争这么激烈，哪里有玩的时间啊？”这些家长过度地追求技能，却忽略了品格跟素养是获取才能的必经之路。因此，家长要给孩子上的第一课不是如何“弹钢琴”，而是如何培养孩子的品格。

人与人沟通和相处，礼貌是打动他人的最佳方法，所以要注意从小培养孩子良好的礼貌行为习惯。除去家长在语言和行为上给孩子做出榜样，让孩子在耳濡目染中受到有礼貌的教育与培养，还要从生活细节入手，培养孩子有礼貌的好习惯。比如，在家教孩子对爸爸、妈妈说“早上好”“晚安”“再见”“爸爸、妈妈辛苦了”等日常礼貌用语；家里来了客人，要介绍给孩子，告诉孩子应该怎样称呼，让孩子有礼貌地打招呼，让茶、让水果，客人走了，让孩子主动说“再见”；出门在外，家长遇到熟人，首先要把熟人介绍给孩子，让孩子和熟人有礼貌地打招呼，尽量让孩子有礼貌地参与到谈话中等等。另外，要让孩子明白，衣着整洁、举止文明，注意倾听别人讲话，去小朋友家轻声敲门、尊敬父母和师长等。同时，还要教育孩子遇到错误要敢于承担，做一个成熟的孩子。这些都是一些日常小事，却会对孩子的成长影响巨大。

培养孩子好比是造一条船，品格是舵、素养是浆，没有浆跟舵，父母在后面推得再用力，孩子也达到不了才能的彼岸。这就好比一个人没学会走，怎么可能跑得好呢？领袖们之所以成功，就在于他的父母培养了他优秀的品格跟素养。

有一位11岁的美国男孩在踢足球时不小心踢碎了邻居家的玻璃，人家索赔12.50美元。闯了大祸的男孩并没有逃跑，然而他也没有钱向邻居赔偿，慌张失措的男孩只有跟父亲坦白一切。向父亲认错后，父亲让他对自己的过失负责。他为难地说：“我没钱赔人家。”父亲说：“我先借给你，一年后还我。这并不是对你的惩罚，而是要让你记住，自己做错了事情，要自己解决。”从此，这位男孩每逢周末、假日便外出辛勤打工，经过半年的努力，他终于挣足了12.50美元还给了父亲。这个男孩就是后来成为美国总统的里根。他在回忆这件事时说：“通过自己的劳动来承担过失，使我懂得了什么叫责任；犯了错误就要承担，使我明白了做人的道理。我有今天，跟父母的教育是分不开的。”

素养不应该仅是指一个人所具有的特长和技能的多少、所受教育程度的高低、知识面的宽窄、身体健康与否、心理承受能力如何、举止是否温文尔雅，我们通常不是依赖这些因素判断一个人的素质高低的。素养是指一个人平时一点一滴培养起来的良好习惯和道德品质，也可以说是品格。比起把自己的孩子培养成一个有知识有能力的人，更重要的是把孩子培养成一个有品格的人，这甚至决定着孩子一生的命运。考试分数并不能完全真实地反映一个人的水平，家长不能光看分数而忽略其他。

父母培养孩子，一定要注意孩子心灵的成长、品格的形成。孩子的品格就好像大拇指。当大拇指在的时候，我们每增加一个手指会增加成倍的力量。可是如果大拇指没有的话，其损失远远不是四个手指所能给予的。也可以说，在培养孩子中，品格是最重要的，而不是只看他是否有能力、知识、地位。在日常生活中，父母们一定要以身作则，让孩子看到品格的重要性。

著名学者梁启超很重视对子女进行道德品质方面的教育，并以自己崇高的道德情操为子女们树立了光辉的榜样。他从小就要求孩子们一定要艰苦朴素，在艰苦的环境中锻炼自己。他教育子女们要热爱生活、适应环境。在他的教育影响下，孩子们个个都有一个艰苦奋斗的历史，在不同的领域有一番作为。

父母是孩子的第一任老师，家庭是塑造孩子品格的第一所而且也是最重要的学校。正是在家庭中，每一个人受到他最好的或者是最坏的道德熏陶。因为正是在家庭中他接受了贯穿其一生，直到生命结束才会放弃的行为准则。父母的言行以及培养方式，直接影响了孩子的一生，所以想要孩子成才，一定要告诉孩子，人的根本是品德，没有好的品格和素养做背景，哪怕才高八斗，也只能是一事无成。

待人如待己，给孩子一诺千金的诚信

诚信，是中华民族的传统美德，是做人的基本品质，是培养人才的必备条件。古今中外任何社会都把诚信作为美德加以推崇，诚实守信的人总能优先赢得别人的赞赏和认可。因此，诚信教育也是父母教育子女的重要内容之一。想要自己的孩子成才，先要从基础开始，从自身开始，让孩子懂得什么叫一诺千金。

诚信就像一棵树，需要在生活的土壤中生长，灿烂的阳光、清新的雨露和充足的养分，一样都不能少。要想让孩子真正成为一个诚信的人，光凭说教是难以有成效的。孩子缺乏社会生活经验，难以理解一些抽象的道理，家长只有用自己的行为去影响孩子，让孩子从自己的身上看见诚信的影子。把大道理回归到日常生活，让诚信教育的内容渗透于生活，形成一种具有辐射力的环境，让孩子浸润在其中，通过真实的感受、领悟和提升，自觉成为一个诚实守信的人。

曾子就是一个懂得以身传教的好家长。一天，他的妻子到市场上去，年幼的儿子要跟着一起去，一边走，一边哭。为了让儿子安心呆在家，妈妈对他说："你回去，等我回来以后，杀猪给你吃。"妻子从市场回来了，曾子要捉猪来杀，他的妻子拦住他说："那不过是跟小孩子说着玩的，我骗他老实呆在家的借口而已。"曾子说："绝不可以跟小孩子说着玩。小孩本来不懂事，要照父母的样子学，听父母的教导。现在你骗他，就是教孩子骗人。做妈妈的骗孩子，孩子不相信妈妈的话，那是不可能把孩子教好的。”曾子于是把猪给杀了。

人们通常只相信可靠的人，值得信赖的人。人们只有相信了你，才会去相信你的观点、思想或产品。没有人愿意与不讲信用的人交往，家长一定要注意帮助孩子理解这一点。不要以为孩子小，什么都不懂，要知道，性格是从小养成的，小时候不讲究诚信，长大后，更不懂得什么叫诚信，什么叫一诺千金。未来竞争激烈，当别人知道你不可靠时，你的机会就消失殆尽。客户不会喜欢与一个经常行骗的人做生意；领导不放心把一项重要的工作交给一个不值得信赖的人；朋友也不愿意与一个虚伪的人交往……一个人即使有满腔的成功热望和满腹的才华，若失去了别人的信赖，那这个人就再也没有施展才华的机会。

教育孩子，说大话、说空话是没用的，要从生活细节入手，要孩子懂得什么叫言必有信、一诺千金。答应他人的事，一定要做到。同他人约定见面，一定要准时赴约。上学或参加各种活动，一定要准时赶到。要让孩子知道，许诺是非常慎重的行为，对不应办或办不到的事情，不能轻易许诺，一旦许诺，就要努力兑现。如果我们失信于人，就等于贬低了自已。如果我们在履行诺言过程中情况有变，以至无法兑现自己的诺言，就要向对方如实说明情况并表示歉意。这一点不仅要教导孩子，家长自己也要做到，成为孩子的榜样。这样，教育起孩子，才能得心应手。

5年级的彤彤让家长很为头疼。她爱说大话、空话，对学习不感兴趣，经常抄同学的作业，甚至编“合理”的理由应付老师的作业检查，还不时对别的同学说三道四，在集体生活中与别人格格不入。更因为她有这些坏习惯，同学们都不愿与她交往。彤彤没有朋友，做什么都是一个人，家长看在眼里，急在心里，却又不知道如何解决。原来做生意的父亲经常喜欢对客户说大话，言谈举止之间不知不觉地影响到了彤彤，所以造成了彤彤失去了诚信。渐渐地，同学都认为彤彤信不过，无法产生信任感、依赖感，不愿和她交往。等彤彤发现自己与朋友疏远了，无法融入集体之时，就会产生“破罐子破摔”的心理，进而陷入恶性循环之中。

为了教育好彤彤，父母开始从自身改正。首先就是在诚信方面给彤彤做出榜样，接着通过心理换位，使彤彤懂得“己所不欲，勿施于人”，引导她用诚信维护友谊，做一个一诺千金的孩子。最后要求她具体做到：作业不做是什么原因就是什么原因，不能抄袭作业，不懂可以向老师、同学请教；答应别人的事不能完成就要向别人道歉，或者接受惩罚，这样才能取信于人。慢慢地，彤彤意识到撒谎给自己带来的后果之严重：随心所欲、以自我为中心，别人就会觉得她信不过，无法对她产生信任感、依赖感；使别人今后不愿或不敢再与他交往，时间长了，就会失去朋友。原因找到了，彤彤从内心深处有了改正的念头，问题迎刃而解。渐渐地，彤彤的成绩也提高了，她尝到了诚信的好处，父母也补上了如何教育孩子这一课。

教育孩子不是一朝一夕的事情，教育孩子不是用嘴教育，作为家长要以身作则，把自己当做教育孩子的原型。教育孩子要诚信，做家长的一定要一诺千金，要让孩子懂得诚信的重要性，一个动作往往比十句空话更有威力。让孩子从你身上学到，做人要诚信，比他从书本上看到的会更加深刻。作为第一任老师的你，还在等什么?赶紧行动吧，让孩子懂得诚信有多么重要，培养好孩子的诚信品质，为了孩子的将来做好准备。

把孩子培养成为有爱心的天使

生活中，有许多父母都抱怨：这一代的孩子变得越来越自私了，自己对孩子疼爱有加，而孩子却不懂得关心父母、关爱他人。古人说：“人之初，性本善。”其实并不是孩子生来就缺少爱心，而是由于父母教导得不对而导致的结果。父母对孩子的溺爱、不注意教育方式等，把孩子的爱心在不经意间给剥夺了。其实只要在生活中细心教导，你就可以把孩子培养成有爱心的天使。

培养孩子的爱心要从小抓起。不要认为孩子小，未经世事，就一味地溺爱。事实上，儿童时期是人各种心理品质形成的关键时期，爱心的形成也是在儿童时期。因此培养孩子的爱心，要从孩子很小的时候抓起，更能达到教育孩子的目的。

林肯的父母从小就教育他要有爱心，他不仅对人有爱心，对动物也充满了爱心。有一天，他看见父亲正准备射杀一头鹿，便故意把鹿吓跑。小林肯向他盛怒的父亲解释说：“父亲，是你教育我要有爱心的，上帝对小鹿的爱可能和对人类一样多，请你不要生我的气。”父亲对林肯的爱心给予了肯定，更坚定了林肯要对人友爱的决心。长大以后，有一天，林肯看见路人鞭打马匹，他立刻过去劝阻，直到那人答应不再打为止，他才继续前往目的地。他不仅从未打猎，也不忍伤害小动物，当上总统之后，他更把这种爱心运用到人的身上。

在美国内战后，南方军已投降了政府，但有些群众却想吊死他们，林肯总统拒绝了他们的要求。他强调要公平对待所有人，他对群众说："每个人都有自己的父母，有自己的儿女，如果处死他们，他们的亲属是会痛不欲生的。想想你们自己的孩子如果失去生命，你们会有多难受，做人一定要有爱心。"他的爱心感动了群众，也帮助他成为了最伟大的总统之一。

培养孩子的爱心要从自己做起。父母是孩子的镜子，孩子是父母的影子。孩子的一言一行都是从父母的身上学会的。自己做人冷酷，就培养不出有爱心的孩子。只有富有爱心的父母，才能培养出富有爱心的孩子，身教重于言教就是这个道理。因此，父母平时就要注意自己的言行举止，做到孝敬老人、关心孩子、关爱他人、乐于助人等，让孩子觉着父母是富有爱心的人，让孩子懂得做人需要有爱心，让孩子知道有爱心是优点，自己也要做一个富有爱心的人。

培养孩子的爱心，要懂得爱是相互的。许多父母只知道一味地疼爱孩子，却忽略了给孩子提供奉献爱心的机会。其实施爱与接受爱是相互的，如果让孩子只是接受爱，渐渐地，他们就丧失了施爱的能力，只知道索取，不知道给予，并且觉得父母关心他是理所当然的。有的父母以为给孩子多点关心和疼爱，等他长大了，他就会孝敬父母、疼爱父母。其实这是一种误解，你没有给孩子学习关爱的机会，他们怎么会关爱父母呢？还有的父母认为孩子的任务就是学习，其他的都不重要，只有学习好了，将来才会有一个好的前程。于是，什么事都为孩子着想，孩子衣来伸手，饭来张口。学习固然重要，但是孩子的性格、习惯、品质、心理对孩子的成长、成才更重要，并且这些都需要在生活、学习中慢慢培养的，不会一蹴而就。

培养孩子的爱心要从小事做起。有时候父母由于工作忙或其他原因，对孩子表现出来的爱心视而不见，或训斥一番，把孩子的爱心扼杀在萌芽之

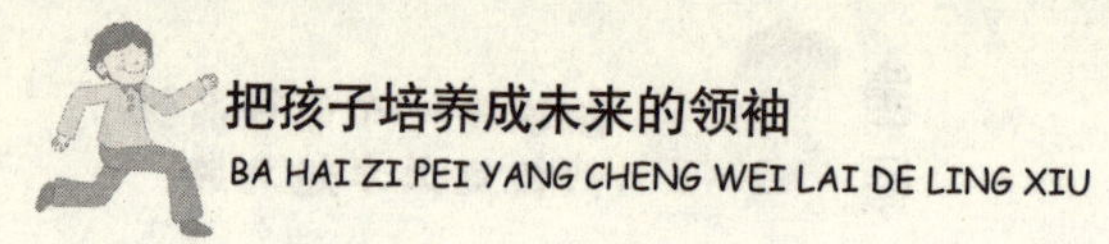

中。比如有个小女孩为刚下班的妈妈倒了一杯茶，妈妈却着急地说："去去去，快去写作业，谁用你倒茶。"再如有个小孩蹲在地上帮一只受伤的小鸡包扎，小孩的妈妈生气地说："谁让你摸它了，小鸡多脏呀！"孩子的爱心就这样被父母剥夺了。事实上，在很多情况下父母并不知道自己的行为会在不经意间伤害或剥夺孩子的爱心。

培养孩子的爱心要从实际行动出发，做比说更能唤起孩子对别人的爱心。比如，在公共汽车上，家长对孩子说："你看，那个阿姨抱着小弟弟多累呀，我们让她们坐到这里来吧"；邻居老人生病，家长带着孩子去探望问候，帮老人做事；看到小朋友摔倒了，家长启发孩子："想想你摔倒时，是不是很疼？小朋友一定很难受，快去扶起他，帮他擦擦脸"；某地发生灾情家长可引导孩子："那里的小朋友没有饭吃，很饿，没有衣服穿，冷极了。你想想，如果你也在那里，会怎么样？我们去捐点衣服、食品送给灾区的人吧！"这些点点滴滴的小事往往比大道理更管用。

孩子的爱心是稚嫩的，你在乎它，它就会长大；你忽视它，它就会枯萎；你打击它，它就会死去。如果你想让你的孩子拥有一颗爱心，那就请你在生活中培养它、呵护它吧。在平时生活中关注孩子，培养孩子的爱心，那仁慈博大的爱心，就会在孩子心头扎下根，并会随着孩子的成长而不断扩展和升腾。要想把孩子变成一个有爱心的天使，请从这一刻开始吧。

培养孩子的幽默感，成为魅力领袖

幽默是一种人生态度，更是一种人生智慧，是与人成为朋友的催化剂。无论大人小孩，人人都喜欢与幽默风趣的人做朋友。随着时代的发展，现代家庭开始越来越重视孩子幽默感的培养。具有幽默感的孩子通常很乐观，在生活中不断地制造欢笑，让周围的人感到轻松愉快，自己也会富有成就感和自信。因此具有幽默感的孩子，也较容易获得友谊。那么，如何培养孩子的幽默感呢？这是现在的父母不能不思考的一个问题。

幽默感在人际交往中起着举足轻重的作用。一个幽默风趣的人，往往比不具幽默感的人更受大家的欢迎，更有发展前景。同时，幽默还能帮助我们更好地应对生活和学习中的压力和痛苦，更开心地生活。不懂得开玩笑的人，是没有希望的人。在现实生活中，幽默可以淡化人的消极情绪，消除沮丧与痛苦，舒缓紧张气氛，更能带给自己和别人喜悦和希望。幽默感不是可有可无的东西，培养孩子的幽默感也是素质教育的一个有机组成部分。

中外领袖们无论是在正式场合，还是在日常生活，都会用幽默感来展现他们的人格魅力。从年少到年长，从政坛到饭馆，他们都没忘记使用幽默。

林肯就是一个有幽默感的魅力领袖。他的幽默演讲离不开他从少年时期打下的基础。他的父亲教育他要有一颗乐观向上的心，要用幽默感去打动他

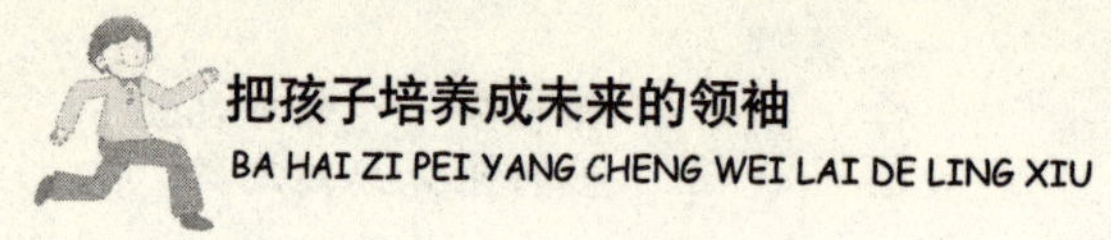

人，而不是自己的拳头。早在读书时，有一次考试，老师问他："你愿意答一道难题，还是两道容易的题目？"林肯很有把握地答："答一道难题吧。""那你回答，鸡蛋是怎么来的？""鸡生的。"老师又问："那鸡又是从哪里来的呢？""老师，这已经是第二道题了。"林肯微笑着说。

还有一次，小林肯想要去城里玩，却没有车钱，只能步行到城里去。这时，一辆汽车从他身后开来，他扬手让车停下来，对司机说："司机大叔，能不能替我把这件大衣捎到城里去？""当然可以，"司机说，"可我怎样将大衣交还给你呢？"林肯回答说："哦，这很简单，我打算裹在大衣里头。"司机看着古灵精怪的小林肯，被他的幽默所折服，笑着让他上了车，林肯利用幽默感让司机主动帮了他的忙。

人的幽默感大约3成是天生的，其余7成则须靠后天培养。因而后期的教育非常重要。因此，想要孩子成为一个幽默的人，其实并不难，只要父母在培养孩子幽默感的过程中，遵循下面的原则就可以了。

第一，父母要先培养自己的幽默感。幽默感有先天的成分，不过后天的培养更加重要。孩子是父母生命的延续，是父母最真实的镜子，潜移默化中，父母的许多特点在孩子身上都得到再现。所以要培养孩子的幽默感，为人父母者，首先要看看自己是否也需要培养幽默感？最起码要能真正欣赏幽默。

第二，父母要带头乐观。教育孩子学会乐观宽容地面对人和事。乐观、宽容是幽默的精髓。要学会幽默，就要学会宽容大度，克服斤斤计较的狭隘思想，同时还要乐观。要培养孩子的乐观心态，最重要的是，当孩子遇到困难时，父母应站在孩子一边，给予积极的鼓励和支持，要帮助孩子积极进取。只有这样，才能教会孩子以正确的态度和措施保持乐观。

第三，父母要带头热爱生活，用心去感悟生活。生活无处不有幽默，只是缺乏发现幽默的眼睛。引导孩子用心去观察、感悟生活，培养对事物的洞察力，用自己的视角去看世界，不因循守旧，是提高幽默的一个重要方面。只有迅速地捕捉事物的本质，以恰当的比喻和诙谐的语言，才能使人们产生轻松的感觉。

第四，用故事培养孩子的幽默感。多给孩子看或读幽默轻松的故事，多听孩子讲他认为有趣的故事。幽默有趣的小故事不仅能使孩子在轻松愉快的氛围中喜欢上阅读，还能潜移默化地培养孩子的幽默感。同时，很多儿童文学作品中的主人公都是乐天派，他们虽然遇到各种各样奇怪的困难，但总能化险为夷，继续乐观地对待人生。多给孩子读或看这样的故事，可以培养孩子对乐观情绪的向往。如果孩子有足够的幽默感，大人还可引导他们编幽默故事，给课本、电影或电视剧改变甚至添加一个令人捧腹的结局，让孩子感受到成就感，感受到幽默感带给自己的好处。

最后，家长们一定要牢记，培养幽默感是过程，不是结果。不是家长用几周时间，就可以突击速成的。培养孩子的幽默感时，一定要结合自家孩子的特性。有的孩子比较活泼，有的孩子比较内向，他们所表现出的幽默感的形式也会有不同，有的比较外露，有的比较含蓄。幽默来自人丰富的内涵，随着知识面的拓宽和阅历的增加，举止谈吐自然会有所改变。父母们不要操之过急，要耐心丰富儿童的内心世界。真正的幽默是自然而然表现出来的，千万不要为了幽默而幽默，变成冷嘲热讽，或者变得油嘴滑舌。孩子们在学习幽默的过程中，学会用心去感悟生活，学会乐观、宽容地面对生活，才是最重要的。

孩子的幽默性格一旦形成，对其一生都将产生重要的影响。具有幽默感的孩子大多开朗活泼，能更好地应对生活和学习中的压力和痛苦，为了让您的孩子快活、聪明，能较轻松地完成学业，为了他将来能拥有一个乐天、愉悦的人生，成为魅力领袖，请开始培养他的幽默感吧。

用讲道理代替不由分说的责备

教育孩子是人生中一项伟大的工程，需要孩子和家长共同来建设，一起添砖加瓦。其中需要耐心、恒心和信心。每个孩子都有自身的特点，教育的方法不可能简单地雷同。但是有一点家长一定要牢记：人非圣贤，孰能无过，当你的孩子犯错时，一定要记住，不由分说的责备跟打骂解决不了问题的根本，跟孩子讲道理才是最好的解决方法。

很多家长会说："我也想讲道理，可是偏偏孩子不听话，拒绝大人讲道理，逼得我只能硬性责备。"可是孩子为什么不听话、不听你讲道理呢？这必须具体分析、区别对待。要知道孩子虽小，但已懂得是非，懂得道理。对孩子进行教育也应该讲道理，使孩子从小养成"服理""讲理"的习惯，有利于日后形成良好的性格品质，能够很好地与人相处。如果你的孩子不听道理，也许是家长讲道理的方式不对。

想要孩子听取家长的话，首先要注意讲道理的时机。选择孩子情绪稳定时讲道理。如果孩子的情绪不稳定，你讲什么他都听不进去，甚至反感，嫌弃你唠叨。

张凡今年7岁，刚刚开始上小学，一下子从幼儿园迈入校门，张凡很不适应。每天写作业占用了他大量的时间，根本没时间玩了。一个周末，张凡好不容易玩一会儿心爱的小汽车，妈妈却非要他停下来去练钢琴。觉得委屈的张凡根本不肯离开玩具车。对妈妈的大声喊叫根本不回应。妈妈一气之下打了张凡，张凡一下子就哭了出来。本来安静的周末，大人跟孩子都不开心。其实这时，作为家长，你尽可能冷处理，让他再玩一会儿，或对他的发脾气不予理睬，等他情绪稳定时，再给他讲道理，他会认真地听，并能较快地意识到并改正错误。

给孩子讲道理的时候一定要态度亲切，语言和蔼，多些鼓励和表扬，少些讽刺与打击。孩子不听话是常有的事，一些家长不分青红皂白，很不冷静地对孩子大声吼叫训斥：你为什么这么不听话，难道你想气死我呀！或是当着孩子的面逢人便讲：这孩子一点也不听话，简直没治了！甚至指着孩子说：你真是个笨蛋，没用的家伙。殊不知自己高声粗气的责骂，一次又一次“不听话”的唠叨，只会激起孩子的反感，使孩子更加不听话。孩子是在他人的评价声中认识自己的，你如果经常说他不听话，他会认为自己真的是不听话的孩子，于是会变得愈来愈不听话。

杰克·卡菲尔德是美国著名的儿童心理学家，他可以称得上是教育孩子的专家了。有一次，他和家人一起出去吃饭。席间，7岁的女儿碰翻了装满饮料的玻璃杯。她把桌子擦干净之后，说：“爸爸妈妈，因为你们没有像别的父母一样大喊大叫，批评我做事如何不小心，所以我要谢谢你们。”简单的举动却赢得了孩子的认可，维护了他（她）的尊严，又让孩子意识到了问题，这就是讲道理的艺术。

做父母的想要跟孩子讲道理，首先就要自己先“占理”。跟孩子讲道理之前，一定要确定自己是正确的。孩子是父母的一面镜子，父母的一举一动，一言一行，都可能成为孩子模仿的对象，使孩子受到潜移默化。也许孩子犯的错误，根本就是你正在犯的错误，这个时候，如果你跟孩子“讲理”，又怎么能让他信服呢？在孩子眼里，家长的言行是看得见摸得着的。比如：爸爸经常说脏话，斥老骂幼的，却要求孩子讲文明、懂礼貌，孩子当然是不会服气的。因此，提高自身修养，提高自身素质，做好孩子的榜样是父母教育孩子的首要条件。

如果做父母的没道理，却强迫孩子听从自己，那么就叫做蛮不讲理了。要记住，跟孩子讲理之前，一定要尊重孩子，一定要让事实说话，并不是大人说什么都对，要理解孩子，尊重孩子。例如：星期天，父母要带女儿去公园玩，在穿衣服时，妈妈和孩子发生了争议。妈妈要给孩子穿白色套裙，孩子却坚持穿那套有小蜻蜓图案的套衣服，而妈妈却坚决地说：“你懂什么？白色的漂亮，就穿这套。”说着不由分说把那套小蜻蜓图案的衣服扔到了一边。这位妈妈犯的最大错误就是不顾及孩子的所思所想，受传统教育的影响，对孩子永远用教训的口吻，不许孩子做这个、不许做那个，没有商量的余地。不用说孩子了，就是我们自己也讨厌这种做法。孩子一旦大些了，就会导致越来越厉害的叛逆心理。所以，父母应该多多注意自己的言行和态度，学会跟孩子讲道理。

孩子在学习跟成长的过程中总会遇到这样或那样的问题，即使是最优秀的孩子，也会有犯错的时候。当孩子犯错，家长不由分说的责备并不能让孩子从错误中吸取教训，只有耐心的讲道理，才能使孩子避免下一次犯类似的错误。

懂得谦让的孩子会少很多麻烦

谦让是中华民族的传统美德之一，教孩子谦让，让孩子懂得对他人宽容和尊重，能培养孩子豁达的胸怀和善良的品格。在我国古代就有孔融让梨的故事，这个故事一直是许多家长教子谦让待人的第一课。然而也有一些家长忽视了孩子谦让精神的培养，过分溺爱孩子，把孩子视为家庭的“小太阳”，家中的大人们好似“地球”和“月亮”，不停地绕着“太阳”转。他们认为，时代变了，谦让已经过时了，实际上谦让永不过时，懂得谦让的孩子会少很多麻烦。

懂得谦让，不斤斤计较诸多小利的人，会得到身边的人的尊重和支持。如果一个孩子不懂得谦让、同情、友爱、协作等等这些传统美德，他长大后就无法同这个社会中的人们友好地相处，他的人生也是难以成功的。所以，谦让更需要智慧，父母要帮助孩子辨别是否应该谦让，是否能够谦让。作为家长，一定要肯定地教育孩子：谦让是一种美德。否则我们的社会就会变成一个没有礼仪、没有道德的社会了。但是在教育孩子谦让的同时，我们要让孩子学会主动谦让。

对待孩子谦让的举动家长一定要给予赞扬。教师王同就是这样教育他的孩子的。一次，他的儿子在乘公交车时主动让位，那天晚上王同认真地夸奖了他，并为他解释谦让的含义：如果在实施谦让时是自愿的，让出来的东西是自己可以做主的，同时不会让自己感到伤害和难受，那就让；如果让出的“东西”不是自己的，“让”的行为也不是自愿的，且让出后心里不舒服，那就不要让。通过王同的教导，现在他的孩子已经养成了主动谦让的习惯。

谦让永远不过时，即使在现今强调竞争的社会中，谦让仍然还是一种美德。重要的是，父母应如何智慧地教育和引导孩子，在谦逊、知礼的同时，还应有进取心和竞争力，以适应今后的社会生存。宽厚谦让能促进人形成胸怀大度的高尚品德。从古至今，任何一个有所成就的人，都懂得谦让，懂得帮助别人。

孔融让梨的故事，虽然人人都听过，但是却永远都不过时，因为它体现了中华民族的美德——谦让。孔融四岁的时候，常常和哥哥一块吃梨。每次，孔融总是拿一个最小的梨子。有一次，爸爸看见了，问道：“你为什么总是拿小的而不拿大的呢？”孔融说：“我是弟弟，年龄最小，应该吃小的，大的还是让给哥哥吃吧！”孔融小小年纪就懂得兄弟姐妹相互礼让、相互帮助、团结友爱的道理，使全家人都感到惊喜。从此，孔融让梨的故事也就流传千载，成为团结友爱的典范。

谦让是家长教育孩子的一项重要内容，不论年纪大小，谦让教育都同样重要，它是人际交往的一个主要手段，更是一个社会人适应社会、实现自我的一个重要前提。那么，谦让教育该怎么教才更为有效呢？在孩子的日常生活中，家长又该做些什么呢？

家长先学会谦让，孩子自然会谦让。在游乐场所，我们总会看到这样的情景：很多大人带着孩子拼命地往前挤，还对自己的孩子念叨着说：“快快快，站在前面别走开，不然又要很长时间才能轮到呢”；在超市收银台，我们也不难看到这样的情景：有些人使劲地往前挨，嘴里嘟囔着：“怎么回事，这么慢呀”；还有上公交车时，有些家长会对孩子说：“快上去，帮妈妈找个位置。不然，我们就没有座位了。”这种种现象，都反映了现在一些成人的心态。这些家长已经忘记了如何谦让，孩子当然学不会谦让。

现代社会讲究团队精神，孩子不懂得谦让，不懂得与人交往合作，将无法融入团队，更不能很好地适应社会。所以，家长要注意自己的一言一行。孩子爱模仿，但缺乏辨别是非的能力。因此，家长尤其要注意言行。切不可因一时地得利而误导了孩子，给孩子养成自私的习惯。

星期天的上午，张华正因为妈妈把他的玩具给了弟弟而生闷气，爸爸走过来给他讲了一个关于谦让的故事：从前，有一大户人家想垒一道院墙把自己与邻居家隔开。为墙基的位置，两家发生了严重的冲突。大户人家虽财大气粗却因不如邻家子孙繁盛而吃了眼前亏，深感面子不保，马上给在京城做大官的儿子写家书一封，细述了家中烦恼，要求儿子快返乡想办法整治邻居一下，为家族捞回面子。这位宰相见信后迅速给家中回了一封急信，信中语重心长地说明远亲不如近邻的道理，并在信尾文采飞扬地写了四句话：“千里捎书只为墙，让他三尺又何妨。万里长城今犹在，不见当年秦始皇。”大户人家见信后深受教育，迅速与邻家修好，并决定两家之间不再垒墙，永不隔心！

张华听了故事先是被逗笑了，接着他明白了：谦让不是吃亏，是给自己留有余地。从那之后，谦让成了他做人的座右铭，他的朋友越来越多，性格也越来越开朗，懂得谦让让他少了很多麻烦。

谦让永不过时，从小就学会宽厚待人、礼貌谦让，对于孩子的成长有利无弊。人若谦让，得到的是友情，是财富，更是逆境中他人向你伸出的援手。谦让是我们走向成功的台阶，它是我们在为人处事方面的润滑油，也是我们遭遇挫折时的推进器。为了让您的孩子在人生路上少遇麻烦，从这一刻起，教会他谦让吧！

诚实正直，做德才兼备的未来领袖

诚实正直是什么？诚实正直是言行一致、富有同情心、待人真心真意、有正义感。诚实正直是每个人都必不可缺的宝贵品质，是每个家长都应该言传身教的知识，更是每个孩子都要了解的人生常识。诚实正直对人的一生实在太重要了，如果人的一生是一卷美丽的丝帛，那么，诚实正直就是织就他人生的经纬，做人不懂得分辨是非，人生只会是一团乱麻。

北宋词人晏殊为人诚实正直。良好的品德在他日后的发展中起到了决定性的作用。在他十四岁时，有人把他作为神童举荐给皇帝。皇帝召见了他，并要他与一千多名进士同时参加考试。结果晏殊发现题目是自己十天前刚练习过的，就如实向真宗报告，并请求改换其他题目。宋真宗非常赞赏晏殊的诚实品质，便赐给他“同进士出身”。

后来做了官的晏殊仍然保持着诚实正直的态度。当时正值天下太平。于是，京城的大小官员便经常到郊外游玩或在城内的酒楼茶馆举行各种宴会。晏殊家贫，无钱出去吃喝玩乐，只好在家里和兄弟们读写文章。有一天，真宗提升晏殊为辅佐太子读书的东宫官。大臣们惊讶异常，不明白真宗为何做出这样的决定。真宗说：“近来群臣经常游玩饮宴，只有晏殊闭门读书，如此自重谨慎，正是东宫官合适的人选。”晏殊谢恩后说：“我其实也是个喜欢游玩饮宴的人，只是家贫而已。若我有钱，也早就参与宴游了。”敢于实事求是的他使宋真宗更加信任了，晏殊之后也成为了德才兼备的好官。

孩子在儿童期，特别是幼年阶段，其成长的主要养料就是真善美。所以，如何培养孩子诚实正直的品质，是今天家长们所面临的一个重要课题。培养孩子的品德一定要从日常小事做起。发现孩子有问题，家长不要急躁，要认真分析孩子不诚实的真正原因，只有这样才能培养出德才兼备的孩子。

冯东向母亲要了10元钱，去买上课用的画笔。在买好画笔回家的路上，他经过一个冷饮店，天气太热了，他实在忍不住，于是用剩下的钱买了一根雪糕。但他回家后并没有讲出实情，却说："售货员阿姨没有给他找钱。"孩子这种撒谎骗钱花的行为被妈妈识破了，她没有用打骂的方法逼孩子讲出实情，而是让孩子好好想一想，看看是不是买了其他东西自己却忘记了。暗示妈妈已经知道实情，但希望孩子自己诚实地讲出来。结果，孩子很羞愧地坦白了自己的行为，并表示今后不再那样。

为什么孩子会撒谎呢？事后，这位家长也进行了自我反省，发现自己在平时对孩子的教育中，对孩子所提出的要求往往太严厉，让孩子感到太多的压力，以致于在不敢提出自己的欲望的时候，就想采取撒谎的方式来回避可能遭到的惩罚。

那么怎样培养孩子诚实正直的品质呢？

首先，家长要重视对孩子进行品德教育。品德教育不是一朝一夕就可以完成的，而是生活中慢慢积累的。年轻的父母们在重视孩子的才能教育的同时，也不能忽视了对孩子的品德教育。有的家长一时兴起对孩子讲起了做人要正直的大道理，却不重视长期灌输，孩子也许今天记住了，明天就忘记了。只有长期反复的强调，才能引起孩子的重视。

其次，父母一定要做孩子的榜样，只有自己诚实正直，才能教育好自己的孩子。俗话说："已身不正，何以正人？"父母要从自己做起，加强自身的道德修养，做一个诚实正直的人：对同事、亲友不说谎、不做假；在孩子面前信守诺言，不为了达到某个短期效果而欺骗孩子；要敢于在孩子面前作自我批评；不在孩子面前说别人的坏话等。父母要让自己的一言一行都成为孩子学习的榜样，这样才能培养出孩子的德才兼备的性格。

最后，家长一定要注意理论与实践相结合。一方面多给孩子看书，讲故事，利用文艺作品提高孩子的道德水平。引导孩子多接触一些培养道德情操方面的书籍、评论发生在身边的真实事例，让孩子逐步懂得，诚实正直是中华民族的传统美德，要求孩子从小做一个诚实正直的人。另一方面，父母应让孩子多观察参与周围发生的事，然后和孩子一起评论，提高孩子的道德水平。另外，家长要正确对待孩子偶然表现出来的"不诚实正直"的行为。遇到这种情况，父母要分析原因，制订教育方案，使孩子的品德朝着健康的方向发展。对于经常说谎的孩子，家长应让他们从思想上认识到说谎的人是交不到朋友的，因为这种人得不到大家的信任，而且被人瞧不起。同时，要通过孩子的点点滴滴的行为来帮助孩子磨练，帮助孩子改成错误。

作为家长一定要督促孩子随时随地用诚实的标准检查自己的言行，使孩子自觉养成诚实正直的行为习惯。为了培养德才兼备的接班人，为了让孩子将来有更广阔的天空，家长们一定不要忽视品德教育。

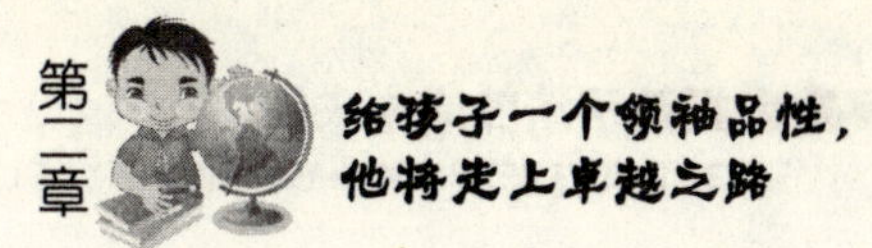

让孩子懂得为自己的过失负责

大人犯错，一定要为自己的过失负责，那么孩子呢？孩子做了损害别人利益的事情，该不该让孩子向别人赔礼道歉呢？很多家长认为：孩子小，不懂什么，如果别人硬要坚持，就由我们来替孩子道歉就行了，孩子的过失做家长的会负责。这样的处理方式看似通情达理，却是错误的。孩子虽小，但只有懂得为自己的过失负责，才能培养出责任心，才能为将来的茁壮成长打下基础。

“教育本来就是一件复杂的事。表扬、批评、奖励、惩罚，什么都应该有。”当孩子犯了错误时给予适度的惩罚，让其以自己的行动弥补过失，就会达到“自食其果”的教育目的，使其记住教训，懂得对自己的过失负责，以养成可贵的责任心。现在的孩子绝大多数是独生子女，娇纵是很多家庭抚育孩子的方式。过分的宠爱、无休止的满足，在孩子心中就会形成“没有什么是不可能的”概念。因此，只要他渴望得到的，就会毫无顾忌地去抓、去取。这些从小娇惯、过度保护、养尊处优、为所欲为的孩子，长大后就会缺乏对社会和他人的责任心。

孩子的成长，需要不断的学习。我们很多家长抱怨自己的孩子没有责任心，实际上，很多时候是父母剥夺了让孩子承担责任的机会。比如孩子打碎了家里的水瓶，最常见的就是，问问孩子烫伤了没有，然后说不要紧，下次注意就行了。“战场”还得由家长来打扫。很少有家长让孩子想想全家人没法喝开水了该怎么办？当一个人知道自己有过错时，内心都有一种要接受惩罚的准备，这是一种正常的心理要求，为自己的过失承担责任，求得心理平衡。这是多么好的教育机会呀，教育不就是一种唤醒吗？在孩子内疚、不安、急于求助时，让他明白要对自己的过失负责这一做人的基本原则，将使他刻骨铭心。

英国音乐人奥兹本，17岁时，经常穿着黑色的衣服，去周围的住宅偷窃。他通常爬窗而入，偷走煤气表和电表拿去换钱喝酒。奥兹本有时也会偷一些零碎的珠宝。有一次，奥兹本在一家服装店行窃时失手被抓，结果被罚款40英镑。他的爸爸知道这件事情，为他交了罚款，但是爸爸为了给他一个教训，让他为自己的过失负责，让他在朋友开的便利店打工赚钱，用来弥补罚款。在打工的日子里，奥兹本知道了劳动的辛苦，意识到了当别人被偷时的痛苦。从那以后，他再也没有当小偷的想法了，而是洗心革面，走上了摇滚的道路。上世纪70年代，奥兹本成为英国著名重金属乐队“黑色安息日”的主唱。随后，他又成功实现了由一名摇滚歌手到电视幽默明星的转型，财富滚滚而来。试想，如果当初他没有为自己的过失负责，得不到教训，今天也许还是个混日子的人。

让孩子学会为自己的过失负责，等于为他打下立足于社会的根基。父母要教育孩子从小对自己的行为负责，不要替孩子承担一切，否则会淡化孩子的责任感，不利于孩子的成长。在孩子的成长过程中，必须让孩子懂得为自己的过失负责，养成可贵的责任心，才能独立应对生活的考验。

有一位家长，虽然是博士毕业，在一所大学当教授，却总是为如何管教自己的儿子而操心。这位博士的儿子没有责任心，经常丢些零零碎碎的东西，甚至小黄帽一学期丢了8个。这位博士很伤脑筋，只好求助一位研究青少年教育问题的专家。专家问，你是不是丢一个给买一个？他说是啊。专家说你这样下去，孩子没法有责任心，他无所谓啊，丢了马上买新的，有什么可急的？专家指点他，孩子要是再丢帽子，让他自己去找，找不到，那第二天光着脑袋去上学。挨老师批评那是“咎由自取”。然后用他的零花钱去买新的小黄帽。没有零花钱，就取消他一个最喜欢的项目，比如第二天要去麦当劳，那就不能去，因为那个钱要用来买帽子。这样孩子才可能知道珍惜。这位博士按照专家说的去做了，后来孩子果然再也没有丢过小黄帽。不仅如此，人也变得有责任心了，从被动承担过失变得敢于主动承担错误。

让孩子学会对自己的过失负责，无论事情的结果是好是坏，只要是孩子独立行为的结果，就应该引导并鼓励孩子勇于承担责任。家长一定不要替孩子承担后果，否则容易给孩子提供逃避责任的机会，淡漠孩子的责任感。

著名教育家茨格拉夫人说：“必须教育孩子懂得他们不同的一举一动能产生不同的后果，那么随着时间的推移，孩子们一定会学得很有责任感的。”一次，她的儿子从学校回家比平常晚了半小时，并且没有跟她提前打招呼。茨格拉夫人对此表示充分的理解，但是她也明确地告诉儿子：“你玩的时间自然也就少了半个小时，我们必须遵守时间安排。”这样，就让儿子意识到了自己晚回家的后果，他必须对自己的行为负责。

当然，我们教育孩子也要讲究尺度。让孩子对自己的过失负责，绝不意味着可以体罚、伤害孩子，绝不意味着可以任意打骂犯错的孩子。正确的教育方式是一种建立在对孩子尊重和信任基础上的教育惩罚，是一种因人而异、适可而止的教育技巧，是为了培养孩子，而不是打击孩子。

孩子犯了错，伤害到别人，让他自己向人家道歉，赔偿损失，这不仅是为了取得别人的原谅，更重要的是使孩子从小就懂得为自己的言行切实负起

责任来。这对增强孩子的自律精神、谨慎言行，顺利地进入社会生活，非常有好处。为了您的孩子将来能独立而全面承担人生的责任和义务，从这一刻起，让孩子懂得为自己的过失负责吧！

第三章

3

给孩子一个领袖习惯，他将更容易成功

我们必须明确：领导人不是天生的，他们是造就出来的。那些管理机构、领导社团和带领体育运动队的男男女女，都是父母有意遵照一些简单的规则而培养出来的。他们还是孩子时，父母就培养了他们的领导习惯——独立的精神和自主的思维。没有今天父母所花费的时间和精力，就不会有孩子明天的领袖能力。

帮孩子克服依赖习惯，自己的事情自己做

很多家人以为对孩子好，就是让孩子事事顺心，他们把孩子当成手心里的宝，衣食住行样样都由他们包办。渐渐地，孩子越来越依赖家长，什么事情都不愿意动手、动脑。长期下去，不仅使孩子丧失自主的个性，长大以后生活的自理能力也会极差。孩子过分依赖，受累的是父母，将来受苦的是孩子。聪明的父母会教育自己的孩子自己的事情自己做，从而培养孩子的领袖性格。

有一对夫妇晚年得子，十分高兴。由于过分的疼爱，而把儿子视为掌上明珠，什么事都替儿子做好。儿子过分依赖父母，长大以后连起码的生活也不能自理。一天，夫妇要出远门，担心儿子饿死，便想了一个办法：临行前烙了一张中间带眼儿的大饼，套在儿子的脖子上，告诉他想吃的时候就咬一口。可是，儿子只知道吃前面的饼，不知道把后面的饼转过来吃。等他们出门回来时，大饼只吃了不到一半，而儿子竟活活饿死了。

故事虽然有些夸张，但是现实生活中类似的现象也不能说没有。特别是如今大多数家庭都是独生子女，父母、爷爷奶奶、外公外婆都视之为宝贝，

孩子的日常生活严重依赖亲人，造成长大以后生活自理能力极差。这种严重影响孩子们成长与发展的依赖心理，如果得不到及时矫正，不仅会导致孩子的心理畸形，而且还会削弱孩子在生活中的抗磨难能力。因此，父母应该从小就帮助孩子克服过分依赖别人的习惯，帮助孩子学会自己的事情自己做。

首先家长要培养孩子的自信心，有依赖心理的孩子常常缺乏自信，自我意识低下，这往往与童年时期的不良教育有关。如有的家长、长辈、朋友往往说些“你真笨，什么也不会做”“瞧你笨手笨脚的，让我来帮你做”这样的话。时间久了，孩子就会没有自信心，渐渐地不喜欢自己动手。孩子的特点是好奇好动的，一般都愿意参加一些活动，父母要尽早让孩子练习一些基本生活技能，如穿衣、穿鞋、擦桌子，独立完成简单的委托任务。

培养孩子的自理能力随着年龄的增长而增长。凡是孩子能够做到的，父母尽量不要插手，给孩子足够的时间去思考、尝试，让他发现自己的能力，孩子感觉自己有能力去做好某件事时就会果断地去做。开始，他们会出一些问题，但经过几次锻炼，他们会管理好自己的事情。

要纠正孩子平时养成的依赖习惯，提高孩子的动手能力。在日常生活中，父母就要告诉孩子，不要什么事情都指望别人，遇到问题要做出属于自己的选择和判断。如果现在事事都依赖别人，那么将来受苦的只能是自己。

香港巨富李嘉诚就十分重视培养孩子的独立性。他在教育孩子方面很有见地，非常注意对孩子人格和品性的培养。他的两个儿子李泽钜和李泽楷到八九岁时，李嘉诚就让他们参加董事会，不仅让孩子们列席“旁听”，还让他们插话“参政议政”。日常生活中，更教导两个儿子：“不动手就没饭吃，没前途，家长不能依赖一辈子。”后来，两个儿子都以优异的成绩在美国斯坦福大学毕业了，想在父亲的公司里施展宏图，干一番事业，但李嘉诚果断地拒绝了：“我的公司不需要你们！还是你们自己去打江山，让实践证明你们是否合格到我公司来任职。”兄弟俩去了加拿大，一个搞地产开发，一个做投资银行，他们克服了难以想象的困难，把公司和银行办得有声有色，成了加拿大商界出类拔萃的人物。李嘉诚看似“冷酷无情”，却把孩子逼上了自立自强的道路，帮两个儿子克服了依赖自己的毛病，锻造出勇敢坚毅、不屈不挠的人格和品性。

想让孩子克服依赖的习惯，在孩子“独立自主”时，家长就不要干涉过多。如果一方面要求他自立，另一方面对他这也限制那也约束，会让孩子感到左右为难，产生怠慢情绪，甚至回到以前那种诸事只求“外援”的局面。

婷婷的妈妈整日埋怨孩子不自立，书包乱七八糟，房间也是很一塌糊涂。上中学之后婷婷一切习惯都跟小学一样，一点长进都没有，就知道依赖大人，其实这跟婷婷的妈妈的教育方式有关。每天婷婷的妈妈都是把婷婷需要的东西都准备好，根本不给婷婷自己动手的机会。偶尔婷婷自己收拾房间，妈妈不是嫌弃婷婷用的时间多，收拾得不干净，就是嫌弃婷婷把工具乱放。时间久了，婷婷自己动手的兴趣被妈妈的唠叨打消了，只知道依赖大人。

培养孩子自己动手能力，先要培养孩子有自己动手的兴趣。孩子以主人翁的姿态做自己感兴趣的事，都喜欢别人看到他的“成功之作”。家长要对孩子主动提出的要求作出及时、亲切的回应，不要模棱两可，更不可粗暴拒绝，挫伤孩子的积极性。对合理的要求家长加以支持、满足；反之，则应予以明确拒绝。同时，不要忘记向他讲明支持或拒绝的原因。

培养孩子独立自主是一个循序渐进的过程，矫正孩子的依赖心理，让孩子养成自己事情自己做的习惯，家长不要怕麻烦，嫌孩子添乱、费时，也不要嫌他做得不好，只要他有“参与”，就应以鼓励为主，让孩子慢慢进步。这样既减轻了家长的压力，也为孩子日后独立进入社会奠定了基础。

教孩子寻求策略，不为抱怨浪费时间

成人们都懂得这个道理，抱怨他人的人永远会找到抱怨的理由，他(她)会把不成功、不快乐永远归咎到别人身上，尽其所能地找到借口。其实，这又何尝不是一种逃避呢？无论是学习还是工作或是生活，其实真的都是自己的事情。即使真的存在不合理的情况，抱怨的情绪不但于事无补，反而还会让自己对所做的一切产生怀疑、乏味等消极情绪。所以，抱怨别人实质上是在跟自己作对。

有的孩子做事总有畏难情绪，对于有点难度的事情，总是害怕失败，遇到事情就会抱怨，抱怨不公、抱怨条件不好。这个时候，家长如果引导他明白“失败乃成功之母”的道理，往往成效不大，那么，到底有没有好的方法来克服孩子的抱怨呢？

娇娇从小就是个聪明姑娘，小学时成绩一直领先，她如愿地考入了重点初中。可是初中里的环境不同于原来的小学，这里“高手云集”，同学们各有各的长项。几次考试下来，娇娇的成绩勉强中上等，再也考不到第一第二了。娇娇爸妈逐渐发现，女儿放学回家后话多了：“老师一点都不好，都不喜欢我”“考试题好难呀，都不会”“我的钢琴才六级，人家七八级的都几个呢”“不想去上学了”……诸如此类的抱怨声一直没有停过。娇娇爸妈很是烦恼，原来活泼可爱的小女儿，怎么变得每天除了抱怨，就是抱怨呢？

他们到学校咨询过老师后才发现，孩子的抱怨都是来自于对现状的不满意，缺乏逆流而上的勇气。因为没有找到出路，所以用抱怨的方式来发泄自己的不满。老师建议，想要纠正娇娇这种爱抱怨的习惯，堵不如疏，要找到问题的根源，然后让娇娇学会解决问题，而不是被问题缠住，这样才是根本的解决之道。

回家以后，爸妈不露痕迹地开始跟娇娇聊天，当娇娇抱怨说："今天的数学老师好讨厌。"爸妈都故作轻松地刨根问底："为什么呢，怎么惹我宝贝闺女生气了？"

"上课老师提问，明明是我先举的手，老师偏偏不叫我。"娇娇气愤地说。

"为什么呢，也许老师看你成绩好，想给别的同学机会呢？"妈妈说。

"才不是呢，因为我上回数学才考了90分，排了20名，而老师就喜欢奥赛得第一的顾凯，所以总是叫他回答问题。"娇娇越说越生气。

"那你要是能得奥赛奖牌，老师不是也喜欢你啦？"妈妈耐心地劝导说。

"我，我又没想过……"娇娇不好意思地低下头。

"宝贝，你不比顾凯笨，他能，你也能，如果你想让老师喜欢你，就要给老师一个喜欢你的理由，老师不是爸爸妈妈，会无条件地喜爱你。"这时，爸爸开口了。

"那我要是能拿奖牌，老师是不是就喜欢我了。"娇娇睁大眼睛看着她的爸妈。

"拿不拿奖牌，爸妈不强求，但是你要让老师知道，上回没考好只是偶然，你对数学还有很大兴趣，还在很努力地学，这样，即使不拿奖牌，老师也会喜欢你。"

爸爸仔细地给她分析着。"真的吗？"娇娇高兴地问。

"宝贝，不信你试试。"爸爸说。

说完后，父母相视一笑。

两个月后，娇娇带回来的不仅是数学98分的好成绩，还有那消失了近半年的明媚笑脸。抱怨少了，笑容自然就多了。

从上面的例子中我们可以看出找到解决方法比纵容孩子抱怨作用更显著，找对出路是一个人走向成功的基本因素之一。那么，怎样让孩子找对出路，停止抱怨呢？

首先，要帮助孩子确定明确的、可行的目标。明确的目标，就像一颗明亮的航行灯，给孩子的行动指引清晰的方向。目标可行，才有利于激发孩子的活动兴趣和自信心，同时也就降低了孩子抱怨的动力。

第二，在孩子实现目标的过程中，要善于激励他。对世界级的运动员的调查发现，在他们的早期生活中，影响最大的是父母的激励。因此，父母要善于发现孩子取得的成绩，即使是“不起眼”的成功，也要给予肯定和表扬。因为孩子取得的成绩，是与外界较量的结果，是展现自己能力的尝试，对孩子来说是很不容易的。适时得到赞许和激励，可以强化孩子为成功而努力拼搏的意识。当孩子在前进路上遇到挫折时，要给孩子以鼓励，鼓励他自己去克服困难。孩子对父母的依赖是长期的，在困难和不平面前，如果能有父母的协助，那么就会大大缓解他们的抱怨心理。

第三，给孩子以拼搏振奋的家庭气氛。父母应该为孩子树立克服困难的榜样，让孩子在奋发图强、全力拼搏的家庭气氛中成长，这对培养孩子的拼搏精神是非常重要的。有个《鹰》的寓言故事：有人问老鹰为何要在苍穹中培养自己的孩子，老鹰回答说：“如果我贴着地面去教育他们，那他们长大了，哪有勇气去接近太阳呢？”为了孩子的勇气，老鹰做了良好的表率，为孩子创设了拼搏的气氛。老鹰的这种精神，正是每位父母亲应该学习的。若父母亲一碰到困难就唉声叹气，畏惧退缩，那么，孩子在无形中会觉得困难太可怕了，以至不敢面对困难，那还有什么拼搏可谈呢？

第四，善于倾听。不管你的孩子抱怨什么，都不要“一棍子打死”，倾听是很好的沟通方式。倾听有时比您在口头上100次敷衍式的夸奖都来得有意义。设身处地地换位思考，站在孩子的角度想一想这种抱怨是不是有道理的。但这并不意味着您也参与到抱怨的行列中去。如果是那样的话，我想您首先要自我反省一下了。

最后，表明态度，以身作则。在孩子抱怨“不喜欢老师”时，先和孩子讨论一下“你喜欢的老师是什么样的”诸如此类的问题。在这个过程中告诉孩子“金无足赤，人无完人”“包容”“理解”等道理。最重要的是让孩子正视现实。

鼓励孩子发表意见，让他自己做决定

成功的人士往往都不是“听话”的孩子，他们之所以在自己的领域脱颖而出，有自己的成就，往往在于他们敢于发表意见，敢于做决定。“听话”的人永远只是在那里人云亦云地附和，永远属于被领导的阶层。家长想要孩子具有领袖能力，就要从孩子小的时候开始，鼓励孩子发表意见，自己能做决定。

家长要对孩子进行“鼓励式”教育，孩子在任何情况下都应当被允许表达意见，不仅仅是谈可接受的、安全的话题，而且要允许讨论、争论。这对孩子思考能力的发展是至关重要的因素。生活中，有些孩子往往不敢发表自己的意见，因此父母要鼓励孩子敢于发表自己的看法。在孩子发表自己的意见时，即使孩子说错了，家长也不要责怪孩子，要从另一个角度肯定孩子，然后给予孩子正确解决问题的提示，最终协助孩子做出正确的决定。

杨澜的爸爸是个很开明的父亲。他对孩子具有宽容的心态，洒脱的教育，很少对孩子说“不准”“不要”。他尊重孩子的个性，欣赏孩子的“淘气”，鼓励孩子说出不同的意见。

一次，他给杨澜出了一道带启发性的思考题：“一棵树上站着三只小鸟，一个顽皮的孩子用弹弓打掉了一只，试问树上还有几只小鸟？”杨澜说：“三减一等于二，树上应该还有两只。”妈妈在旁边笑起来，说：“杨澜，你再好好想想。”但杨澜却执著地说：“就是两只嘛。”于是爸爸启发他说：“杨澜有主见，敢于坚持自己的意见，是好样的。但是，你想一想，当你害怕的时候，是不是要逃走啊？那么鸟儿受惊的时候是不是也会飞走啊？打掉的虽然只有一只，但弹弓一响，其他两只也就吓跑了，那么该剩下几个呢？”杨澜想了想得出了正确答案，然而她并没有因为第一次回答错误而气馁，反而在父亲的启发暗示下，更加敢于说出自己的不同想法。

父母教育子女，就应该像杨澜的父亲一样，鼓励孩子大胆提出与自己看法不同的意见，给他们创造一个宽松的成长环境。培养孩子的求异思维、发散思维和逆向思维，鼓励孩子与众不同、标新立异和突发奇想。这样才能使孩子没有压抑感，敢于张扬自我；同时也使孩子能平心静气，坦然接受失败和错误，并将其转化成功的基石。这一切将为孩子打造一个健康的心灵，使他们成为一个“抬起头来走路”的自尊、自信的人。孩子敢于在小时候在父母面前发表意见，长大后，才会敢于在陌生人面前发表意见，展现自己的人格魅力。

对于孩子的正确意见，我们要先肯定、表扬，让孩子增强发表意见的信心。孩子受到了鼓励，以后就会积极主动地去进行思考了，这样也就达到了培养孩子思维能力的目的。

培养孩子有自己的意见，自己做决定一定要从小开始。有些父母在处理孩子的事情时，认为“孩子小，什么也不懂，怎么会有自己的意见，还是我决定吧”。父母没有意识到，孩子也有自己的想法。若孩子的个人想法得不到父母的关注，且父母长期过度包办，他的自主意识就会被抑制，自信心会受打击，可能会对自己产生消极的评价。长大以后，可能会缺乏判断和选择的能力，缺乏责任感，缺乏主见。到那时即使父母想训练他让他自己作主，他的这种意识和能力恐怕也难以培养起来了。

因此建议父母给孩子一点做决定的机会，让孩子学会表达自己的不同意见，学会如何做决定。在培养孩子自己做主的能力时，父母们要讲究方式、方法。

从小事开始，从小选择开始。如“你想穿什么颜色的毛衣？”孩子可能会提出家中没有的东西，若父母不能顺从时，反而会使孩子对父母失去信任。而应该问：“你想穿这件绿毛衣，还是那件红毛衣？”这样既培养了孩子自己做决定的能力，又培养了孩子的自信心。

培养孩子有自己的意见，一定要遵循正确、安全的原则。不能让孩子选择有害、不安全的事，因为孩子不知可能有什么危险。例如：“过马路时你是拉着妈妈的手还是爸爸的手？”而不能说：“过马路时你要拉着大人的手吗？”

人无完人，孩子的决定可能是错的，但是如果没有大碍，不妨让孩子尝试。孩子只有通过尝试，才能有经验，才能知道做决定的结果，从而不断学习，不断提高判断能力。如果小孩坚持穿裙子去操场玩，结果不小心弄破了皮肤，家长一定要避免说：“瞧，我叫你穿裤子对吧？”而应说：“你想一想，如果我们下次再来操场玩，我们怎么保护好自己。”随着孩子渐渐长大，经验不断增多，做决定的能力与技巧会渐渐提高。

“听话”的孩子不一定是好孩子，孩子小时候的不听话，有时是其要求独立自主的表现，孩子有自己的不同意见，实际上是他拥有了自己思考的能力。孩子不能一直生活在父母的庇护里，父母要试着放开手，让孩子自己走，让孩子锻炼自己的心智和能力，成为可以独当一面的人。

给孩子体验生活的机会，学会自我管理

一说到让孩子自己管理自己，许多家长就头痛，都发出了同一个感叹："现在的孩子越来越不懂事了，我那个年纪的时候，比他懂事多了。将来这个样子，怎么在社会上闯啊？"其实教育单靠家长和老师的说教是不行的，要唤醒孩子那还在沉睡的自我管理能力，须让孩子去体验生活的酸甜苦辣，从而体会到家长工作的艰辛，学会自我管理。

我们经常可以看到这样的镜头：下午放学，学校门口围着许多家长，一出校门，孩子就把书包交给"书童"，自己空着手就走了，家庭条件好一点的孩子甚至还有专车接送。每天孩子根本接触不到外界，他会认为生活就是这样，别人就是应该对自己好，天天有人侍候，这样的孩子又怎么能学会自我管理呢？

能不能在生活中管好自己，这是自我管理能力中最重要的。如果孩子无法管理自己的生活起居，我们很难想象他能够管好其他事情。在这一点上，国外的一些父母做得相当好。比如，美国人比较喜欢周末全家出游。不管孩子多大，哪怕只有两三岁，父母都会带上他。而且，父母都会让孩子自己走，自己去照顾自己。有时，小孩子爬累了，走不动了，家长们也很少抱起他们，而只是在一边等他们休息一会儿再接着走。美国父母认为，应该从小就锻炼孩子的生活自理能力，让他们体验生活，这样孩子才会学会自我管理。

而中国的很多父母嘴上嘟囔着孩子爱依赖，行动上却往往不给孩子体验生活的机会，他们使孩子常处于“中心地位”：东西乱扔了，大人来收拾；衣服穿脏了，大人立即洗。这样的孩子一旦离开父母就无法生活了。因此，做父母的应该放手让孩子去实践，在实践中学会积累经验，培养自我管理能力。平时要注意培养孩子自我管理的意识，例如，让孩子把玩完的玩具放进柜里，作业做完后收拾书包等，久而久之，他会学会约束、控制自己，形成良好的自我管理的习惯。孩子上学以后，父母要教给孩子有关学校生活的常识，要求孩子爱护和整理书包、课本、画册、文具；学会削铅笔，使用剪刀、铅笔刀、橡皮和其他工具，自己的事情自己做，不要总想着依赖家长。

上学的阶段是培养性格的重要阶段。在此期间，父母让孩子自己体检动手的乐趣，不要事事都替孩子做，尤其是孩子作业，父母还要注意不要替孩子做作业或者检查作业——孩子应该自己去做这些事情。一旦父母帮助孩子检查作业了，孩子不但自己不检查作业，反而觉得这是父母的事情，对学习的兴趣也会降低。孩子只有经历过生活的艰辛，受过生活的考验，才能有自我管理的能力。中外名人，在成就一番事业之前，都体验过生活的艰辛，自我管理能力非常强。

李开复年轻的时候到美国读书，突然从台湾到了美国，他非常不适应。为了尽快地融入到当地的生活，他开始在课余时间打工、送报纸、看孩子，什么样的琐事都做过，一天下来全身都被汗水湿透了。虽然赚钱不多，却让他体验了当地的生活，并且大幅度地提高了他的口语水平。后来上大学后的李开复又干过各种零活，在饭馆当过招待、在实验室当助理、在图书馆做管理员，他亲身体验了生活的艰难，更开阔了视野，锻炼了自主的能力，让他走上了成功之路。

从小培养孩子体验生活，学会自己的事情自己做，自己的东西自己管，自己的生活自己安排的自我管理习惯，能增强孩子行动的独立性、目的性和计划性，无疑对提高孩子的生活能力有着很大的帮助。有些年轻的父母常常讲，他们也希望孩子可以去游戏、去体验，但是害怕孩子在陌生的环境中受伤，或是在不洁净的地方感染细菌。我们生活的各个角落都存在风险，如果孩子对风险没有体会，或者对风险的存在没有认识，他如何才能离开父母，自己面对世界。不能独立，又怎么能面对将来遇到的挫折问题呢？

孩子经历一些小的“意外”才能承受得住将来的大意外，在生活中磨练有利于培养孩子预知和处理风险的能力。有的时候让孩子体验风险，承担自己失误和对风险的不当预期而带来的麻烦和后果，对孩子的成长是难能可贵的。因为家长可以代替孩子干这、干那，但无法代替孩子成长。成长不是一步到位的，教育没有直线，生命是体验、感悟的过程。

孩子不可能总躲在我们的翅膀底下，应该放手给他单飞的机会，哪怕他会摔跤，哪怕摔跤会给我们带来一些麻烦，这是成长路上必要的代价。只有给孩子体验生活的机会，让孩子学会自己的事情自己做，他的羽翼才会丰满，才能独立，才会在将来闯出自己的一条路。

培养孩子的主动性，保持向上提升的感觉

科学家爱因斯坦曾说过：“兴趣是最好的老师。”孩子只有在主动做一件事情的时候，才会有兴趣，才会有成就。想要孩子有所建树，被动式的填鸭教育是不行的。聪明的家长懂得从小培养孩子的主动性，让孩子在快乐中进步、在主动中提升。

每个家长都望子成龙，然而孩子在“成龙”的过程中，先要学会做人，先要学会主动去做一件事，否则家长把孩子推上了高台，孩子也会摔下来。只有培养了孩子自己主动爬上高台的能力，才算是真正的教育成功。

一个人只有做事主动，才能不断地向着高的目标贴近、才能有奋斗的决心。伽利略就深知主动的重要性。17岁那年，他考进了比萨大学医科专业。一下子进入了知识的海洋，他变得更积极主动，他喜欢主动提问题，不问个水落石出绝不罢休。

有一次上课，比罗教授讲胚胎学。他讲道：“母亲生男孩还是生女孩，是由父亲的强弱决定的。父亲身体强壮，母亲就生男孩；父亲身体衰弱，母亲就生女孩。” 比罗教授的话音刚落，伽利略就举手说道：“老师，我有疑问。” 比罗教授不高兴地说：“你提的问题太多了！你是个学生，上课

时应该认真听老师讲，多记笔记，不要胡思乱想，动不动就提问题，影响同学们学习！”“这不是胡思乱想，也不是动不动就提问题。我的邻居，男的身体非常强壮，可他的妻子一连生了5个女儿。这与老师讲的正好相反，这该怎么解释？”伽利略没有被比罗教授吓倒，继续反问。“我是根据古希腊著名学者亚里士多德的观点讲的，不会错！”比罗教授搬出了理论根据，想压服他。伽利略继续说：“难道亚里士多德讲的不符合事实，也要硬说是对的吗？科学一定要与事实符合，否则就不是真正的科学。”比罗教授被问倒了，下不了台。后来，伽利略凭借自己的钻研，终于得出了答案，他的主动，他的勇于坚持、好学善问、追求真理的精神最终使他成为一代科学巨匠。

不管是学习还是生活，都需要主动，教导孩子学会主动，实在太重要了。但是家长一定不要着急，切忌说教气氛。要知道，主动性是一点一滴养成的。令人乏味的说教会破坏适宜学习的气氛，所以家长要学会说短话、学会引导，保持平和的家庭气氛，让孩子感到平和、宁静、有安全感。有一位母亲看到5岁的孩子对洗碗感兴趣，就为孩子准备了一个小板凳，对孩子说：“我知道你特别爱干活，想自己洗碗，妈妈给你准备了小板凳……”孩子兴奋地喊着：“谢谢妈妈！”就登上小板凳学着大人的样子洗碗。整个过程，没有一丝一毫的不快，就这样，孩子就学会了主动劳动。

家长在培养孩子的主动性时，家长切忌“轰轰烈烈”，要注重循序渐进。很多家长，由于对孩子寄予很大希望，容易制订许多教育计划，抓紧一切机会和空闲让孩子学这、学那，把家庭弄得“轰轰烈烈”，气势很大，这是没有必要的。孩子学习知识，学习做人，需要长达十几年的时间，“轰轰烈烈”的气氛会破坏学习进程，就如我们食用的米、面和饮用水，味都是淡淡的。因为淡，才能长期食用，所以适宜于孩子学习的气氛不应该是“轰轰烈烈”的。“轰轰烈烈”开始的家庭教育，必定会以有始无终而结束。

培养孩子，不要对孩子严厉。严厉的气氛并不适宜大脑思考，学习、生活是大脑的活动，大脑如果处于恐惧和惊慌之中，是不可能出现积极状态的，用脑需要宽松的环境。有的家长在孩子做作业时，守在一旁，孩子稍稍做错一点，就厉声斥，甚至一耳光打过去。这种紧张气氛使孩子恐惧，大脑的思考被严重抑制、忧乱，严重妨碍孩子的学习，更严重的是伤害孩子的主动性。

家长要用心创造一种气氛，让孩子尝到主动的甜头，就是让孩子自己主动学习，而不是每天放学回到家听从安排，什么时候作业，什么时候玩，形成一种绝对支配和被支配的气氛，这对孩子学习是不利的。比如一年级孩子，放学回家肯定要问家长："妈妈，我现在做什么？""妈妈，现在可以玩吗？"这时家长可以说要指导孩子开始学会自己安排学习和玩耍，家长可以说："你能自己安排好吗？不会的妈妈再帮你。"这样可以发展孩子的主动性，学着自己安排学习。孩子如果安排得好，家长就要给予表扬，这样孩子会变得越来越积极主动。

孩子的未来需要孩子自己去掌握，孩子的人生需要孩子自己去填写，父母不可能代替孩子的手脚。所以，一定要学会培养孩子的主动性。当然，培养孩子需要有耐心，不要给孩子太多的压力和责备。从精神上放松，从孩子的兴趣人手，从了解孩子个性和优势、短处人手，就会摸索出有效的方法，孩子的学习动力和主动性就会产生。当孩子学会主动去做一件事情，那么成功的概率就会大大提高。

以变应变，让孩子绝不受困于环境

社会不断发展，人类也在不断进步。适者生存的本领是人类赖以生存的最基本条件，是生物进化的普遍规律。现代社会的变化更是让我们难以把握，生活、工作的环境随时都可能变得陌生，谁最先适应新环境，谁就在竞争中获得先机。所以说应变能力是孩子不能缺少的技能之一；少了它，孩子即使学富五车，也容易被社会淘汰。所以，家长要注意培养孩子的应变能力，让孩子能够以变应变，不被环境所困。

做父母都应该知道，在现实的社会中，大人不可能总是为孩子提供一个完美的生活环境。因此，父母如何鼓励孩子适应环境才是最重要的。当然适应环境不是一味地“顺从环境”，而是以变应变，根据环境条件改变自身、调节自身，试着与环境条件保持协调，才是其本意，才能真正生存。

莎士比亚的父亲是一位羊毛商人，生意很兴隆，家庭条件也非常好。父亲希望自己的儿子将来做一个有学问的绅士。因此，在莎士比亚六七岁的时候，就被送进一个很有名气的文法学校，学习英国语文、拉丁文法和修辞，也接触一些古代罗马的诗歌和戏剧。

然而当莎士比亚十三岁的时候，父亲破产了，一家人的生活失去了依托。莎士比亚只得中途退学，帮助父母维持生意，做些家务。突然改变的环境与困苦的生活并没有使莎士比亚心灰意冷。他以变应变，对生活充满信心，对未来的生活充满了憧憬。

虽然接触的环境变了，但是莎士比亚还是对戏剧充满了兴趣，剧团的演出在莎士比亚记忆的屏幕上总是留下那么明晰的印象。还在他幼年时期，伦敦城里最有名的女王剧团曾经到斯特拉福镇演出过，此后多年中，每年都有几个剧团来这里演出。这些演出在莎士比亚幼小的心灵上播下了爱好戏剧的种子。他的心完全沉浸在戏剧里了，家里没有钱让他继续读书，他就常常邀集几个小伙伴，模仿自己看到的戏剧情节，自己琢磨。有时候，他为了思考一个剧中的情节，独自一个在田间小径上踱来踱去，琢磨某个角色的动作表情。他暗暗下了决心：虽然家庭条件变了，自己需要赚钱养家，但是他不会放弃从事戏剧事业。他知道，当个戏剧家，要有很丰富的知识。因此，他一边外出打工赚钱，一边自己阅读哲学、文学、历史等方面的书籍。几年工夫，他已经是一个相当博学的人了，最终成为了伟大的文学家。环境变了并不可怕，只要你能适应环境，以变应变，就一定不会被环境所困。

只有适应环境，才能改变环境、创造环境。是否能够快速地、很好地适应一个新的环境，往往取决于个人长期的储备。所以，父母要培养孩子适者生存之道，还要从孩子的基本素质下功夫，从小开始。许多孩子在熟悉了原有环境时，面对一个新的陌生的环境，内心会本能地抵制，总拿新环境的缺点和以前的优点相比，不愿意接受新环境。做父母的一定要积极帮助孩子改变心态，帮助孩子寻找新环境中的可爱之处，让他学会以愉快的心情接受陌生的一切。

丹丹从老家到北京跟父母团聚，从爷爷奶奶的身边来到父母身边，学校也换了一个。环境一下子变了，原来5分钟就到学校的路程，现在爸爸开车也要半个小时，说惯东北话的丹丹，被同学嘲笑普通话不好。丹丹到了新环境一个月，还是不适应早上起得那么早、到学校说普通话，她总是抱怨同学没有以前友好，老师看起来也不和蔼。丹丹对新环境不适应，父母看在眼里，急在心里，跟丹丹讲了好多道理，可是还是没有用，丹丹始终闷闷不乐，父母却不知道如何是好。

丹丹出现这种状况，主要原因就在于父母平时忽略了对她应变能力的培养，导致她不能迅速地融入新环境。其实，生活中大多数人的环境都会有或多或少的变动，如果等变化来了再教育孩子，就会来不及。因此建议父母们可以这样做：

1．“玩假设游戏”，假设一种新环境。平时就要学会灌输孩子以变应变的道理，在与孩子闲谈时，你可以问孩子：“假如你现在转学了，你怎样适应新老师的讲课方式，怎样和小伙伴们交往呢？”你可以对孩子的回答加以补充完善，学会引导孩子，这样孩子在真的进入新环境中就能从容应付了。

2．“玩个消失游戏”，平时就要给孩子讲如果跟父母走失之后如何处理，如果自己一个人在街上迷路了该怎么办。偶尔玩个“小消失”。在外出逛街、旅游的时候，可以趁孩子不注意的时候，悄悄地躲起来，在暗地里观察看他是怎样寻求帮助、摆脱困境的，再找恰当时机出现对孩子进行指导，培养孩子的应变能力。

3．“玩个独自生活游戏”，尝试让孩子离开家到其他地方住几天。孩子离开父母，跟同龄人在一起的时候，就不会那么娇气，他们会自己想办法度过难关。比如，可以让孩子在学校宿舍住一学期、参加学校组织的夏令营，或者带着孩子到农村等条件比较艰苦的地方体验生活。

有了应变能力，孩子在面对突发事件时才能正确地处理；有了应变能力，当环境发生了改变，孩子才能适应环境，创造新环境。为了你的孩子在新环境中能得心应手，家长在对孩子进行素质教育时一定不要忽略应变能力的培养。

不满足于现状者，才能成为合格领袖

每个家长都希望自己的孩子生活得好，然而生活得好并不仅仅是指让他们衣食无忧，更重要的是要为他们的将来考虑——怎样使他们有一个美好的未来。每个成功领袖在性格上都有一个特点——不满于现状、主动进取。父母除了给予孩子物质上的富足，更应该注意培养孩子的性格，教育孩子把眼光放远、目标定高，懂得主动进取。

人生如逆水行舟，不进则退，孩子只有从小掌握了这个道理，才能出人头地。

有一个黑人小姑娘，在家里22个孩子中排行第20，由于她出生时早产而险些丧命。她4岁时患了肺炎和腥红热，她的左腿因此而瘫痪。9岁时，她努力脱离腿部的金属支架独立行走。到13岁时，她勉强可以比较正常地行走，医生认为这是一个奇迹，家人们也为她感到自豪，然而她却没有在现状中满足。同年，她决定成为一名跑步运动员，很多人都笑她异想天开，好不容易能走了，居然想跑。不久，她参加了一项比赛，结果是最后一名。随后的几年，她参加每一项比赛都是最后一名。每个人都劝她放弃，但是她还是跑着。直到有一天，她赢得了一场比赛。此后，胜利不断，直到在每一场比赛中都取胜。这个黑人小姑娘就是威尔玛·鲁道夫，3枚奥运金牌获得者。如果威尔玛安于现状，也许她仍旧瘫痪；当能走的时候，如果她满足于当年的成

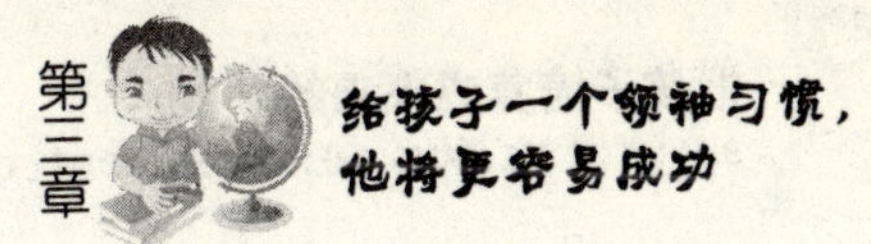

绩，也许奥运田径的历史就会改写，所以说成就是属于不满足现状的人。

也许有的家长认为，孩子现在小，其他的都看不出来，只要成绩稳定就可以了。事实上，学业上的竞争也是非常激烈的，一个不小心，就可能被抛在后面，家长如果都对自己的孩子没有要求，孩子对自己的现状也满足的话，那后果只能是在竞争中被淘汰。

王庭小升初，一下子由重点小学到了普通中学，原本中下游的他突然变成了班级的前十名，这下子他骄傲了起来。当上了班级干部，更变得自以为是，同桌张曦虽然也是平均分前十名，然而从农村转学过来，英语差的他第一天上课，几乎听不懂老师在讲什么。虽然成绩差不多，但是两个人的学习态度却完全不同：每天，张曦都是课前预习、课后复习，不会的就主动张口问别人，尤其是英语，他更是大量地做习题，听录音；王庭作业做完，就不会再动一下笔，翻一页书，他觉得自己现在这样挺好，前十名还是班干部。就这样一学期过去了，期末考试，王庭一下子掉到了第30名，而张曦却成了班级的前3名。张曦虽然英语成绩还是一般，但是却比开学的时候有了质的变化。两个原本相差无几的孩子，为什么几个月的时间就差距这么大呢？根本原因就在于王庭安于现状，觉得自己成绩不错，结果在别人前进的时候，原地踏步被远远抛在了后面。而张曦却不安于现状、勇于进取，遇到困难也不退缩，最终取得了好成绩。

教育孩子不满足于现状，不仅可以激发孩子的上进心，更可以帮助他树立一种不服输的性格。然而教育孩子也有技巧，家长在培养孩子的时候，一定要注意以下几个方面：

首先，要引导孩子树立目标。一个人在人生的不同阶段有不同的目标，每一阶段目标的实现就是人生上了一个新台阶，家长一定要注意帮助孩子树立目标的技巧。有的孩子虽然确立了一个目标，但过于长远，短期内无法实现，甚至看不到任何进步，而孩子往往比较心急，对于任何目标希望尽快实现，如果短期内自己看不到成效便会灰心丧气，这个确立的目标也就失败了。因此，要在远期目标的基础上加入若干个短期内就可实现的目标，这样既可以尽可能地实现远期目标，又可在一次次的小成功中获得自信，一步一个脚印，一次次从现有状态不断进步，这样才能一步步地走向成功。

其次，教育孩子不满足现状，不是跟孩子讲大道理，而是要用自己的一言一行去影响孩子。父母本身既要努力工作，又要经常学习，用自己的实际行动影响孩子。从小到大，孩子和家长在一起的时间是最长的，一天两天不算什么，但家长几年乃至十几年的习惯行为动作便会变成对孩子的一种心理暗示，使孩子在不知不觉中便会模仿家长的言行举止。如果家长本身就是安于现状、不思进取的人，又怎么能教育孩子呢？为了孩子的成长，家长首先要严格要求自己。

最后，家长在教育孩子的时候，要掌握好“度”的问题。不满足于现状并不意味着好高骛远，而是要结合自身情况，脚踏实地地去努力，不符合实际的追求只会让孩子变得患得患失、心里急躁，最终自我放弃。

有了目标，不满足于现状，人才能不断进取、不断进步。想要让你的孩子成为合格的人才，想要让你的孩子具有领袖气质，就要从小开始培养孩子的进取心，让孩子懂得：满足现状，只会坐吃山空；不争取，胜利不会向你招手；不前进，成功的大门不会为你打开。

让胆怯孩子变勇敢，在机会面前表现自我

培养孩子，也要跟得上时代的需求，在竞争激烈的当代社会，要求人们面对机会能勇敢、大声地说“我行”。而这种敢于表达自己，敢于抓住机会的能力，需要从小培养。因此，培养孩子自我表现的勇气和习惯，成了家庭教育的一个重要内容，对内向、胆怯的孩子尤为如此。

学校要组织联欢会，老师拿着文稿找到学生A，问：“听说你的口才很好？我想让你做联欢会的主持人。”学生A看到是老师，回答道：“哪里，哪里，和别人相比差多了，实在拿不出手。”老师一听愣了，便转身去找了个学生B。学生B一口答应，一副胸有成竹的样子，于是学生B最后成为了主持人。数天后，当老师经过教室的时候，惊讶地发现正在读课文的学生A嗓音非常洪亮，他非常不解，为什么学生A要说自己嗓音不好？原来学生A非常胆小，看见老师太胆怯，根本不敢表达自己的能力，即使是自己有能力，也抓不住机会。

作为家长，一定要教给孩子这样一个思想：每个人成功的机会都是均等的。机会是要自己去把握的，如果一个现成的机会摆在你面前都没有珍惜的

话，最终只能高喊后悔，一事无成了。在机会来临时，是最需要表现自我的时候。著名的节目主持人杨澜正是抓住了成功的机会，成为家喻户晓的人物。

小时候的杨澜喜欢看书，是个非常文静的女孩，她不喜欢说话，也不愿意跟别人争辩。父亲因此教育她，不喜欢争辩可以，但一定要懂得为自己争取，要敢于表达自己，如果永远唯唯诺诺，将一事无成。正是父亲从小的教育，外表纤弱的杨澜有着一股不服输的镜头。一次，杨澜被推荐参加试镜。说实话，杨澜并不被人看重，只是因为她的气质较佳，所以才能一路过关斩将杀入决赛。后据一位导演透露，虽然杨澜被视为人选之一，但是被有的人认为还不够漂亮，所以用她的可能性并不是很大。

最后确定人选的时候到了，电视台主管节目的领导也到场了，他们要在杨澜与另外一位连杨澜也不得不承认“的确非常漂亮”的女孩子中间选择一人，这将是最后的选择。杨澜看见这种情况，并没有气馁，也没有胆怯，她想起来父亲经常说的话：要把你的本事给大家看。她想：“即使你们今天不选我，我也要证明我的素质。只要我努力了，即使是失败了，我也要给大家留下深刻的印象。”

这次考试两人的题目是：一、你将如何做这个节目主持人；二、介绍一下你自己。

杨澜是这么开始的：“我认为主持人的首要标准不是容貌，而是要看她是否有强烈的与观众沟通的愿望。我希望做这个节目的主持人，因为我喜欢旅游，人与人自然亲近的快感是无与伦比的，我要把自己的这些感受讲给观众听……”

在介绍自己时，杨澜是这样说的：“父母给我取‘澜’为名，就是希望我有像大海一样的胸襟，自强、自立，我相信自己能做到这一点……”杨澜一口气讲了半个小时，没有一点文字参考，她语言流畅，思维严密，富有思想性，很快赢得了诸位领导的赏识。人们不再关注她否长得漂亮，而是被她的表现深深吸引住了。当杨澜再次回到那个房间，中央电视台已经决定正式录用她了，这次面试改变了她的一生。假设当时杨澜因为胆怯而退缩，也许今天她只不过是个普通的上班族，父亲的教育成就了今天的杨澜。

有些家长反映，自己的孩子性格内向，在家是老虎，在外是老鼠，见到陌生人就不敢说话，更别说遇事抓住机会了。其实孩子的性格完全是家长塑造的，只要家长在日常生活中、教育孩子的时候掌握下列的技巧，孩子一定会成为一个敢于抓住机会、面对他人毫不胆怯的可塑之才。

首先，要扩大孩子交际和接触面。孩子如果天天只接触家里人，而跟社会没有交际的话，就会变得胆怯。因此，家长应有意识地扩大孩子的接触面，让孩子经常面对陌生的人与环境，逐渐减轻不安心理。闲暇时，带孩子和邻居聊上几句，帮孩子与同龄朋友一起玩耍，建立友谊；购物时甚至可以让孩子帮忙付钱；经常到同事、亲戚家串门；节假日，一家三口背上行囊去旅游，让孩子置身于川流不息的游客潮中……随着见识的增长，孩子面对别人的目光时，便会多几分坦然。

其次，当孩子不自卑之后，就应开始培养孩子的自信心。当孩子有了自信，就会有面对机会、挑战自己的勇气。因此，找出孩子的特长并由此树立信心就显得格外重要了。通过唱歌、跳舞、数数、背诵古诗、讲故事、画画、模仿等形式挖掘和培养孩子在这方面的能力，先创造机会让他在家人面前展示，加以热情鼓励，树立信心。

最后，家长要经常为孩子创造表现的机会。有了家长的肯定，如果再加上外人广泛的认可，孩子的自信心会得到强化。带孩子走出小家，鼓励他迎着外人的目光勇敢地展示自己。当孩子通过自我表现获得赞美，体会到被肯定的喜悦时，自信心便会随之增强；而自信心的增强，反过来又会促使孩子勇于表现自己。也许孩子一时并不能像那些天性外向、开朗的孩子那样乐于表现，但只要他能学会勇敢地展示自己，就是在把握机会，积极进步。

成功的机会只会光临勇敢的人，为了您的孩子成为社会栋梁，为了您的孩子能在竞争中抓住机会，请从现在开始培养孩子一颗勇敢的心。

和孩子一起养成珍惜时间的好习惯

爱因斯坦曾经说过："人的差异产生在业余时间。"达尔文曾经说过："我从来不认为半小时是我微不足道的很小的一段时间。"从这两位大科学家的话里，就可以看出他们是多么重视时间、珍惜时间。同时，珍惜时间也是古往今来每一个成功者的共性之一，为了培养好孩子，作为家长一定重视培养孩子安排时间、运用时间的能力，和孩子一起养成珍惜时间的好习惯。

文坛伟人鲁迅的成功，有一个重要的秘诀，就是珍惜时间。鲁迅十二岁在绍兴城读私塾的时候，父亲正患着重病，两个弟弟年纪尚幼、鲁迅不仅经常上当铺、跑药店，还得帮助母亲做家务。为避免影响学业，他必须做好精确的时间安排，否则做了家务，就没时间学习。

为了二者兼顾，鲁迅几乎每天都在挤时间。他说过："时间，就像海绵里的水，只要你挤，总是有的。"鲁迅读书的兴趣十分广泛，又喜欢写作，他对于民间艺术，特别是传说、绘画，也深切爱好。正因为他广泛涉猎，多方面学习，所以时间对他来说，实在非常重要。他有自己的时间表，每日做事都按部就班，时间表上的事项从来不留到第二天，也从来不给自己偷懒的借口。

在鲁迅的眼中，时间就如同生命。在他忙于工作的时候，如果有人来找他聊天或闲扯，即使是很要好的朋友，他也会毫不客气地对人家说："唉，你又来了，就没有别的事好做吗？”就是这种珍惜时间的个性，最终使鲁迅成为一代文学巨匠。

随着科技的发展，社会在进步，时代在发展，人与人之间的竞争越来越激烈，生活节奏日益加快。但对孩子来说，他们还没有接触社会的经历，自然感受不到紧张的气息。但是，孩子终究要长大，一个做事拖拉的人是无法在竞争社会中立足的。对此，从小训练孩子主动把握现实的能力和智慧以及有竞争意识是根本。为此，应适当增加生活的紧张气息，培养孩子的竞争心理，提高他们的灵敏度，珍惜时间，改变磨蹭的现状。一寸光阴一寸金，时间对于孩子的成长、成才起着决定性的作用，家长一定要让孩子珍惜时间，养成爱惜时间的习惯。

教育孩子珍惜时间不是一件容易的事。因为年幼的孩子还不能理解时间是怎么回事，更不懂得生命对于自己只能有一次。随着年龄的成长，孩子才逐渐明白时间的无限性和生命的有限性。但是家长不能消极地等到孩子懂得这些为止，必须从小进行珍惜时间的教育，因为爱惜时间需要长时间养成习惯。

教育孩子珍惜时间，要教会孩子讲究效率。家长要教育孩子要充分利用每一分钟，要让他懂得“讲究效率，时间变长；不讲效率，时间变短”的道理。家长要教会孩子，有些事情最好是用一整块时间一气呵成，干出个结果。比如计算一道复杂的数学题，每天想一会，又去做别的事，第二天又得从头开始想，因为昨天的思路已经忘记了。集中时间、专心致志，打个歼灭战，往往会得到事半功倍的效果。比如说孩子在家做功课，一定要帮助孩子养成抓紧时间的好习惯。如果孩子能在规定的时间内完成功课，家长一定要给予表扬，反之要给予批评教育。同时，家长要以身作则，给孩子做个珍惜时间的榜样。时间长了，孩子就会明白讲效率、珍惜时间的重要性。

黄玲是个典型的没有时间观念的孩子，她觉得自己年纪还小，时间大把大把的，所以做起事情拖拖拉拉。由于磨蹭，她上学经常迟到，老师批评她很多次也是无济于事。最终，细心的老师终于发现了问题所在，原来黄玲的妈妈也是个不珍惜时间的人，孩子在妈妈的耳濡目染之下，也养成了浪费时间的习惯。对此，家长非常苦恼，下决心帮他改正。首先，让孩子认识到磨蹭给自己和父母都带来不好的影响，这个孩子接受意见并表示愿意改正。接着，妈妈在孩子面前承认了自己浪费时间的错误，并且与孩子一起制订一个互相监督的计划，让他监督妈妈有没有做事情拖拉的现象，爸爸做裁判，每天记录结果并及时报告。与父母一起制订了生活日程表，记录每天早晨穿衣、刷牙、洗脸、吃饭等所用的时间，一段时间后看有没有进步。通过这样的培养，在妈妈逐渐改变的影响下，孩子的效率也越来越高，成绩也有了进步。孩子开始为自己的进步而感到高兴，主动加快了自己的做事速度，时间观念也慢慢变加强了。久而久之，黄玲会根据时间来调节做事速度，有了初步合理把握时间的能力，迟到的现象也就杜绝了。

时间对于不同的人有不同的意义。对学生来说，时间是财富，是资本，是改变命运钥匙，是千金难买的无价之宝。领袖们在求学时期，往往是最懂得珍惜时间的那一个，为了让你孩子懂得珍惜时间这一无价之宝，为了缩短孩子迈向领袖的路程，请从这一刻起教导他珍惜时间。

把孩子培养成未来的领袖

第四章

4

给孩子一个领袖气质，他将获得无数拥趸

那些拥有强大影响力和感召力的领袖，即便只是静静地坐在角落，浑身上下也会散发着让人不可小觑的气质。而且无论是谁，只要他渴望成为领导者，就必须具备这种风度和气质。这种气质是浑然天成的吗？当然不是。只是它的培养需要一个长期的过程，所以为人父母者有责任尽早着手，给孩子增添更多的领袖魅力。

懂得感恩的孩子，容易赢得人心

很多家长都有这样的体会：自己的孩子根本感觉不到自己的幸福，倒是稍不如意，就怨天、怨地，怨父母、怨别人。在他们的眼中，别人为他所做的一切都是必须的，他们坐享其成都是应当的。面对这种情况，家长们都很忧虑，不知道关心别人的孩子今后怎么与人交往，怎么能融入社会。其实，与其担忧，不如从现在开始教育孩子懂得感恩。

当一个人懂得感恩时，便会将它化作行动，实践于生活中。一个人会因感恩而感到快乐，同时也会因感恩获得人心，得到帮助。感恩是一种处世哲学，是生活中的大智慧。

有这样一个生活贫困的男孩，他为了积攒学费，挨家挨户地推销产品。天气炎热，他的推销不顺利，傍晚时他疲惫万分，饥饿难耐，绝望地想放弃一切。走投无路时他敲开一扇门，希望主人能给他一杯水。开门的是一位美丽的年轻女子，她笑着递给他一杯浓浓的热牛奶。男孩含着眼泪把牛奶喝了下去，从此对人生重新鼓起了勇气。许多年后，他成了一位著名的外科大夫。一天，一位病情严重的妇女被转到了那位著名的外科大夫所在的医院。大夫顺利地为妇女做完了手术，救了她的命。无意中，大夫发现那位妇女正是多年前在他饥寒交迫时给过他那杯热牛奶的年轻女子！懂得感恩的他决定悄悄地为她做点什么。一直为昂贵的手术费发愁的那位妇女硬着头皮办理出院手续时，在手术费用单上看到的是这样九个字，手术费已付：一杯牛奶。女人因为懂得感恩，在看到生活比她困苦的人时，递出了一杯牛奶，赢得了人心，在她遭遇困难的时候得到了别人的帮助。

孩子从出生到成人，不可能一帆风顺，种种失败、无奈都需要孩子自己去勇敢地面对、豁达地处理。这时，是一味地埋怨生活，从此变得消沉、萎靡不振？还是对生活满怀感恩，跌倒了再爬起来？英国作家萨克雷说："生活就是一面镜子，你笑，它也笑；你哭，它也哭。"感恩不纯粹是一种心理安慰，也不是对现实的逃避。感恩，是一种歌唱生活的方式，它来自对生活的爱与希望。教育孩子可以从以下几个方面入手：

家长想要教育孩子，一定要自己先以身作则。家长与孩子朝夕相处，近朱者赤，近墨者黑，更何况父母是孩子模仿的对象。家长首先要活出感恩的生活来。面对困难要勇敢接受；身处逆境要自强不息；图谋大作要善始善终；春风得意要戒骄戒躁。不忘记用自己的一言一行去教育孩子学习心存感恩与向人道谢。同孩子一同学习感谢是迈向自我实现重要的一大步，也是我们教育孩子最简单和最有效的方法。

家长要让孩子知道，一个小举动，像是一个微笑、一件小礼物、一封贺卡永远是受欢迎的，自己善意的举动，永远会为自己赢来善意的回报。当一个孩子在家帮忙把碗盘放好，他就是以行动表达了他对家庭与食物的感恩。在节假日时，家长带着孩子亲手做些小礼物送给亲人朋友，以表感谢之心。这也是学会感恩的实际做法。布置感恩作业，每天要孩子完成。"今天有无给别人添麻烦？今天是否有进步表现？今天你最感激谁？"目的就是让孩子学会反思，善于发现别人的优点，加强自律，学会对帮助过自己的人心存感激。

教导孩子对已经拥有的幸福抱有感恩的心。让孩子经常注意社会上还有一些没房屋住的家庭，父母丧失劳动力的，或是那些本身残疾的，还有在街上乞讨的人。在看过他们艰辛的生活以后，对自己舒适的生活又会是另一种体会吧。听听老人讲讲过去的事情，或是看一些描述艰苦生活的书籍和影片，如“钢铁是怎样炼成的”“红色娘子军”“白毛女”等等。忆苦思甜，其实对现在的孩子会有一定的好处的。从横向以及纵向多方位的比较，要教育孩子不要老是把眼光往上瞧，你比许许多多的人幸运，比上不足，比下那是绰绰有余。

洪海的父母都是医生，工作比较忙，平时洪海都是跟爷爷奶奶一起生活。老人惯孙子，父母觉得不在孩子身边，只要一见面也是大包小裹地买礼物，然而洪海觉得一切都是理所应当，平日里，只要稍不顺心就大发脾气。但是洪海却突然在一次旅行中受到了教育，变得懂得感恩。当他看见因为地震失去父母的孤儿们，他忽然感觉到了自己是那么幸运。回到家之后，他头一次给奶奶端了洗脚水，在学校他从不合群变得与大家相处融洽，懂得感恩让他变得阳光，变得受人喜爱。

感恩，这种情感不是仅仅限于一种表面化、一种感谢或者一种报恩。它是一个人生活的态度，也是赢得人心的一种方法。为了让您的孩子受人喜爱，为了他将来能够融入社会，从这一刻起，同他一起怀着一颗感恩的心去感谢身边的每一个人、每一件事吧。

让孩子在压力面前能做到挥洒自如

每一个人都会有这样那样的压力。孩子也不例外，虽然他们看上去无忧无虑，但他们也与公司的总裁一样，有烦恼和压力，只是症状不同罢了。有一定的压力是正常的，也是身心健康所必需的。但是，个体所能承受的压力是有一定限度的。如果长期承受过多的压力，将会给孩子带来身体和心理的不适，甚至出现严重的生理和心理问题。解决压力的最根本办法，就是找到压力的根源，帮孩子做出对付压力的策略，让孩子在压力面前能做到挥洒自如。

压力有的时候可以变为动力，关键看你如何去应对。美国家喻户晓的大发明家爱迪生，小时候家里买不起书和做实验用的器材，他就到处收集瓶罐。一次，他在火车上做实验，不小心引起了爆炸，车长一气之下甩了他一记耳光，他的一只耳朵就这样被打聋了。生活上的困苦，身体上的缺陷，巨大的压力，并没有使他灰心，他更加勤奋地学习，终于成了举世闻名的科学家。

虽然爱迪生的少年时期充满了挫折，然而他向命运抗争的坚强，他日后的成就，他在压力面前的挥洒自如，无不激励着人们克服困难。

随着社会的进步和生活节奏的加快，没有抗压性的人会觉得被生活压得透不过气来；善于驾驭压力的人会把压力化为动力，微笑地面对生活。作为家长，当然希望孩子能够经历压力的洗涤，最终取得成功，然而一个人的抗压性一定要从小培养。因此，家长要注意从小培养孩子的抗压性。

培养孩子的抗压性，家长要先注意自己有没有给孩子压力。孩子在成长过程中，需要一个好的环境，好的环境需要家庭成员的共同营造。尽量为孩子提供合适的桌椅、明亮的光线，这是良好学习环境的基本条件；创设安静的学习环境和尊重学习的家庭气氛，这同样是良好学习环境的重要组成部分；不随意中断孩子的学习，当孩子学习结束之后，再谈其它的事；父母可以有自己的娱乐、休息和交往方式，但尽量不要干扰孩子的学习；考前帮助孩子合理地安排生活作息，并有意识地为孩子减轻心理压力，告诉孩子只要尽力了就是好样的；父母自己要以轻松的心态面对孩子的学业和考试分数，这是帮助孩子积极应对学业和考试压力的一个重要前提。

要想帮助孩子在压力面前应付自如，父母要了解孩子心理上有什么压力、压力是从哪里来的。所以，家长必须听听孩子的倾诉，要抽出时间和孩子面对面地交谈，专心地看着孩子，认真地听他说话。只有父母肯把心交给孩子，孩子才肯把心交给父母。这样，你才能了解孩子心理压力的真实情况，才能够针对问题帮助他们。

对于孩子来讲，压力可能来自生活，也可能来自学业。有时候孩子会因为自己和别人不一样，比如不跟别人一起逃学，不跟着别人作弊、抽烟、抄作业等等，就因此而受到嘲笑，甚至会受到孤立，感到恐惧、不知所措。这时，父母应当教导孩子要坚持原则，不对的事一定不能做。让孩子知道，能够做到不随波逐流是很不容易的，这正是一个人成熟和勇敢的表现，也是有主见、有头脑的表现。让孩子知道，父母和老师是支持他的。

帮助孩子解压不是说空话，而是“讲故事”。父母小时侯一定也曾经遇到过和孩子类似的情况，当时是怎样对待的或现在遇到了什么难题又是怎样处理的，这些都可以用孩子通俗易懂的语言和孩子分享。当孩子知道了父母原来也常常会面对压力和烦恼的时候，他们对父母所说的话就比较容易听进去了。父母告诉子女自己是怎样应对压力的，那实际上是为孩子树立了一个很好的榜样，也就增强了孩子克服压力的勇气和信心了。

孩子小，面对压力的能力比较弱，关键在于家长如何引导。当孩子面对压力时，家长的鼓励比惩罚会有更明显的促进作用。欲速则不达，过重的压力反而会干扰孩子的学习。经常告诉孩子：你以他为骄傲，你相信他能行，让孩子感受到父母对他无条件的支持。

不要总拿别人的孩子跟自己的孩子比，不要给孩子制造压力。成功的路是多样的。每个孩子都有自己独特的长处和优点，不可能每个孩子都在学习上名列前茅。用孩子的弱点与其他孩子的长处比会伤害孩子的自尊和自信，对孩子的发展有害无益；家长不要吝啬承认和当众夸奖自己孩子的长处和优点；家长希望孩子保持一贯的良好分数和成绩是合情但不合理的，孩子的学习有起伏是十分正常的，父母应宽容孩子暂时的落后和失败；保护孩子永远拥有自信、斗志和不怕挫折的韧性，这远远要比有一个好分数更重要；和孩子一起寻找原因、制定措施，帮助孩子取得进步并重新建立自信。

压力人人都有，关键在于如何对待。为了让您的孩子在压力面前能够挥洒自如，请从现在开始让孩子了解什么是压力、如何解决压力。

耐心和毅力是未来领袖的左膀右臂

耐心和毅力时时伴随我们成长。每一个细节无不需要我们有足够的耐心和毅力，才能有新的突破。耐心和毅力是成功者的左膀右臂，成功人士的成长之路无不具备这一特点，他们都是在磨难中不断坚持、在拼博中培养了自己的顽强意力，这就是他们成功的秘方。对于成功的人都需要这样不断地坚持、不断地拼博，那么对于我们平凡的人来说就应该比这些人付出得更多，需要更加顽强的耐心和毅力。既然耐心和毅力对一个人那么重要，那么为了孩子的健康成长，为了孩子将来的发展，家长一定要培养孩子的耐心和毅力。

约翰和汤姆是相邻两家的孩子，他俩从小就在一起玩耍。约翰是一个聪明的孩子，学什么都是一点就通，但是没有耐心跟毅力，做功课总是“样样通样样松”。汤姆没有自己的专长，脑子没有约翰灵光，尽管他很用功，但成绩却难以进入前十名。与约翰相比，他心里时常流露出一种自卑。然而，他的母亲却总是鼓励他：“如果你总是以他人的成绩来衡量自己，你终生也不过只是一个‘追逐者’。奔驰的骏马尽管在开始的时候总是呼啸在前，但最终抵达目的地的，却往往是充满耐心和毅力的骆驼。”于是汤姆静下心来，靠着耐心跟毅力一点点地进步。

几十年很快就过去了，聪明的约翰自诩是个聪明人，但一生业绩平平，没能成就任何一件大事。而自觉很笨的汤姆却从各个方面充实自己，一点点地超越着自我，最终成就了非凡的业绩。

汤姆的成功一半在于自己，另一半在于他有个好家长，教会了他耐心跟毅力。那么家长该如何教导孩子学会耐心与毅力呢？

首先，家长要用行动向孩子表明，有耐心、有毅力的重要性。培养孩子的耐心和毅力也是锻炼家长耐心和毅力的最佳时期。一个孩子是否有耐心和毅力首先得看父母本身是否具备这一大优势，所以父母的榜样作用就显得尤为重要。如果你是一个比较有耐心的人，在陪伴孩子成长的过程中，就会对孩子耐心指导，对孩子提出的问题都会去寻找最好的答案。久而久之，让孩子就多了一点耐心的榜样。

其次，用正面的事例引导孩子认识耐心和毅力的重要性。多给孩子讲讲名人靠耐心跟毅力成功的故事。比如，徐特立同志学法文时，已年过半百，别人都说他学不成。他说，让我试试看吧。他知道自己记性差了，工作又忙，所以开始为自己规定的“指标”只是每天记一两个生词。这个计划起步不大、容易实现，看起来慢了一些，但能够培养信心。几个月下来，徐老不但如期完成计划，而且培养了兴趣、树立了信心，又慢慢掌握了学法文的“窍门”，以后每天可以记三四个生词了。孩子在故事的感染下，自己也会开始慢慢变得有耐心。当然，孩子在开始坚持的过程中也有想偷懒的时候，做家长的就要为孩子不断地打气，让理性战胜惰性，培养孩子的耐心和毅力。

第三，家长要从小培养孩子学会等待，多一点耐心。等待就是希望，一个缺乏等待的人是不太可能有大的成就的。在生活中教孩子在困难前学会等待，多一点耐心，等待就会有希望。如果遇到一点问题和困难就退缩，没有耐心，不懂得去克服、去学习、去面对，那还有成功的机会吗？成功只属于那些有耐心和毅力的人，只有针对所遇到的问题和困难去不断地探索、去寻求正确的方法、去不断地顽强的拼博，再加上耐心的等待，才是科学的成功之路。

第四，做耐心的训练，坚持三分钟。孩子开始做什么事多半都是一时的兴趣，不能够坚持很长时间，这是孩子天性造成的。所以，家长一定要通过一些手段训练孩子的耐心，比如让孩子练习写日记就是个好办法。坚持写日记，让孩子把每天发生的事情记录下来，不仅锻炼了孩子的写作能力，更重要的是让孩子养成了一个长期习惯，变得有耐心、有恒心，更加有毅力。

最后，由易入难，从最简单的地方开始培养孩子，这样既可增强孩子的信心，又能锻炼他的毅力。比如说有些人很想把某件事情善始善终地干完，但往往因为事情的难度太大而难以为继。对毅力不太强的小孩来说，在确定自己的奋斗目标、选择实现这一目标突破口时，一定要坚持从实际出发、由易入难的原则，达到每天完成一部分，这样，孩子就会有成就感。不管这些事情多么微小，它会给孩子一种获得成功的感觉。时间长了，孩子尝到了坚持的甜头，就会变得有耐心、有毅力了。

聪明的头脑跟丰富的知识，是作为成功者的最基本要求；耐心和毅力才是那些想要获取成功的人的左膀右臂。想要让你的孩子走入成功者的行列，就从现在开始锻炼他的耐心与毅力吧！

把孩子当做珍珠，让他永不看低自己

每个孩子都是藏在牡蛎肚子里的珍珠，他的光芒总有展现在天地间的一天。他在人生的道路上能走多远，在人生的阶梯上能爬多高，在人生的战场上能够取得多大成就，除了其他因素外，最关键的因素就是他的自信心。只要父母能够把孩子当做珍珠，让他永不看低自己，他就会发挥自己最大的潜能，朝着“领袖”的道路迈进。

很多家长总因为孩子小，不让孩子做这、做那，或者总怕孩子干不好某些事情。其实当你有这个想法的时候，就在无意间看不起孩子了，而家长的无意往往引起孩子的“有心”，孩子会开始有意识的认为，是不是自己无能，或者是不是自己笨，开始看低自己。

“你快把那个瓶子放下！”伶俐爸冲女儿喊，“让我来，让我来。”

伶俐只好把手里的花瓶放了下来。那个花瓶里，放着一些玻璃珠，是伶俐最喜欢的玩具。虽然是伶俐最喜欢的玩具，不过，伶俐可不能随意去玩这些东西。父母非常害怕小小的玻璃珠会被女儿一不小心吞到肚子里，于是只有在父母的监视下才能玩。转眼，伶俐上了幼儿园大班。在幼儿园里，老师要求小朋友们自己叠被子，伶俐是幼儿园里表现最好的孩子，他的被子总是叠得又快又整齐。然而，在家里可就不同了，伶俐的被子，是由妈妈来帮他叠的。因为妈妈认为，伶俐做得又慢，又做不好。“伶俐，你呀，你这个孩

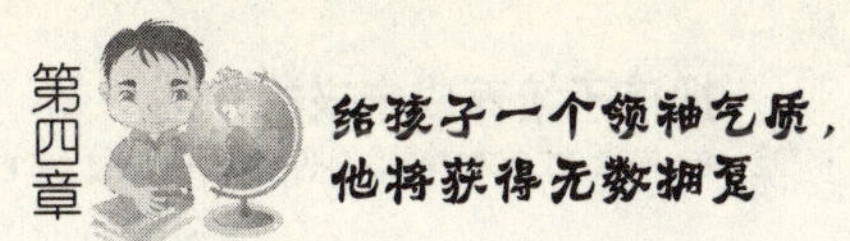

子，以后怎么办呢？”伶俐妈妈边帮他收拾房间边说，“爸爸妈妈又不可能和你过一辈子，你总要学会独立的呀。”伶俐妈有时会和自己的朋友们聊天。他们聚在一起，经常会谈起自己的孩子。当别人都在夸自己的宝贝时，伶俐妈却总当着伶俐的面说：“我这个孩子总是不立世，真为孩子发愁。”渐渐地，伶俐越来越不自信，越来越不喜欢跟他人交流，着急的父母却不知道如何补救。

其实，对孩子来说，他们天生就有好奇心，遇到新奇事物想要尝试，这是孩子自我意识和独立性发展的一种体现。家长出于孩子安全问题等因素的考虑，每当孩子做那些似乎力所不能及的事情时，就急于伸手帮忙，扼杀了孩子独立完成一件事情的机会。可是，事后，家长却又好像瞧不起孩子似的，抱怨孩子没有胆识，什么都做不好，也不知什么时候才能独立。家长也许是在无意地数落孩子，或者是太在乎孩子的一种表现，然而孩子却会因为家长的看低而看低自己，进而自暴自弃。在这种情况下，家长需要做的是，让孩子尝试着独立完成一件事情，让孩子去体验这一过程中的成功、失败、悲伤或者是喜悦，让孩子感受到自己的重要性。当然，在孩子做事时，家长可以适当地提出一些要求，例如，注意哪方面的安全，或者是建议他如何去做。不过，一定要注意尊重孩子的自主意愿，用商量或请求的语言，不可用命令的方式，像对待珍珠一样对待孩子，往往可以缩短孩子从沙粒到珍珠的进化过程。

家长对孩子进行教育培养，首先要注意自己对待孩子的方式。很多家长教育孩子，往往把注意力集中在教孩子一些知识上或训练孩子一些技能上，而忽略孩子自尊心和自信心的培养，这是本末倒置、舍本逐末的错误做法。每个家长都必须明白，你的孩子不论将来从事什么职业，做何种伟大事业，他要想做事成功，首先必须得做人成功，首先成长成一个正常的、具有善良品性、具有适应能力和自我发展完善能力的人。也就是说他必须是一个有尊严和自信的人，一个不会看低自己的人。

每个人的性格基本都是在孩童时代形成的，我们对自己的第一印象是通过我们身边的人特别是父母对我们的评价来认识的。因此，每个家长应注意，你的孩子是否自信，与你对他的评价有直接关系，所以一定不要看低孩子。在每个人生命之初，孩子不知道自己是什么样的人、自己能干什么，他需要身边最重要的人，特别是父母对他的肯定、鼓励和赞扬，这样他会逐渐建立起自信心。当孩子看到自己在父母眼中是那样的好，他会鼓起勇气做得更好。当孩子不断被父母批评时，他会感到自己是如此无能，他无法将事情做好，于是会看不起自己，失去勇气与自信。因此，每个家长一定不能看低孩子，应该立即从现在起，每天试着去发现孩子的优点，并以欣赏的目光、高兴愉快的心情来表扬孩子的优点，将孩子的优点发扬光大。

很多家长为教育孩子，总是拿班上学习好的同学来和自己孩子比较，或拿自己单位同志的孩子和自己的孩子比较，不停地发牢骚，虽然家长的用意是好的，试图让自己孩子能够学习别人孩子的优点或激发孩子的上进心，其实这反而会打消孩子本来的积极性。因为这种比较，对孩子来讲，会令孩子产生自己不如别人的感觉，而这种感觉会让他看不起自己，感到泄气，从而产生劣等感，最终丧失自信心。

每个家长应该认识到，每个孩子都有他自己的独特长处和与众不同的个性，每个孩子只有从他自己实际的基础上发展，才能成才。家长的首要任务是拿孩子当珍珠，帮助孩子找出他的长处，发展他的个性，让他前进的路越走越顺。

宽容让人自在，宰相肚里能撑船

宽容是一种做人态度，也是一种做事的态度；宽容让人自在，也让人可以变得心胸宽广。孩子的宽容心是一种非常珍贵的感情，它主要表现为对别人过错的原谅，对身边事物的理解。这种感情对于孩子个性的健康发展，尤其是情感的健康发展，以及对于孩子良好人际关系的建立有着非常重要的意义，是孩子走向领袖之路的必备品性。

为人处事宽容，富有宽容心的孩子往往心地善良、性情温和、惹人喜爱、受人拥护，而缺乏宽容心的人往往性情怪诞、易走极端、不易为人亲近，因而人际关系往往不好。古往今来，有宽容心的人往往更容易获得成功，他们在宽容中进步，在宽容中离成功越来越近，取得令人瞩目的成绩。

科学家霍金很晚才学会阅读，上学后在班级里的成绩从来没有进过前10名，而且因为作业总是“很不整洁”，老师们觉得他已经“无可救药”了，同学们也把他当成了嘲弄的对象。同学们还带有讽刺意味地给他起了个外号叫“爱因斯坦”，但是霍金的父母却一直支持他，经常鼓励他。

随着年龄渐长，小霍金对万事万物如何运行开始感兴趣起来。他经常把东西拆散以追根究底，但在把它们恢复组装回去时，他却束手无策。不过，他的父母并没有因此而责罚他，他的父亲甚至给他担任起数学和物理学“教练”。父母的宽容直接影响了霍金的性格，当同伴们嘲笑他的时候，他总是用微笑来回应。渐渐地，大家开始对霍金友好起来，霍金也因为同伴的支持，变得性格开朗，对学习越来越感兴趣。宽容成为了霍金跟同学之间的“润滑剂”，也为霍金后来的发展打下了基础。

孩子是胸怀广阔，还是心胸狭窄，很大程度上取决于父母的培养。为了孩子的幸福，同样也是为了孩子的学习，为了孩子将来能有所作为，父母一定要教会孩子懂得宽容。孩子的宽容之心最主要的来源就是父母，孩子最初是从父母那里学习待人接物的方式的。父母宽容、大度、遇事不斤斤计较，与邻里、同事之间融洽相处，孩子就会学着父母的样子处理同学之间的关系，也会变得宽容、好善、乐于与人相处。

汪华在班级里非常孤独，没有同学喜欢跟她玩，也没人喜欢跟她一起做功课，大家都认为汪华尖酸刻薄，别人一点点小错，她就会抓住不放，不停地吵嚷，老师教育了她很多次，可汪华还是改不过来。一次开家长会，汪华的妈妈突然大吵大嚷起来，原来别的家长错坐了她的位置，这下老师终于知道了为什么汪华从来不会宽容待人，原来是受她妈妈的影响。所以说父母是孩子的第一任老师，做父母的一定要注意自己的一言一行。

孩子小，很多时候，不明白为什么要对人宽容，这时候，家长就要教会孩子心理换位。教会孩子能够站在对方的角度上思考问题，思考对方何以会如此行事、如此说话。如果真的能够做到这一点的话，就能够理解对方，就能够减少很多不必要的矛盾，就会主动地待人宽容。

当孩子学会站在父母的角度上考虑了，他就会理解父母的良苦用心；当孩子学会站在祖父母或外祖父母的角度上考虑了，他就会理解老人的那份关爱和唠叨；当孩子学会站在老师的角度上思考，就会理解老师的艰难；当孩子学会站在同学的角度上思考，就会觉得大多数同学是可爱、可亲、可交的。所以，教孩子学会心理换位是非常必要的。

当孩子学会了心理换位，家长就要开始注意培养孩子的宽容之心。孩子只有与人交往，才会发现每个人都有这样或那样的缺点，都要犯或大或小的错误，而只有学会容忍别人的缺点和错误，才能与人正常交往、友好相处。也只有通过交往，孩子才能体会到宽容的意义，体验宽容带来的快乐。如称赞别人的优点，容忍别人的缺点，庆贺同伴的成功，帮助有困难的小朋友，采纳别人的合理建议等。这些都能使孩子得到友谊，分享别人的成功，并使自己也获得进步，不断地成长、成熟。

当然，家长在培养孩子的宽容之心时，一定要给孩子讲清楚什么是宽容。宽容不是怕人，不是懦弱，不是盲从，不是人云亦云，必须让孩子知道宽容是明辨是非之后对同学、朋友的退让，而不是对坏人坏事的妥协。对坏人和得寸进尺的人是没有必要宽容的，这样才能令孩子做到正确地对人宽容，而不是一味地退缩。

宽容让人自在，宽容让人乐观。拥有一颗宽容之心的人，会用放大镜看别人的优点，用缩小镜看别人的缺点，生活会变得越来越轻松，人生会变得越来越美好。为了让您的孩子拥有友谊，为了让您的孩子迅速获得领袖品格，请从这一刻教会他宽容。

不张狂不卖弄，低姿态让人更尊重

低调做人，高调做事，是一种品格、一种姿态、一种风度、一种修养、一种胸襟、一种智慧、一种谋略，是做人的最佳姿态。低调做人是在社会上加固立世根基的绝好姿态。低调做人，不仅可以保护自己、融入人群，与人和谐相处，也可以让人暗蓄力量、悄然潜行，在不显山不露水中成就事业。一个人想要赢得别人的尊重，首先就要不张狂不卖弄，低姿态做人。这一点，是家长一定要让孩子懂得的道理。

一个人是否有能力，不是靠嘴讲解给大家，而是靠行动、靠做事，证明给大家。山不解释自己的高度，并不影响它耸立云端；海不解释自己的深度，并不影响它容纳百川；地不解释自己的厚度，但没有谁能取代她承载万物的地位……学会低调做人，就是要不喧闹、不娇柔、不造作、不故作呻吟、不假惺惺、不卷进是非、不招人嫌、不招人嫉。即使你认为自己满腹才华，能力比别人强，也要学会藏拙。而抱怨自己怀才不遇，那只是肤浅的行为。

低姿态，就是用平和的心态来看待世间的一切。修炼到此种境界，为人便能善始善终，既可以让人在卑微时安贫乐道、豁达大度，也可以让人在显赫时持盈若亏、不骄不狂。

少年的富兰克林总喜欢显示自己的才能，同他人争执。有一天，他去拜访一位前辈，请教一些问题。年轻气盛的他，挺胸昂首迈着大步，进门撞在门框上，迎接他的前辈见此情景，笑笑说："很疼吧？可这将是你今天来访的最大收获。一个人活在世上，就必须时刻记住低头，只有低姿态才不会碰得头破血流。"富兰克林立刻有所感悟，为什么自己的身边没有朋友，原来都是自己太爱强出风头引起的。从那以后，富兰克林的脾气收敛了不少，开始了他低调做人、高调的做事的一生。

名人们提到的"记住低姿态"和"懂得低姿态"的道理，也是做家长的一定要教会孩子的做人道理。只有始终保持一种谦虚谨慎的态度，不张扬、不卖弄，才是成功的关键。

首先，要教育孩子在行为上要低调。深藏不露，是智者的表现；过分地张扬自己，就会经受更多的风吹雨打，暴露在外的椽子自然要先腐烂。要从小教育孩子，一个人在社会上，如果不合时宜地过分张扬、卖弄，那么不管多么优秀，都难免会遭到明枪暗箭的打击和攻击。做人不能到处洋洋得意地自夸，喜欢被别人奉承，这些人迟早会吃亏的。所以在处于被动境地时一定要学会藏锋敛迹、装憨卖乖，千万不要把自己变成对方射击的靶子。才大而不气粗，居功而不自傲，才是做人的根本。做人不能太精明：低调做人，不要小聪明，让自己始终处于冷静的状态，在"低调"的心态支配下，兢兢业业，才能做成大事业。

其次，要教育孩子，做人要懂得谦逊。谦逊能够克服骄矜之态，能够营造良好的人际关系，因为人们所尊敬的是那些谦逊的人，而决不会是那些爱慕虚荣和自夸的人。

美国福特公司是汽车业的始祖，不仅使美国汽车产业在世界独占鳌头，而且改变了整个美国的国民经济状况。谁又能想到该奇迹的创造者福特当初进入公司的"敲门砖"竟是"不张狂、不卖弄"这个简单的习惯呢？那时福特刚从大学毕业，他到一家汽车公司应聘，一同应聘的几个人学历都比他高，每个人都在那里高谈阔论，福特感到没有希望了。当他敲门走进董事长办公室时，发现门口地上有一张纸，他很自然地弯腰把它捡了起来，看了看，原来是一张废纸，就顺手把它扔进了垃圾篓。董事长对这一切都看在眼里。福特刚说了一句话："我是来应聘的福特。"董事长就发出了邀请："很好，很好，福特先生，你已经被我们录用了。"这个让福特感到惊异的决定，实际上源于他那个不经意的动作，他不张扬的个性。福特是如何做到这一点的呢？根本原因就是父母从小教育他做人要谦虚，见到人要打招呼，对人说话要客气、要微笑，要尊重他人，做事情靠手，不靠嘴，要养成良好的生活习惯。正是因为父母的教育，福特一直都是秉着低调做人的人生态度，最终让他赢得了被录用的机会。

最后，要教会孩子说话的态度。与人交谈的时候，不要揭人伤疤，不能拿朋友的缺点开玩笑。同学或者同事之间，不要以为你很熟悉对方，就随意取笑对方的缺点，揭人伤疤。那样就会伤及对方的人格、尊严，违背开玩笑的初衷。放低说话的姿态，面对别人的赞许、恭贺，应谦和有礼、虚心，这样才能显示出自已的君子风度，淡化别人对你的嫉妒心理，维持和谐良好的人际关系。

从小学会不张扬的孩子，长大后才能拿捏好做人的分寸，才能在为人处事中受到他人的尊敬，才能够成就一番事业。想让您的孩子具有领袖精神，那么就先从做人开始，从"不卖弄不张扬"这六个字开始。

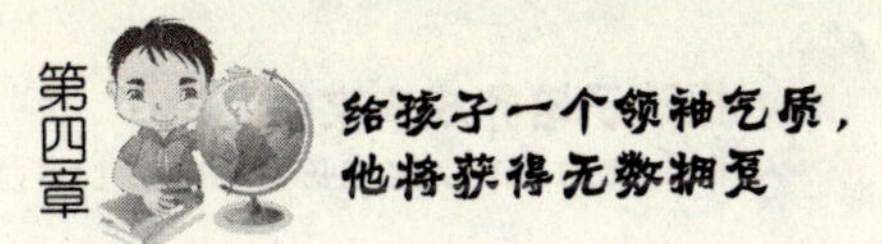

帮助孩子成为有影响力的人

提姆·爱摩博士曾经说过：“我相信每个孩子都是一个潜在的领袖。”不是所有的人会成为总统、商业巨子或像特雷莎嬷嬷一样的伟人，但每个孩子都蕴藏着影响世界的潜能，他的未来影响力取决于父母如何挖掘！每个孩子都有成为领袖的潜力，关键在于家长如何教导。

茜茜是班上一个性格外向的孩子，思维敏捷的她总能迅速回答上老师的问题，并且会主动照顾其他的小朋友，而且在游戏中担任领导角色的总是她。茜茜和另外几个小姑娘组成了一个小群体，茜茜自然成了小群体里的“头儿”。茜茜代表了一类孩子，他们往往能表现出较强的组织和领导才能。他们能够敏感地发现别人细微的感情变化，喜欢参加各种集体活动，并经常在活动中负责。这些孩子性格热情、开朗，人际关系良好，他们常常会提出一些建设性的意见，受到其他孩子的喜欢和推崇，在游戏活动中常担任“头儿”的角色。

茜茜就属于这样的领袖人物。他们有的是因为自己的聪明能干赢得了同伴中的领袖地位；有的是因为自己的乖巧听话及能干，得到老师的喜爱从而在同伴群体里获得了崇高的地位。不管是哪种类型的“领袖”，这些宝宝都是群体里比较聪明、有能力的孩子，是被家庭培养出来的。

当然，孩子与大人还是有很大的区别。孩子群体中的领袖与成人群体中的领导，其基本意义不同，它不是由权力因素决定的，而主要是由非权力因素决定。这些孩子领袖比较自信，其应变、交往、语言表达等能力也比同龄孩子更强，因而常常使同伴对其产生亲切感、信赖感和佩服感。这种从小培养了领导才能对孩子将来的发展很有帮助。领导才能是各种能力的综合，因此担任领袖的孩子，有机会锻炼自己的综合分析、创造、决策、应变、协调、语言表达、自学等能力。这也是近年来儿童领导才能培养逐渐受到重视的一个原因。在孩子领袖才能的培养中，家庭环境起着至关重要的作用。如何培养一个小小领袖呢？

首先，创造一个环境跟机会。父母要经常为孩子提供一些担任领导角色的机会。任何一种能力的培养都是一个循序渐进的过程。父母先让孩子在家里扮演一些组织者的角色，例如负责安排全家大扫除时的分工，组织一些小型的家庭娱乐活动如猜谜语等等。经过锻炼，孩子有了经验，将逐渐获得组织同伴的勇气，把从家庭中学到的领导能力应用到集体中去。

其次，父母要帮助孩子建立自信心。由于孩子年龄小，自信的建立往往需要成人适时适当的鼓励，因此，哪怕仅仅是一个小小的成功，如孩子学步时摇摇晃晃地迈出一小步时，父母都应大声地喝彩。当孩子面临困难时，父母能给他的最有效的帮助就是告诉他：“我知道你能行！”

再次，父母要放手让孩子自己去探索外界。孩子对世界充满了好奇，什么都想尝试一下，但这种探索的欲望常常被父母无意中扼杀了。如孩子刚刚拿起剪刀，妈妈立刻大喊：“不许动，危险！”这种做法只能使孩子越来越胆小，越来越循规蹈矩，而这样的人在同伴中是没有号召力的。恰当的做法是，教会孩子一些基本的技巧，然后放开你的手，在远处保护孩子，让孩子自己去发现自己的能力。

最后，父母要教会孩子与他人相处的技巧。要让孩子懂得：与人相处要为他人着想，你想别人如何对待你，你就要先如何对待别人。你想要得到别人的尊重，就要先尊重别人；你想得到每个人的爱戴，就应当先去喜欢每个人；你要想得到别人的关心，就要先去关心别人；你要想得到别人的帮助，就要先去帮助别人。精明只能赢一时，真诚才能赢一世。要想获得别人的友谊或爱，就应当真诚地对待别人，不管对方暂对你看法怎样，你也不要欺骗他人，而要始终保持你的真诚，这样你最终一定会赢得别人的友谊和爱，扩大你的影响力。

培养领袖要从小开始，培养孩子的领袖特性，对于孩子将来的发展益处多多。同时，爸爸妈妈也要注意帮助孩子克服领袖地位带来的负面影响，如宝宝利用自己的领袖地位要挟同伴，遇到同伴的不同意见以“我不跟你好了”“我不和你玩了”来要挟，以达到大家都听他的目的。这样做，只会引起同伴的不满和反抗，久而久之，孩子也会失去原来的领袖地位。这时候，父母要告诉他们“你和别的孩子都一样”，以免这种地位给他们自身和同伴带来负面影响，千万不要让孩子形成自己有优越感的思想。

影响力是孩子无形的财富，在孩子未来的打拼路上，会帮助他获得别人的肯定，得到别人的赞赏。在人生路上越走越顺，我们无法选择祖先，但是我们可以培养孩子。请从这一刻起培养孩子的影响力吧，帮助他走向领袖之路。

一呼百应的号召力从哪里来

家长们会发现，在一群孩子中，总有那么几个孩子是头目，很有号召力。他能组织集体活动，带领同伴游戏，其他小伙伴们也乐意同他交谈、玩耍。很多家长很是羡慕，希望自己孩子身上也能具备这种能力。家长们都很好奇，这些孩子们一呼百应的号召力从哪里来的？

其实没有孩子一出生就是领袖，就有号召力的。孩子到底能成为什么样的人，完全靠家长培养，仔细研究，你会发现，有号召力的孩子通常会有一些共性。

首先，会“玩”的孩子，能吸引同伴，容易表现出号召力。很多家长只顾着让孩子读死书，忽略了孩子的能力培养。实际上，那样往往得不偿失，知识可以慢慢补，能力却是需要靠从小养成。

田东在学校非常受欢迎，平时有什么点子，经常是一呼百应。根本原因就在于田东会玩：拆装玩具、电脑游戏、体育项目、智力竞赛，他样样在行，同学佩服他才“追随”他。这完全得益于他父母的培养。在家里，田东与父亲常玩在一起，踢球、下棋、扔飞镖、小制作、玩电脑等，在玩的过程中，父亲还会要求他玩出新花样、新水平，以此激励他的想像力和培养他多方面的兴趣。

玩对孩子智力和非智力因素开发都有很大价值。比如，孩子调皮好动，家长可以培养他对小制作的兴趣，让他静下心来玩，并和他一起完成有难度的部分，以避免半途而废。成功感使他自信，广泛的兴趣使他开朗。田东因为会玩，所以他经常有奇思妙想的创意，并带动同学一起玩，这样总有一帮同学“追随”他。教育专家认为：一个具有号召力的孩子，一定是课余生活的活跃分子，是校内外活动的参与者和组织者。因此，培养“玩”的能力是有价值的。

其次，勇敢的孩子具有号召力。无论大人孩子，对勇敢和敢于接受挑战的人，都很羡慕，也乐意跟从。因此，家长应该鼓励孩子尝试冒险、勇敢探索，培养孩子的勇敢的心。

林泉小时候，有一次在公园玩，过小溪上的石墩时，他哭着要爸爸抱他。爸爸在确定水并不深、完全安全的情况下，坚决要求他自己走过来，结果两个人一个东一个西僵持了很久，最后林泉含着眼泪摇摇晃晃地走了过来。此时，爸爸立刻鼓励他：“你做到了，真了不起！”林泉听到这话，立刻信心大增，探索欲望和克服胆怯的决心变得更加坚决。以后，每当他遇到困难和挫折，他都会自己考虑各种可能性，并冷静地应对。渐渐地，他开始懂得研究问题、分析问题和教人解决问题，同学们都对他非常信服，林泉也变得具有号召力。

第三，勤奋好学、乐于助人的孩子有号召力。作为学生，学业优秀总是令同伴佩服的。孩子在学习的过程中，非常需要理解能力做基础。因此家长要注意对孩子进行语言方面的训练，提高孩子对语言的理解力。

在班里，王维是个非常有号召力的孩子，他不仅各科成绩优秀，对语文基础中字、词、句的掌握更是出色。在组词、说近义词、反义词时，他往往能脱口说出许多同学说不出的词语，常常引起同学们的阵阵惊呼。为此，同学特别佩服他，他自己也信心十足。王维常把自己的学习体会告诉同学，并和同学一起学习。现在，同学们已经习惯了把学习上的困难告诉他，而他也热心的给予帮助，积极帮助同学解决困难。所以在同学中，他的威信很高。

培养孩子的号召力，首先要培养孩子的自信心和独立处事的能力。一个孩子如果做事总要家长帮忙，又怎么能带领同伴游戏，怎么能有号召力呢?一般具有一定组织和领导才能的孩子，往往是自信、有责任心的，具有坚强的意志和独立思考的能力。因此，我们在日常生活中，要经常给孩子创造独立思考、独立处事的机会。如周末我们到外面吃饭，就要求孩子提出自己的想法，并要有充分的理由，讲出自己为什么有这种想法，以培养孩子独立思考能力。如孩子取得了哪怕是一个小小的成功，我们都要为其喝彩，以提高孩子的自信心。

其次，家长鼓励孩子和小朋友一起交往、游玩。很多家长认为让孩子玩是浪费时间，实际上这是不对的。现在的小孩，由于学习压力大，更需要选择一些健康的游戏来锻炼身体。比如说给孩子买一个篮球，让他带着球去社区的娱乐场所找伙伴们一起玩，尝试着如何组织起来玩。通过打篮球，可以让孩子在社区认识一大帮伙伴，同时锻炼了自己，靠自己的能力去结交朋友。

第三，辅助小孩组织一些集体活动。孩子小，所以在组织能力方面比较欠缺，如果孩子平时总跟在别的小孩后面，根本没有办法培养孩子的号召力，这个时候，家长就要开始想办法了。比如家长可以帮助孩子一起策划一个活动，家长可以先让孩子把整个活动的计划写出来，包括活动主题、参加人员、地点、时间、每个人的分工等等，然后按计划实施。这样有了家长的支持，孩子在活动中就会不知不觉地锻炼了自己的组织能力，提高自己的号召力。

孩子在学习及课余活动中所表现的号召力，比智力或成绩更引人关注，在一定程度上也预示着他们未来的成就。培养孩子的领导才能和号召力，不但对他的将来有好处，对他的成长也非常重要，想要孩子成为一呼百应的未来领袖，就从现在开始培养孩子的号召力吧！

让未来领袖流露出公平正义感

不少大人感慨，现在的孩子越来越没爱心，缺乏正义感！看到小动物受伤不但不同情，反而笑得开心；看到同学被欺负只会绕道走开；看见有小偷，只会视而不见。缺乏正义感，没有公平心。这样的孩子将来怎么在社会上闯呢？不少家长都为孩子的未来担忧，事实上，与其在那里感叹，家长们不如行动起来，从这一刻开始培养孩子的公平正义感。

做家长的最大忌讳就是：认为孩子小，现在不懂得正义不要紧，长大后自然而然就会懂得了。要知道，只有从小懂得正义、公平的重要性，长大之后才能成为一个公平正义的人。

曼德拉是南非第一位黑人总统，也是公平正义的化身，他同南非种族隔离制度进行了几十年不屈不挠的斗争，赢得了全世界人民的支持和喝彩。因此，有人说，曼德拉已经成为一个时代的象征。不过曼德拉的反抗精神、对正义和理想的追求在童年时期就已初露端倪。

曼德拉出生在一个小村庄，从小父母就教育他做人要正直，做事要公平，父母的谆谆教导被他牢牢记在心里。9岁那年曼德拉的父亲就去世了，家里的生活变得更贫苦了。可是曼德拉并没有从此放弃生活，而是积极争取。从小曼德拉就经常目睹当地大酋长在解决部落争端过程中被白人政府的法律所约束，他逐渐萌发了寻求正义和平等的理想。年龄更大一些后，他多次领导同学抗议学校的白人法规，甚至因领导学生运动而被除名。在一次次的“斗争”中，曼德拉逐渐立下志愿：要为南非的每一个黑人寻求真正的公正。长大后的曼德拉并没有食言，并在为黑人寻求平等方面做出了巨大的贡献。

优秀的父母都是有前瞻性的父母，他们明白他们今天培养孩子的想法会造就孩子的未来。所以他们在培养孩子的才能的同时，也从不放松对孩子的品德的培养。有智慧的父母会把正义感这种很重要的想法灌输给孩子，他们有策略地指引孩子往那条路前进。同时，他们也为孩子做出了榜样，让孩子时刻看见父母是如何做表率的。

孩子有自己的思想，有自己的眼睛。家长的行动往往比他们所说的话管用一千倍。如果孩子们没有看到家长在倡导生活中关注社会正义的话，他们也不会去关心，而且也没有理由去假设他们今后会关心社会正义。另一方面，如果他们看到家长们在倡导社会正义、热情并且有规律性地为之服务的话，那么他们就会意识到它的重要性。所以为失业的朋友做顿饭；为孤儿买圣诞礼物；对于剥削儿童的公司，表明你的态度，并且为那些弱者说话。你的子女会注意到你所做的，那么他们也会这样做。

四年级的孩子龙龙有一次去坐公交车，却发现车上有个阿姨正在嗑瓜子，而且直接把瓜子壳扔在了车厢里，弄得到处都是。充满了正义感的龙龙毫不犹豫地走上前说：“阿姨，您这样做是不对的，不能把瓜子壳扔在车厢里，这样不卫生。”结果，令龙龙意想不到的一幕发生了，这位阿姨非但没有接受他的建议，反而破口大骂：“要你个小孩多管闲事……”一系列难听的话让龙龙一下就愣住了，龙龙非常困惑，他不知道自己到底错在哪里了。这时候龙龙妈坚定地对孩子的行为给予了肯定，同车的乘客也纷纷指责起出言不逊的“阿姨”来。在大家的指责下，出言不逊的阿姨终于给龙龙道了歉，龙龙受到了鼓励，更坚定了自己要人做事要公平正义的决心。试想，如果龙龙妈在当时退缩，抱着多一事不如少一事的心态，并没有对孩子的举动给予肯定，那么平时教育孩子再多，也不会起到效果了。

多给孩子讲正义的故事。作为家长，需要告诉孩子一些有关正义感的事儿，以便培养他们的正义感。家长可以从图书馆借本与之有关的书给他们；找一部描述不公的影片并且稍后和他们讨论；安排时间全家一起去做公益。当你看到孩子关心正义时，一定要大声地表扬，不断地表扬他们。孩子们表现出对于别人的正义感值得家长的大声赞扬，时间久了，孩子就会知道正义的重要性，自己也会成为一个公平正义的人。

公平正义感无疑是一种高尚的品德，它可以帮助孩子树立做人的目标，它教会孩子做人的道理。公平正义永不过时，想要成才，先要树人，为了您的孩子能够成为社会栋梁，家长们请从现在开始做起，用自己的一言一行做教材，教会孩子做个公平正义的人。

第五章 5

给孩子一个领袖使命，他将时刻保持乐观

不管是谁，情绪都将极大地影响他的工作效率，令人乐观向上的情绪将会使我们正在做的事情进展顺利。而一个聪明的领袖总能明白，正是他的理想和使命为它的下属提供着无穷的精神动力。所以乐观向上、热情洋溢的领导者，更加容易留住他们的下属。身为父母的我们，要帮孩子学习树立使命感，在它的召唤下，你的孩子会更有能力、更加积极乐观。

正确引导，帮孩子描绘光明前景

光明大道、锦绣前程是每个家长都想为孩子铺就的。光明前景的塑造则开始于儿时的培养，让孩子心中为之充满向往，给孩子一个明确的目标，让孩子带着梦想起航，那么锦绣前程就指日可待了。

在《读者》杂志上，曾经刊登过这样一个小故事：有人问一个在山坡上放羊的年轻人："你为什么放羊？"他回答："为了卖羊赚钱。"那人又问："你赚钱来做什么？"他回答："为了娶婆娘。"那人问："为什么娶婆娘？"他回答："为了生孩子。"别人又问："生孩子干嘛？"他回答说："放羊。"

这个故事告诉读者：一个孩子如果没有对前景的规划，永远不会产生美好的结果。有人说过这样一句话：什么时候描绘出了未来，什么时候就开始了真正的人生。因此，引导孩子树立一个正确的、远大的理想是非常重要的。没有理想，青春就会枯萎；没有志向，生命就会失去方向。在孩子们年轻的心灵中，是不乏对美好前景的描绘的。他们总是美好地憧憬着自己的未来，可惜的是，许多父母缺乏教育的知识，在引导孩子树立理想上做法欠妥。

孩子们对未来的憧憬，其实更大程度上受到家长的影响。大概80%以上的孩子对未来的设计，与家长的职业和平时家长的教导有极大关系。可见，家长的言行和教育方法对孩子的理想塑造至关重要。

肖老师的女儿君君18岁时，因全面发展、成绩突出，被北大计算机学院免试录取。很多人都问肖老师，孩子这么优秀，肯定是做父母的有什么“培养秘诀”。肖老师想，孩子能有今天，也许得益于儿时对她的理想教育。孩子的智力固然重要，而家长正确的教育和引导更重要。

因为肖老师是高中老师，教学任务特别繁重，每周只有一个晚上没事。肖老师充分利用这个宝贵的晚上与女儿交流。女儿上初中后，肖老师把唯一和女儿相处的周六晚上，由原来的做游戏和简单交流，变成了较深入的思想交流和谈心。因为现在的孩子，到了初中、高中，来自于学校、家庭、社会各方面的压力都很大，如果没有一个健康的心理，孩子将难以承受，弄不好孩子的性格就会扭曲。每当看到女儿高兴地谈论着一周的收获与成功的时候，肖老师会提醒她成绩已经成为过去，你还需要努力；每当女儿沮丧地回忆一周的挫败和不愉快时，肖老师以轻松的语气告诉女儿：没关系，过程中的失败是免不了的，你看妈妈，年轻时经历了那么多的挫折，现在事业顺利，还有了一个幸福家庭，曾经的希望都已实现。这些话，在君君心里，产生了深刻影响。

尤其是肖老师自己在事业上的拼劲，让女儿明白了怎样对待学习和工作。女儿经常说：“真正的优秀，不单单是学识渊博、才能出众，更重要的是人格的完美。”肖老师真为孩子能有这样的认识感到欣慰。

未来是每个孩子都挂在嘴边上的词语，但并不一定每个孩子都能理解其真正内涵，所以家长的任务就是要让孩子明白什么叫未来，从小树立正确的未来观。在孩子树立未来观的过程中，家长可从以下几个方面人手，微一个优秀的导航手。

第一，让孩子领悟到未来的真正含义。在通往未来的路途上，沿途的风霜雨雪自然是少不了。而孩子还无法认识到这一点，家长们可以为孩子讲一些和实现未来有关的故事，让孩子渐渐产生“原来未来不是我想象的那么简单”之类的想法。这样，孩子会开始严格要求自己，并不断地修正未来的形状，对未来有真正清晰的认识。

第二，让孩子知道实现未来的途径。家长可以根据孩子嘴里说出的未来，多去问他一些“为什么”，作为最好的教育契机。比如孩子要当医生，可以先问他为什么要做医生。然后用浅显的道理告诉他做医生要具备哪些知识，还可以把一些著名医生的事迹讲给孩子听。告诉他要从小好好学习，多汲取知识，才能实现这个美好的未来。

第三，不要骄纵孩子。所谓“少壮不努力，老大徒伤悲”，而许多孩子于“少壮”之时不是不努力，而是不用努力。不少事实已经证明，家庭优越的孩子往往进取心不强，反而一些由于家境贫寒而经历坎坷的孩子，很早就会为自己立下志向，并为之奋斗。童年是播种未来的最佳时期，他们充满着对未来的美好憧憬和向往，这种对美好前景的向往将推动他勤奋不息。家长一定要引导孩子，立下志向，刻苦成才。

第四，家长在对孩子进行未来教育的时候，要注意结合孩子的实际年龄来引导孩子。当孩子口中说出让你听来有些滑稽的理论时，要注意保护孩子的自尊心，随着孩子年龄的增长再让他多接触一些哲理性的故事，循序渐进，讲励志故事给孩子听，让孩子在耳闻目染中认识到：美好前景实现的道路上肯定是困难重重的，只要自己坚定地做下去，不怕困难险阻，自己的美好前景一定能够实现的。

了解孩子的梦想，帮他树立目标

孩子天生都有梦想，童年是梦想的故乡。

梦想是鸟儿飞翔的翅膀，不展开翅膀，你永远不会知道你究竟能飞多远。一个人心中拥有了梦想，就会在希望中生活，并不断地创造生命的奇迹。

童年是多梦的季节，一个真爱孩子的家长应当精心保护孩子的梦想，这样梦想的种子才有可能长成参天大树。因为任何一个成功都是从梦想起头的。黎巴嫩著名诗人纪伯伦说："我宁可做人类中有梦想和有完成梦想的愿望的、最渺小的人，也不愿做一个最伟大的无梦想、无愿望的人。"但是家长知道孩子的梦想吗？如果了解了孩子的梦想，家长们该怎么帮助孩子们实现呢？

嘉嘉七岁了，从小便爱说一些童言童语，嘉嘉爸爸薛先生并没有忽视这些"儿戏之言"，而是每一次都仔细听孩子的"絮叨"，正是在这种倾听和指导中，孩子有了明确的目标和生活的方向。

第一次，嘉嘉说她的梦想是当老师。薛先生忙赞赏，同时询问她为什么，"因为小朋友们都得听老师的话！"多么实际的嘉嘉啊！薛先生告诉她，老师管教你们是她的职责，如果你们小朋友不犯错，老师会管你们吗？要体谅老师的一片苦心啊！嘉嘉懂事地点点头，表示要做一个听老师话的好孩子。

第二次，嘉嘉说她梦想当大学教授。又提格了，薛先生忙询问为啥？“教授是天下最聪明的人，懂得的东西太多了！”原来嘉嘉对自己的要求还这么高，薛先生于是趁热打铁，当教授可不是件容易的事，得好好学习，不怕动脑子，勇攀高峰。这下，从小好好学习的思想一定在嘉嘉脑里树得牢牢靠靠。

第三次，嘉嘉说她梦想当医生。又转行了，薛先生问她为什么这样选择？嘉嘉羡慕地说，当医生（有钱）收入高啊！面对她那一副风光样，薛先生知道她这是偷听自己和妻子讲话的结果。妻子下岗后再就业工资收入不高，比当医生拿的钱少很多，所以嘉嘉要当医生。薛先生正色地告诉嘉嘉，梦想当医生也不错，治病救人，但任何职业都是平等的，不能纯粹以金钱来衡量一切，妈妈下岗后现在当营业员挣钱相对是少点，但同样值得尊敬和表扬。你要记住了，辛勤劳动最光荣，什么事只要你努力了就什么都不会遗憾的。

孩子的梦想同样也加入了太多的现实因素，是他们观察世界、现实生活和人情关系等自我思维的结果。我们家长就必须因势利导，抓住实质，挖掘隐藏的教育因子，对孩子就事论事地教育，促进其健康地成长。

理想是信念，是希望，是向往，是追求；理想是催人奋进的精神力量。理想是同奋斗目标相联系的、有实现可能的想象。理想是人们对未来的向往和追求，是一个人的精神支柱。

对于根本不可能实现的那些想象，被称为幻想。它不同于理想，是一种梦幻泡影般的空想妄想。一个人如果整日幻想，那是心理不健康的表现。

那么，作为家长该怎样引导孩子根据自身特长爱好和社会的需要，树立自己的理想呢？

少年时代是一个人价值观形成的重要时期，此时确立人生目标的人，往往能激发创造的热情，更容易获得成功。

有一个明确的目标为什么有利于孩子的进步呢？因为任何人的时间、智力和精力都是有限的，“心无二用”。心理学的研究表明，对绝大多数人来说，同时思考两个或两个以上问题时，思维效率就会大大降低。

心理学家发现，人在整个事情刚刚开始时和即将结束时，最能集中精力和注意力。于是就有了一个很好的办法避免做事半途而废，那就是把一个大目标分解成几个小目标，将一个大任务分解成一串小任务。这样，就大大增加了开始和结束的次数，人做事时能切实感到自己在逐步前进，在逐渐靠近大目标。这时，每一步骤的时限必须规定好并坚决完成。

确立正确目标，分解目标，把它变为一系列任务，坚持不懈地努力，人就会逐步走向成功。

奋斗目标有远期目标、中期目标、近期目标之分。远期目标是总目标，中期和近期目标是阶段目标。帮助孩子确立奋斗目标要远、中、近结合起来，才不至于太空泛。帮助孩子树立奋斗目标，要注意以下几点：

第一，从实际出发。要分析孩子的智能、品德、兴趣爱好、身体各方面情况，分析家庭能够创造的条件。不论孩子将来从事什么职业，“做人”都是最重要的目标，要鼓励孩子做一个道德高尚、有真才实学、对社会有贡献的人。

第二，尊重孩子的意见。孩子对自己的未来，或清晰或蒙胧地有自己的想法，应该引导孩子说出来。即使有偏差，也不责备他。跟孩子反复交谈、讨论，使孩子的想法逐步成熟、正确。

第三，给孩子树立榜样。这是非常重要的工作。榜样有远有近，远的榜样如中外历史名人、文艺作品中的典型形象、现代社会生活中的楷模。这些不直接接触，都是通过各种“传媒”了解的。如果孩子从心目中产生了“崇敬”的心理，对他树立奋斗目标大有益处。家长要观察注意孩子的言行，发现他对某“榜样”有较多的赞佩之情，可以给他提供更多一点的资料。家长也要多学习、思考，跟孩子讨论。要使孩子的注意力不集中在“榜样”的成就和名气上，着重了解认识“榜样”的奋斗精神和走过的历程。

近的榜样指的是在生活中能接触到、比较熟悉的“榜样”。如亲朋好友中有作为、有成就的人，本地区的英雄模范人物，同学中的优秀学生，甚至家长本人事业有成，都是孩子学习的榜样。孩子对近的榜样，更容易产生学习的愿望。

第四，不能急于求成。树立奋斗目标要有一个过程，而且是由浅入深、由空泛到具体、由模糊到清晰、由动摇到坚定的过程，不可能一蹴而就。如果家长急于求成，发现孩子不如已愿，便信口批评“没出息”“没志气”等等，这反而成了一种促退，打击了孩子的积极性。

因此，为了能使孩子早日树立正确的奋斗目标，家长都要多学习、多思考，多和孩子谈心，多鼓励孩子。

预备多种人生方案，制定使命宣言

每个家长都会在孩子小的时候，就开始畅想孩子的未来人生，孩子也会常常问家长：“我长大做什么好呢？我的人生会是什么呢？”除非有所准备，身为父母大概很难立刻回答。因为大多数父母大概只能想起带“师”字的职业，比如：教师、律师、会计师、工程师等。父母对子女有许许多多的期望，希望孩子能够出人头地，但是一个人的成功并不意味着他必须成为“某某师”。三百六十行，行行出状元，为了孩子的将来，一定要根据他的兴趣帮他预备多种的人生方案。

随着社会的发展，职业的种类也越来越多，人生的选择性也越来越大，父母一辈的人生，在孩子看来也许是苍白乏味的。所以，父母要多提供孩子探索和体验信息的机会，让孩子戴上“展望未来”的眼镜，一起关注市场信息，并且协助孩子定下具体目标和计划。

孩子小，可能考虑将来的时候，分析不全面，这时候往往是家长比孩子更着急。然而，当孩子开始规划一生时，父母不要操之过急，应该和孩子一起思考，并采取一致的态度，不要过度强调父母的想法。因为父母所认为的成功捷径，有时候反而是孩子通往成功的绊脚石。有成就的人都会有个尊重他个人意愿的父母。

韩国的音乐大师金德秀有个和他唱反调的儿子，虽然两人都是音乐人，但是他们追求的音乐领域截然不同。爸爸热爱韩国传统音乐，儿子着迷“嘻哈”街头文化，并以RAP歌手身份崭露头角；爸爸研究的是传统音乐，儿子却发扬街头文化。人们猜测他们父子之间一定存在较大的距离。但这仅仅是人们的猜测而已。

自从儿子搞嘻哈音乐，成为一名RAP歌手，虽然是跟父亲唱反调，但是父子俩还从没发生过任何冲突。原因很简单，那就是父亲一直相信儿子所做的事，从不加以干涉，始终在旁边默默关注。父亲说：“儿子第一次跟我说要做嘻哈音乐时，我虽然有点意外，但并没有反对。他说找到了自己喜欢的事，我觉得这很好，所以就相信他而且支持他。”“中学开始我就着迷嘻哈音乐，为此穿着宽松的T恤、大尺寸的裤子，做着夸张的发型。但爸爸并没有教训我，还鼓励我说，如果真的喜欢嘻哈音乐就努力去做吧。他只是希望我能成为对自己行为负责的人。”这是儿子的一番话，在他得到了父亲的真爱和信任后，他更加坚定了信心。

父母可以引导孩子，有时更需要退一步来关注孩子的决定是否正确。父母要为孩子创造让他们自己探索前途的氛围，并不断激励他，孩子的人生可以是多种多样的，并不局限在父母设定的框框之内。

那么如何给孩子多样的人生呢？如何帮助孩子设定多种的人生方案呢？下面的一些做法或许可以给家长们一定的启迪。

首先，同孩子谈话。光靠分数是不能决定孩子能进入怎样的大学的，每个孩子身上都有成才的潜质，要相信孩子！家长不要把焦点集中在孩子的分数上，应该多培养孩子的学习情绪，而不是一味地逼迫孩子向“书呆子”发展。

其次，尊重孩子的选择。中国的家长习惯为孩子规划未来，他们认为孩子的将来家长要负责任，所以他们积极地帮孩子做选择。结果孩子没有学习动力，当孩子达不到大人们所期望的目标时，就会责怪孩子。其实，做选择本身就是一个教育过程，当家长与孩子一同规划未来时，讲清楚每一条道路会带来怎样的未来时，孩子们在我们的激发下，就会有做出自己的决定。尊重孩子的决定，让孩子做自己有兴趣的事情，他们才会为此付出努力，他们才能学会为自己的选择去拼搏。

第三，开阔孩子的眼界。孩子可以通过报纸、电视、网络等，得到不同职业的特点和前景等信息，同时带孩子参加创业博览会或就业博览会也是生动地体验人生的好机会。要注意的是，参加这种大型展览时，父母应该事先做好准备，甚至可以先去会场看一下，决定看什么、问什么，让孩子得到什么。否则盲目参加的结果可能仅仅是走马观花，拿到一些资料和赠品回家，却没有其他收获。当孩子开阔了眼界之后，他们的思想就转变，不再是井底之蛙。

最后，让孩子实地接触。让孩子确定自己是否适合某件事，最简单的就是带孩子直接接触那些孩子想做的领域的工作者，和对方面对面聊聊。当然，必须经过对方的许可。美国有个节目叫做“实践中的孩子”，提供学生接触各种职业的机会，他们可以像影子般跟在从事某职业的人身后，观察他们的工作状况。通过这样的近距离学习，孩子能够真正了解参与过的职业的工作内容，有什么困难，有什么成就感，自己需要加强的地方以及进入这一行的方法，这样孩子会把对未来的模糊感变得真实。

人生不是局限在某一个范围，人生可以多种多样，成功的方式也同样可以多种多样。为了您的孩子的成功的未来，家长们不要把目光再局限在孩子的分数上，而是应该从现在开始帮孩子预备多种人生方案。

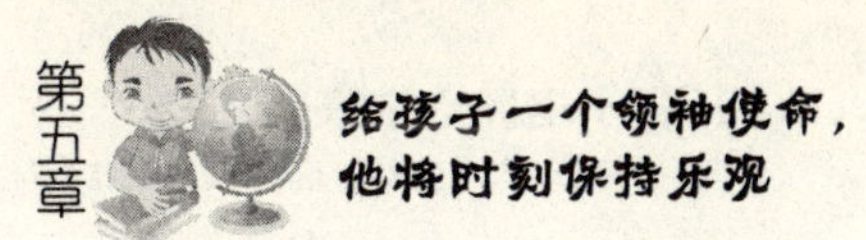

用不变的支持和信赖对待孩子

大人之间需要彼此信任，孩子也不例外，他们小小的心灵也充满了对信任的渴望。

其实，不管你的孩子现在是什么样的孩子，家长都应该相信他是一个想学习好的孩子，他也在努力着，只不过他的努力可能还没有达到学校或者家长的认可水平。这样说是希望我们的家长，给孩子信任的条件。

家庭不是学校，不是以分数为衡量标准的地方。所以，当孩子学习成绩还不那么理想的时候，家长一定要相信孩子。成绩不理想，不是孩子的错误，一定要帮助孩子找到学习不好的理由和原因，而不是简单粗暴地对待孩子，更不能因此就断定他是一个学不好的孩子。越是在这样的情况下，越是要坚信他是一个有出息的孩子，越要给孩子力量和勇气找出他的闪光点，帮助他自立于社会，独立生活。

每个人心灵里都有两种呼声，一种叫“自卑”，一种叫“自信”。在自信的呼声中长大的孩子，能够勇敢地面对困难和挑战；在自卑的呼声中长大的孩子，认为自己不行，一辈子唯唯诺诺，没有力量去面对任何的风险与挫折，终究是一事无成。而最能影响孩子们呼声的这种力量则是源于我们对孩子的教育和潜移默化的影响。我们不能照顾孩子一生，但我们要让孩子知道自信，让孩子在未来的精神生活中永远充满自信。

孩子之所以对学习没有了兴趣，首先是失去了对学习的自信。国外有一些心理学家跟踪调查了数百名智力发展水平较高、生活环境和教育条件大致相同的人。当这些被调查的对象步入显示成果的年龄时，彼此之间出现了明显的差异：有的成了事业上的佼佼者，有的却没有什么作为。原因很简单，那些自我肯定的内心倾向者，其成功率大都超过自我否定倾向的人。可见，“一个充满自信的人，事业总是一帆风顺的（并不是他们没有遇到困难和挫折）；而没有自信的人，可能永远不会踏进事业的门槛。”有些时候人并不是被困难的事物所击倒，而是被自己的恐惧所吓倒的。

一位家长第一次参加家长会，学校的老师说：“你的儿子有多动症，在板凳上连三分钟都坐不住，你最好带他去医院看一看。”回家的路上，儿子问她老师都说了些什么，她鼻子一酸，差点流下泪来。因为全班30位小朋友，唯有对他，老师表现出不屑。然而她还是告诉她的儿子：“老师表扬你了，说宝宝原来在板凳上坐不了一分钟，现在能坐三分钟。其他妈妈都非常羡慕，因为全班只有宝宝进步了。”那天晚上，她儿子破天荒地吃了两碗米饭，并且没有让她喂。儿子上小学了。家长会上，老师说：“这次数学考试，全班50名同学，你儿子排名第40名，我们怀疑他智力上有些障碍，家长最好能带他去医院查一查。”回去的路上，她流下了泪。然而，当她回到家里，却对坐在桌前的儿子说：“老师对你充满信心。他说了，你不是个笨孩子，只要能细心些，会超过你的同桌，这次你的同桌排在第21名。”说这话时，她发现儿子黯淡的眼神一下子舒展开来。她甚至发现，儿子温顺得让她吃惊，好像长大了许多。

第二天上学，去得比平时都要早。孩子上了初中，又一次家长会，她坐在儿子的座位上，等着老师点她儿子的名字，因为每次家长会，她儿子的名字在差生的行列中总是被点到。然而，这次却出乎她的预料——直到结束，都没有听到。她有些不习惯，临别时去问老师，老师告诉她：“按你儿子现在的成绩，考重点高中有点危险。”她怀着惊喜的心情走出校门，此时她发现儿子在等她。路上她扶着儿子的肩膀，心里有一种说不出的甜蜜。她告诉儿子："班主任对你非常满意，他说了，只要你努力，很有希望考上重点高中。"

高中毕业了，第一批大学录取通知书下达时，学校打电话让她儿子去一趟。她有一种预感，儿子是被清华大学录取了。因为在报考时，她和儿子说过，她相信他能考取这所大学。儿子从学校回来，把一封印有清华大学招生办公室的特快专递交到母亲的手里，突然转身跑到自己的房间里大哭起来，边哭边说："妈妈，我知道我不是个聪明的孩子，可是，这个世界上只有你能欣赏我……"这时，母亲悲喜交加，再也按捺不住十几年来凝聚在心中的泪水，任它打在手中的信封上。

家庭不是学校，家庭就是在孩子需要关怀的时候，给他们温暖；在孩子需要力量的时候，让他们得到支持；在他们感到无助的时候，让他们找到信心和勇气。所以，我认为信任理解和支持是爱的最高表现形式。并且真诚地希望我们的家长运用好自身的这一武器，为孩子也为自己营造一个和谐健康的家庭环境，为孩子的健康成长构筑一条沟通彼此心灵的通道。

告诉孩子热情洋溢的惊人力量

什么是热情？它是一种热忱，不仅能在当前带给孩子能量和集中力，还能在将来赋予孩子继续前进的力量。它是孩子追求梦想所需的燃料。用专栏作家威尔·霍布斯的话来说，无论孩子是谁，无论孩子在哪儿，无论孩子多大年龄，热情在清晨时分都会将孩子唤醒，让孩子跳下床。因为有一些孩子喜欢做的事情在等着他，一些孩子深信不疑且又非常擅长的事——甚至比自己还要重要，让孩子今天就迫不及待地去大干一场。

一个热情开朗的人，能用他的热情感染周围的一切，能使周围的人如沐春风，能使冷漠的人际关系变得温馨和谐；一个热情开朗的人，走到哪里都会受人欢迎。所以培养孩子热情开朗、积极向上的性格至关重要。

然然爸妈深知胆小懦弱的性格对孩子的成长发育极为不利，从小就教育孩子要勇敢。每逢周末和假期，他们都会相邀朋友带着同龄的宝宝来家中聚会或外出郊游，鼓励然然与小朋友交往、玩耍。然然的性格在家长的教育下活泼开朗，敢于主动跟他人交往。上小学后，当其他孩子都还在因为小伙伴的“变更”而不敢说话的时候，然然已经成为了老师的小帮手，主动地跟他人打招呼，帮老师维持班级纪律。开朗的性格帮助然然当上了班长，而班长这个职务，更激发了然然学习的劲头。

热情开朗的性格无疑是孩子最重要的秉性和财富之一。不管我们在哪个年龄阶段，都需要保持热情开朗的性格、积极向上的心态，这能为我们带来终生的成功。

那么怎样培养孩子活泼开朗的性格呢?

首先，让孩子有一个健康的体魄。活泼开朗的性格与健康的体魄关系密切，精神饱满是健康体魄的体质基础。家长也会发现孩子在健康的时候情绪是非常好的，如果孩子生病了就会影响他的情绪和活动。要培养孩子健康的体魄，首先要给孩子丰富的营养，同时要保证孩子睡眠，另外还要有一个合理的参照系数。

孩子生活的态度和方式是否系统化、正式化对性格的形成有很大影响。孩子一天的生活应该是有规律的，在生活中不是按照自己的意愿想做什么就做什么。如果对孩子有秩序规定的话，那么对孩子的影响就很大，可以促进他神经系统很好地发展。如果孩子能够按照时间去作息，这样便于孩子养成定性的习惯。养成了好的作息习惯，孩子就会到什么时间做什么事情，家长不用督促孩子了。

其次，培养孩子开朗性格要重视环境对性格的影响。儿童的性格形成是在日常生活和周围环境的相互作用下交替形成的。一个合理的教育环境可以使孩子逐渐养成良好的行为习惯，所以一个好的教育环境是很重要的。

孩子年龄小，性格还没有定型，在这个时候需要一个良好的环境（这种环境包括住房条件、家庭条件、孩子用具、人际关系、周围环境等等）。如果说在孩子没有定型的过程中我们注意了发挥环境对孩子的作用，就能使孩子性格的萌芽朝好的方向发展。

第三，要善于激发孩子的良好情绪。良好情绪和情感是培养孩子健康人格非常必要的条件。良好的情绪可以提高大脑和整个神经系统的活力，使身体的各个器官活动的协调一致，真正发挥身体技能的潜能。良好的情绪和情感有益于孩子健康地成长和发展，更有益于孩子良好性格的形成。

学前期的孩子已经积累了一些复杂的情绪经验，他的这种情绪经验已经不仅仅是满足生理上的需要。许多研究表明一个孩子如果能够经常处于一个乐观的情绪之中，那么他活泼开朗的性格就容易培养。

在家庭中，家长要正确理解对孩子的爱，要理智地去爱孩子。对孩子过分地溺爱，过分地保护往往使孩子自私，心中没有别人。另外不要给孩子太多东西。如果给孩子的东西太多就会有这样的感觉：获得，就是幸福的源泉。会使孩子觉得只要我想得到的东西我得到了，那么我就快乐，人生的快乐就是建立在物质基础上的。同时，不要对孩子过分地帮助。只要没有太大危险就应该让孩子去做，让孩子去尝试。一位心理学家研究这个问题后得出这样一个结论：如果一个人长时间生活在一种特别幸福的空间里，就会产生健康心理过剩的要求。这种健康心理过剩，有两个特点：对幸福的感觉越来越少；特别害怕，不愿意去接触人间的艰苦。所以我们家长常常尽量满足孩子，让孩子快乐，可其实孩子并不快乐。

第四，让孩子对合理的要求有自己选择或抉择的权利。要想让孩子过得快乐、幸福，就得让孩子自己去思索、判断。家长可以帮助孩子分析，引导他们做抉择，但是在帮助和分析的过程中不要包办代替，不要代替孩子做抉择。这样我们可以保护孩子的自尊心、自信心，可以使孩子的主动性、积极性得到很好发挥，孩子是最开心愉快的。

第五，让孩子亲自感受自己情感的表达。孩子的性格不一样，在情感的表现上也不一样。有的孩子会表达自己的情绪，有的孩子则善于把事情憋在心里，不会宣泄出来，也不会表达出来。作为家长要倾听孩子述说，要引导。在行为上引导他克制自己的情绪，另外还要教给他把自己的情感表达出来。

总之，孩子热情洋溢的性格的形成有多方面因素。我们所能够做到的就是在家庭中要创造一个良好的氛围，这样才有利于孩子活泼开朗性格的培养。

怎样赏识孩子才有最好效果

一个10岁的男孩在一家工厂做工，他一直想当一名歌星，但是他的第一位老师却说："你五音不全，不能唱歌。你的歌简直就像是风在吹百叶窗。"

回到家里后，他很伤心，并向他的母亲——一位贫穷的农妇哭诉这一切。

母亲用手搂着他，轻轻地说："孩子，其实你很有音乐才能。听一听吧，你今天唱歌时比昨天乐感好多了，妈妈相信你会成为一个出色的歌唱家的！"

听了这些话，孩子的心情好多了。后来，这个孩子成了那个时代著名的歌剧演唱家。他的名字叫恩瑞哥·卡素罗。

卡素罗回忆自己的成功之路时这样说："是母亲那句肯定的话，让我有了今天的成绩。"家长的一句话改变了孩子的命运，正是母亲那句赏识的话成就了那个时代最伟大的歌唱家，可见家长的赏识是孩子前进的最大动力。

美国伟大的成功学家拿破仑·希尔小时候被认为是一个坏孩子，家人和邻居甚至认为他是一个应该下地狱的人。无论何时出了什么事，诸如牧场的母牛被放跑了，堤坝裂了，或者一棵树神秘地倒了，人人都会怀疑"这是小拿破仑·希尔干的”。在这种情况下，拿破仑·希尔破罐子破摔，一心想表现得比别人形容的更坏。他的母亲去世后，一位新母亲走进了他的家庭。拿破仑原本以为继母是不会给自己半点同情的，但是事实却并非如此。

继母发现了拿破仑·希尔人性中的优点。在继母的赏识和鼓励下，拿破仑·希尔开始改正自己的缺点，并发奋学习。继母用她深厚的爱和不可动摇的信心，塑造了一个全新的拿破仑·希尔。

拿破仑·希尔在他的著作《人人都能成功》中这样形容继母对他的影响：

这个陌生的女人第一次走进我们家的那天，我父亲站在她身后，让她独自应付这个场面。她走进每一个房间，很高兴地问候我们每一个人，直到她走到我面前。我倚墙站着，双手交叠在胸前，凝视着她，眼中没有丝毫欢迎的神色。我的父亲说：“这就是拿破仑·希尔，兄弟中最差劲的一个。”

我绝不会忘记我的继母是怎样回应他这句话的。她把双手放在我的双肩上，两眼中闪耀着光辉，凝视着我的眼，这使我意识到我将永远有一个亲爱的人。她说：“这是最差的孩子吗？完全不是。他恰好是这些孩子中最伶俐的一个。而我们所要做的，无非是帮他把自己所具有的好品质发挥出来。”

一股暖流涌向我的心底，这一时刻是我生命历程的转折点。我的继母总是鼓励我依靠自身的力量，制订大胆的计划，坚毅地前进。后来证明这种计划就是我事业的支柱。我绝不会忘记她教导过我的话：“当你去鼓励别人的时候，你要使他们有信心。”我的继母造就了我。因为她深厚的爱和不可动摇的信心激励着我，使我努力成为她相信我所能成为的那种孩子。

心理学家威廉·杰姆斯曾说过：“人性最深层的需要就是渴望别人的赞赏，这是人类之所以区别于动物的地方。”

成功是每一个孩子都非常渴望的。运动员每一个细小的进步，都需要人们的喝彩和掌声，孩子在成长道路上也是如此。只有每一次小成功累积起来，才能渐渐铺就孩子的大成功。每一个细小的成功都能够带给孩子无限的信心和动力，孩子就是在不断的成功中不断学习、更上一层楼的。而赏识正是催人奋进的因子，它可以开拓失败者前进的空间，不断激励胜利者昂扬的斗志。

赏识教育是生命的教育，是爱的教育，是充满人情味、富有生命力的教育。人性中最本质的需求就是渴望得到赏识、尊重、理解和爱，每个人都是为得到赏识而来到人间的。我国教育家陶行知先生曾经说过："教育孩子的全部秘密在于相信孩子和解放孩子。相信孩子、解放孩子，首先要赏识孩子。"

赏识教育不能简单地等同于表扬，赏识的标志是"行"，而不是"奖"或"罚"，赏识是指"看得起"。孩子虽小，也有自尊心，父母的一句肯定的话会让孩子有成就感，父母的看得起往往会激发孩子的斗志，让孩子在困难面前越战越勇。赏识教育也是一门学问，父母们一定要做到以下几点：

第一，尊重。尊重儿童的人格。儿童与成人在人格上是平等的，应当予以极大的尊重。蹲下身来，平视孩子，倾听孩子说话，会使孩子立刻感受到被尊重。孩子身上有许多真善美的东西、许多灵性的东西，应当虚心向孩子学习，这是对孩子生命价值的真正承认与尊重。在我们家，不管是大人还是孩子，只要谁对就听谁。从小让孩子明白人与人之间是平等的，人与人之间的交往像朋友一样应得到相互的尊重。

第二，理解。孩子的内心世界丰富而复杂，不同的孩子心灵之花千姿百态，绝不能用单一尺度去衡量每个人的生命价值。现在家长自身的工作大多比较忙，但是不管多么忙，我们也要多多陪伴孩子。节假日尽可能与孩子一起玩，平时经常与孩子交谈，以便了解孩子的思想，使孩子感到自己在父母心目中的重要性。

第三，激励。要多热情地激励，要及时抓住孩子的闪光点加以激励，热情地激励。有人说孩子没有优点，那么请你去发掘，孩子一定有潜在的优点。看一看孩子有什么进步，点滴进步也具有激励价值，或者给孩子制造一个表现优点的机会。最好的激励不是表扬，更不是物质奖励，而是分享。孩子若能感觉到你因为他而快乐，会受到最大的激励。

第四，宽容。对待孩子需要耐心，看待孩子不能绝对化。有些家长对孩子不是表扬、奖励，就是批评、惩罚。孩子毕竟不同于成人，家长要允许孩子犯错误。宽容则是要求教育者“尽其所长，恕其所短”，绝不能因为一点过失而让孩子在指责声中自卑地抬不起头来。学校和家庭都要努力创造一个好的环境，既能满足孩子不断学习的需要，又对孩子没有过多的规定和限制。我们都要认识到，教育应该把个体生命发展的主动权还给孩子，应该让孩子自主地学习，享受童年的欢乐，健康地成长。

做孩子乐观情绪的“发电站”

孩子积极乐观的情绪能够促进其智力与品质的发展。然而，大部分家长的注意力都集中在如何促进儿童智力的发展，而忽视了培养他乐观的情绪和良好的意志品质。在现实生活中，孩子因情绪变化而影响其求知欲、智力及上进心发展的情况屡有发生。

两位学习电脑的孩子，一位由于教师和家长较多地采用鼓励法激发他的学习兴趣，因而学习效果好；另一位因家长求成心切，经常斥责孩子，致使他学电脑时心理时常处于紧张状态，学习效果很差，最后以拒绝学习而告终。

家长要注重培养孩子积极乐观的情绪，做孩子乐观情绪的“发电站”。那么，怎样才能做到这一点呢？

首先，要保持家庭中和睦愉快的气氛。为此，家庭中所有成员在说话做事时都应有平和的态度。父母对孩子谈话时，要和颜悦色，使孩子感到可亲可敬，心情舒畅；不要经常厉声厉色地斥责孩子，以免孩子对父母望而生畏，心情老是处于不舒畅的紧张状态。这就要求家长在教育孩子时，必须从尊重孩子的愿望出发，以理服人，要让他们自然滋生出积极的情绪。

有一个孩子迷恋于看电视，但睡觉时间一到，家长便马上把电视机关掉，责令孩子立刻睡觉。开始时，这种简单的方法激起孩子大哭大闹。后来，家长以商量的口气对孩子说：“再看5分钟，你就上床睡觉，好吗？”这就给孩子留有情绪变换和思考的余地，孩子也就渐渐适应家长的要求了。

第二，在家庭生活中，应该经常有孩子喜爱的琴、棋、书、画以及各种文娱体育活动。孩子经常处于愉快的精神氛围中，情绪自然开朗、活泼。比如，吃饭时、睡觉前，全家人听听轻音乐；茶余饭后，带孩子散散步，与孩子一块讲讲故事、唱唱歌；节假日可带孩子搞一些手工制作，开展一些打球、下棋、书画等陶冶性情的娱乐活动。这样，家庭生活中时时处处都充满着欢乐愉快的情趣，可保持孩子积极健康的情绪和心态。

第三，要经常引导孩子完成力所能及的任务，使其体验“成功”的欢乐。家长不仅要让孩子在满足于吃、穿、用时才产生喜悦的情绪，应同时让孩子在完成学习、劳动任务中，或在游戏活动中体验到“成功”的愉快心情。

有一个孩子，已经6岁了，家长仍舍不得让他做些力所能及的事情，也不让他同邻居的小伙伴一块玩耍。孩子不高兴时，家长就让他吃好点心，玩高档玩具，可孩子仍是默默无语，经常发脾气。后来，家长改变了教育方法，让孩子经常和小伙伴一起玩耍，帮助家长做些简易的家务劳动。这样，孩子的生活内容充实了，在完成各种任务过程中获得了极大的满足和愉快感，孩子的情绪也得以转化，变得乐观向上了。

第四，孩子一旦有了不愉快的事情，家长要设法尽快消除其不良情绪，恢复其愉快的心境。俗话讲：“悲伤心，怒伤肝，不悲不怒活神仙。”倘若孩子长期情绪不佳，就很可能引起某种神经性病变。所以，家长一定要设法使孩子经常保持良好的精神状态，以利于身心健康。假如孩子做了错事，家长可以严厉地对其进行批评教育，但要速战速决。当孩子认识了错误并表示改正时，家长应马上收起指责的态度，使孩子尽快恢复正常的情绪。又如，当孩子受到委屈而不高兴时，家长应设法转变孩子情绪，即用一种孩子喜欢的事物去吸引他，使孩子注意这一事物而忘掉不高兴的事情，转忧为喜，恢复良好的情绪状态。

凌女士喜欢和孩子嘉方一起见证他的进步，嘉方的每一次小进步，凌女士都会不时地表扬他。有一次，凌女士去超市买东西时，买完东西嘉方都会主动帮凌女士拎东西，也不管自己是否拿得动。但嘉方认为自己是个小男子汉，有理由替妈妈分担。在凌女士生日时，嘉方会神秘地拿出自己花了几天时间精心设计的贺卡送给妈妈，并对妈妈说一句："妈妈，生日快乐！"这些，虽然看似很细小的事情，却在无形中映射出嘉方的美好心灵。每个孩子都喜欢赞美，只有凌女士们先学会赞美嘉方，嘉方才会做一个感恩的人，嘉方也会赞美他人了。这一点很重要，人生活在这个社会里，有谁会不需要帮助？有谁会不需要别人的慰籍呢？正是因为有了赞美，嘉方对每一件事情都会信心十足，一步一个脚印向前进，凌女士也深信嘉方一定会做得越来越出色。

第五，培养孩子积极乐观的心态，培养他多方面的兴趣爱好。一个人的成长健康与否，与他的心态有很大的联系，良好的心态能给孩子带来健康的身体、健全的人格、广泛的爱好，能使他对生活充满无限的向往和乐趣。

康先生对儿子城城的教育方法就值得借鉴。

康先生喜欢鼓励城城。在城城遇到挫折时，康先生喜欢城城把爸爸当成生活中的好朋友，鼓励城城做有兴趣的事情。比如，城城要学书法，康先生马上给城城报兴趣班；而对于城城没有兴趣的事情，康先生绝不勉强孩子，让他顺其发展。康先生喜欢让孩子与伙伴们结伴去锻炼，如果周围的小朋友在玩骑自行车、打羽毛球时，康先生鼓励城城也加入进去，让来自同伴的压力成为积极的压力。鼓励孩子多锻炼，比如逛商场时走楼梯而不要乘电梯，将锻炼与孩子喜欢的活动结合起来。如果孩子喜欢科学，康先生便带城城去野外散步，让城城辨认植物和昆虫。

要让孩子乐观活泼，最关键的是每天都要充当“发电站”，给孩子传递“过一种健康生活”的信息，让他们快快乐乐地生活、认认真真地学习。

自我激励，让孩子正确评价自己

有一次课堂作文，老师让每个学生写下自己对自己的评价。10岁的男孩铭岳说，他是一个胆小的、学习成绩不好的孩子，说老师和同学都不喜欢他，他没什么朋友，他甚至认为自己一无是处。看到别的同学都很快乐，就觉得自己更加难过。

从铭岳爸爸那里了解到，铭岳并不像他自己说的那样，他在班级学习一直是中上等，老师和同学只说他不太爱说话，但认为他做事认真，爱帮助别人。显然他对自己的评价很不客观。铭岳很失望又很无助，他的爸爸虽然说他想得不对，可他自己就是听不进去。

无法对自己做出正确评价，这件事情不仅仅发生在铭岳一个人身上。孩子在成长的过程中极容易产生悲观情绪，怀疑自己，这个时候家长应该怎么办呢？

当面对孩子悲观、无法面对自我的时候，家长首先要教会孩子从不同的角度客观准确地评价自己。目前，由于独生子女特殊的成长环境，家庭教育内容和方法的不科学，造成很多孩子的心理发展存在很多的问题，产生了自私、自我、胆小、脆弱、自卑、害怕挫折、缺乏信心、情绪起伏、严以责人、宽以律己等不健康心理和不良行为，这些缺点都是阻碍青少年健康成长的不利因素。能否正确评价自己，对任何人来说，都是一个十分重要而且不可忽视的问题。只有能客观、准确地认识自己、评价自己，才能建立自尊与自信，才能在人际交往中准确定位自己的角色位置，保持良好的人际关系。

孟妈妈带女儿瑶瑶去游泳，但孟妈妈不敢下水，只好看女儿自个儿在水里扑腾。

刚开始，因为没有家长的引领和保护，虽然穿着救生衣的瑶瑶还是紧紧地抓住下水口的铁扶手久久不敢松手。后来来了幼儿园的同班同学，被小朋友一招呼瑶瑶忘记了害怕，松开手向池里游去，且自己游了一段距离。当瑶瑶又游回到妈妈的身边时，想想平时都会对女儿的行为做出一番评价，或是“你真棒！”或是“还不错。”但又想到了今天刚刚上网看到的关于“动机的寓言：孩子为谁而玩”一文，孟妈妈想到难道让自己的外部评价来左右孩子的内心吗？于是，改变了以往的说法，问女儿：“瑶瑶，你高兴吗？你感觉怎么样？”“高兴！感觉还不错。”这是瑶瑶的自我评价。

这样问话的目的就在于引导孩子看重自己的内心感觉，让高兴的感觉来引领孩子的做事态度，让不错或者是还行的自我评价来取代“为别人而玩，为别人而快乐”的没有自我的一种评价体系。

父母太喜欢使用口头奖惩、物质奖惩等控制孩子，而不去理会孩子内心的动机。久而久之，孩子就忘记了自己的原初动机，做什么都很在乎外部的评价。上学时，他忘记了学习的原初动机——好奇心和学习的快乐；工作后，他又忘记了工作的原初动机——成长的快乐。上司的评价和收入的起伏成了他工作的最大快乐和痛苦的源头。

日常生活中家长对“你真棒”的使用频率，以及由此而派生的各种口头或物质的奖励，确确实实就是在用家长成人的评价来左右孩子对事物的认识态度，那么久而久之孩子就会“忘记了自己的原初动机，做什么都很在乎外部的评价”。这样，孩子今后的人生也就会被别人所左右，而不是自己主宰自己的人生！

家长要慎用“你真棒”以及各种口头或物质的奖励，引领孩子自己评价自己，引领孩子感知自己真实的内心，引领孩子自己主宰自己的人生！

那么，怎样培养孩子正确的评价自己呢？

第一，从小培养孩子多角度看待自己、看待他人、看待事物的能力。如果孩子懂得了辩证思维，他们就学会客观地、辩证地看待自己，既看清自己的弱点，也能认识自己的长处。这样就会既不自卑，也不自傲，前进有动力，努力有方向，朝着自己的人生目标坚定地走下去。

第二，要培养孩子正确的是非观。当孩子懂得什么是真、善、美，假、恶、丑时，孩子的是非观念建立起来了，才能自觉地、清楚地看出自己的优点和缺点是什么，提高自我评价的能力。

第三，家长对孩子的期望值不要过高。家长对孩子的评价要恰如其分，并且让事实说话，以理服人，又要严格要求。这样才能给孩子做出榜样，使孩子自我评价的能力不断提高和发展。

一个能正确评价自己的人，才能对他人和社会作出客观正确的评价，才能把握好自己的命运，走向成功。所以，我们要多激励孩子、引导孩子。

让孩子从实践中学会维护自己的权利

中国父母对孩子常有这样的口头禅："要听话""做听话的好孩子"。有一句顺口溜也说："在家里听爹妈的话，到学校里听老师的话，将来进单位要听领导的话。"形象地反映了一代人成长的过程。然而，"听话"也要有一个度，正确的事情一定要听，错误的事情就一定要反驳。家长在教育孩子听话的同时，还要教会孩子"不听话"地去维护自己的权利。

孩子不可能永远生活在父母的庇佑之下，总有一天要面对生活中和工作中的各种挑战、矛盾与冲突。因此家长在培养孩子在德智体美劳全面发展的同时，一定不能忽略了教育孩子维护自己的权利。作为家长，只有教会孩子去维护自己应得的，去大声说"不"，维护自己的权利，才能使孩子在实际生活获取自己应得的利益。

一天，付妈妈跟付爸爸带可然到该商城购物，说好让可然独自去四楼文化用品部看笔，而爸爸妈妈在二楼看鞋。15分钟后，他们上楼找可然。然而当他们跟可然汇合的时候，发现可然很不高兴。付妈妈问可然为什么不高兴，她说，她在售货区逛的时候，文化用品部的一位售货小姐总是拿白眼瞪她。付爸爸的当时的想法是，小孩子不要怕吃亏，特别是独生子女，遇事别太较真。因此，付爸爸又带她转了体育用品部，想用到处转转的做法冲淡这事。然而付妈妈却对此事有不同的看法。

付妈妈觉得可然的表现反常，反复追问后才问清她不高兴的原因。事情追溯到去年春节前，可然在此售货区挑选商品时，这位售货小姐有过一次冲可然翻白眼、瞪眼的做法。可然当时心里纳闷，身边有大人带领的孩子在挑东西时，阿姨为什么不翻白眼呢？她把当时的感受只是记住了，没和付妈妈说。就在刚才，可然在选笔时看见一个男孩子悄悄拿走了一支黑莹光笔。她顾不上买笔，马上告诉当班的这位小姐。小姐立即清点这种笔，发现确实少了一支。小姐采取的行动是迅速把可然的口袋翻了一遍，还说，你这个小孩子搞什么阴谋？并且开始搜身，当找不到笔时，小姐干脆对可然说，你得赔笔！并让可然去交钱。可然委屈得大哭，却没有办法，只有用零用钱交了笔钱。

付妈妈听了女儿的讲述，对女儿说：可然已经是大孩子了，知道什么是错，什么是对。今天这件事，可然没有偷笔，却被当成了小偷，是卖笔阿姨的错，所以可然需要维护自己的权利。于是付妈妈带着可然去了经理值班室，讲述了事情的经过，通过重播监控录像，大家都看清了可然不是小偷。于是经理给可然赔了钱，又认真道歉，完全像对待一个大人一样严肃，可然终于开心了，因为她维护了自己的权益。通过这件事可然也明白了，遇到事情不能哭，而且要积极主动地争取。付妈妈通过生活中的一件琐事就成功地教会了孩子如何维权，值得其他家长效仿。

这位聪明的妈妈具有很强的现代意识，她尊重女儿的意愿，培养女儿独立解决复杂的社会问题的能力，教会女儿去维护自己的权利。然而，有些父母却认为，小孩子有什么可投诉的？即使是大人自身遭受委屈，也未必会维护自己的合法权益。其实不然，当家长让孩子学习适应社会，首先要鼓励他们自己去做事，面对合理批评的时候主动接受，然而面对他人无理取闹的时候，就要懂得争取自己的权利。否则好的话也听，坏的话也听，孩子就会毫无主见，没有独立人格。

李涛考试经常是班级的倒数几名，各种比赛从来就没有他的份，然而李涛的嗓音非常好，朗诵起课文来，声情并茂，每当老师让李涛念课文，都是他最开心的时候。一次，学校举办诗朗诵比赛，李涛跟同学一起报名参加，却被同学嘲笑，字都不认识，能念好吗？李涛一着急就推了同学一把，于是两个人打起架来。李涛的爸爸听说儿子在学校打架，回到家不由分说地就打了李涛一顿。李涛的爸爸觉得自己没错，孩子小就应该教育，动口说，孩子记不住，只有动手打，他才记得清！

然而李涛爸做得对吗？李涛爸代表了一部分家长，他们认为自己对孩子好，却不知道自己犯了错误。首先，体罚就是不对，其实作为家长，当孩子遇到问题、遇到挫折的时候，第一件应该做的事情，就是问清楚事情真相，帮助孩子解答疑难。如果不是孩子的错，家长就要积极帮助孩子争取，只有这样，下一次遇到类似的情况，孩子才会知道自己是对的，才会去积极争取自己的权利。拳打脚踢只会让孩子变得胆怯，不敢跟他人争辩，更不用说维护自己了。

不懂得为自己争取权利的人就不会为他人争取权利，而不能够帮助别人，又怎么能成为领袖呢？想要孩子能够在逆境中成长，在困难中进步，想要孩子在竞争中脱颖而出，就一定要教会孩子去积极地争取自己的权利。

第六章

给孩子一个领袖能力，他将战胜一切难题

有些人之所以伟大，是因为他们曾经承受并且战胜了苦难。领袖往往是那些善于克服困难，勇于面对苦难的人。困难总是无处不在的，作为父母，你不可能永远替孩子去解决困难。所以你应该培养孩子克服困难的能力，让孩子自己去解决困难。

培养孩子敏捷的思维与应变能力

社会发展的速度越来越快，社会也变得越来越复杂，如此复杂又多变的竞争舞台上，孩子最需要的就是学会用敏捷的思维与应变能力去处理突发事件。孩子由小到大，在机遇与挫折、好事与坏事的面前，采用何种方式应变，直接影响到其前途甚至生命。所以，家长在教育孩子成才的过程中，就一定要培养好孩子的应变能力以及思维能力。

培养孩子的思维能力与应变能力也是有科学技巧的。首先要根据孩子的年龄来确定教育方式和教育重点。思维能力的培养，要认识到孩子思维能力是有它的阶段性与内在规律的。培养孩子思维能力的过程中，应尽量调动孩子的感觉器官。人的思维活动不是凭空产生的，它是通过实践，在积累大量感知材料的基础上加工而成的。因此，对待年龄较小的孩子，最好采用一些直观法，如参观、浏览、直接接触各种实物，尽可能通过自己的亲身经历感知到更多的知识。孩子感知到的知识越多、越正确，他们的思维能力就越强。

例如，孩子从出生到两三岁，处于感觉动作思维阶段。孩子在这段时期里，是利用感知和动作来认识事物的。他们要认识事物，离不开触、摸、拉、推、扔、敲等动作。例如，感知用筷子敲打碗可以发出声响，用手使劲推门时门会打开。三岁至六七岁，处于具体形象思维为主的阶段，即能利用语言、事物的表象或形象进行思维。七至十四岁，进入以抽象逻辑思维为主

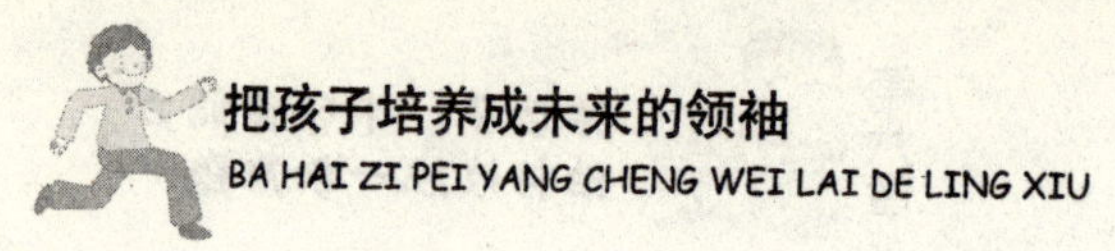

的阶段，可以进行思考和探索。因而我们必须遵循这一思维发展的规律来培养孩子的思维能力，不能越级做超前的训练。

日常生活中的教育更有效，通过日常生动活泼的事例让孩子得到分析、综合、比较、抽象、概括、判断、推理的锻炼。在看一些侦破方面的电影的时候，一边看一边和孩子找事实线索、寻细节、听关键的谈话，预先作各种推理与判断，看是否与结局相符。这些看似游戏的教育方式，往往会令孩子更感兴趣，同时更有成就感，进而由被动思维转化成为一个愿意自己动脑的人。

有的时候，孩子可能对老师或者家长有戒心，却往往会崇拜比自己大几岁的高年级学生。所以可以让他们找年级高些的同学接触、玩要、运动、游戏，这也是一种提高思维能力的办法。年级高些的同学，谈问题的表达能力比较强，所谈问题的内容层次也比较深一些、高一些。他们玩要的花样、运动的应变能力、做游戏的灵巧等对孩子的思维发展有所帮助。

那到底什么是应变力呢？如何让孩子明白应变力呢？如何教给孩子这“虚无缥缈 ”的应变力呢？其实不妨从下面这个小故事入手：

10岁的小孔融到名士李膺家做客。当时，登门拜访者都是社会名流，孔融面对众位客人友好的和不友好的甚至是恶意的问话皆对答如流，不卑不亢。他思维敏捷，谈笑风生，深得众宾客称赞。但有一位叫陈韪的大夫却不以为然地讥讽道：“小时候聪明，长大了未必也聪明！”陈韪此言一出便全场默然，人们纷纷把目光投向孔融。孔融镇静了一下立即回答：“我想，先生在小时候一定很聪明吧？”孔融此言一出，语惊四座，众人不约而同地拍起双手，把陈韪弄了个大红脸，半天没吱声，想要嘲笑别人，反而自己丢了脸。

孔融受到轻蔑，既没有感情冲动地急于为自己辩解，也没有以牙还牙，直接指责对方如此粗俗、蛮横、武断和浅薄，而是冷静地以反问作答，机智地利用对方问话逻辑上的疏忽反制其人，靠自己的应变力让本想难为他的人无话可说。如何才能培养孩子具有非凡的应变能力呢？以下三个教育方法，可以让孩子变得更有应变力。

第一，冷静。家长要教会孩子冷静，无论情景是多么的窘迫和险恶，也不能盲目应对。

第二，忍耐。以身示范，什么是忍耐，在日常生活中灌输孩子做人要忍耐的思想。无论对方的言语是多么的尖刻，用意是多么的恶毒，也不能急于求应，要忍之再忍，坚决压抑怒气，在忍耐中三思，寻找机会去“应变”。

第三，摸底。用身边的小故事做例子，锻炼孩子思考的能力，给孩子讲解什么叫“知己知彼，百战不殆”。注意，一定要多用例子跟故事，去帮孩子理解。

人的成功概率取决于两个方面，一方面是智力的强弱，一方面是能否运用思维技巧，能否迅速应变。思维技巧运用得好的人，即使智力一般，也能高人一筹。反之，即使智力很高，也可能表现得平庸。为了您的孩子能够迈入领袖队伍，请注重培养他的应变力和思维力。

对细节的洞察能力是决定成败的关键

想要在社会上打拼，想要在竞争中脱颖而出，对细节的洞察能力是决定成败的关键。洞察力是一种明察秋毫、见微知著的能力。这种能力是一个人的可贵素质。具有这种能力的人能举一反三，一见树木便知森林，见一片落叶就知秋天来临。所以在做大事的时候，他们能够比别人看得更高、更远。而这种能力完全是靠培养的，想要孩子具备这种领袖能力，家长们就不能忽视对孩子的教育。

洞察力是做一件事情成败的关键，即使你有博学的知识、丰富的经验，没有对细节的洞察力，也只能徒劳无功。不要小看洞察力，在生活的一切方面，洞察力都是重要的。那么，这洞察力是怎么来的呢？当然不是天生的，也不是天上掉下来。它来自于对生活的深切体验，来自丰富的科学知识与人生经验。换句话说，洞察力建立在广博的科学知识之上。下面这个事例就很能说明这一点。

洞察力甚至可以使科学家成为大侦探。一天，居里夫人骑自行车上街，天刚刚下过雨，空气清新沁人，街上非常宁静，很少有行人。突然，她发现路旁躺着一个正在流血的警察，腹部被人刺伤，生命危在旦夕。居里夫人忙解下脖子上的围巾，捂住警察的伤口。警察痛苦地呻吟着，断断续续地告诉居里夫人：五六分钟前，他查问一个青年，那青年突然拔刀朝他刺去，接着骑上警察的自行车逃走了。警察说着，用手朝罪犯逃跑的方向指了指，就咽气了。没有证人，整件事一下子成为无头公案。

这下子可如何是好呢？居里夫人却非常镇静。她请路过的人帮忙照料一下，自己向警察所指的方向追去。但没跑多远，前面出现了岔道。凶手往哪边跑呢？她朝两边望去，左边和右边的路，都是不太陡的上坡，在离开岔口四十米的地方，两边的路面都铺上了一层黄沙。她先观察了一下右边的路，在松软的黄沙层上清晰地有着自行车轮胎的痕迹，她想："凶手好像是从这条路上逃走的。"但也马上发现左边的黄沙层上同样有自行车的痕迹。她仔细地分析了两边的自行车的痕迹：右边路上的车胎痕迹，是前后轮大致相同的，而左边路上的轮胎痕迹，前轮要比后轮浅。她想了想，马上明白了。

还没等警察看出个大概，居里夫人已经有了答案，她说："杀人凶手是从右边这条路上逃跑的。因为通常骑自行车的人，他的身体重量在后轮，所以在平坦的路上或下坡时，前轮车胎的痕迹浅，后轮车胎的痕迹深；在上坡时，由于骑车人必须朝前弯着腰，使重量心落到把手上。因此，前轮和后轮的痕迹就大致相同。现在这条路上坡，那凶犯车轮的痕迹应该前后差不多，而右边路上的痕迹正是这样，所以凶手是从右边逃走的。左边路上是下坡的痕迹，不可能是凶犯的。巡警点点头，急急追赶而去，很快抓到了凶手。就这样科学家凭借洞察力帮助警察破了案。

为什么居里夫人可以像个大侦探一样，料事如神呢？主要原因就在于她敏锐的洞察力。从小，居里夫人的父亲就教育她要多看、多想、多注意身边细节的变化。居里夫人在父亲的"三多"影响下，对任何事物的变化都不放过，她积极动眼、动脑，不管是学习中的问题还是生活中的困难，她总能比别人先找到答案。正是父亲的这种教育方式，才培养了居里夫人的敏水洞察力，让她给警察忙了大忙。

培养好的洞察力不是一朝一夕就可以做到的，孩子的洞察力是在具体的观察活动中、在成人的引导鼓励下逐步发展起来的，家长可从如下几方面入手，培养孩子的洞察力。

首先，从兴趣入手，有兴趣才有动力，激发孩子观察的欲望，才能使他进一步进行观察活动。在家里，让他看看、说说家人喜欢的事情，比如衣服、食物、动作特点等等；家中如有动植物，鼓励孩子观察它们的生长变化和它们生存的条件；做游戏，如家庭成员扮演、互相模仿，或者比赛走迷宫图等等。在户外，鼓励他观察白云苍狗的瞬息变化、行人的千姿百态、植物的争奇斗艳、昆虫的蜕变活动，车辆、建筑、商品和商店等等，到处都有可供观察的内容。从小事开始，从日常开始，一点点锻炼孩子的洞察力。

其次，利用环境，激励孩子。丰富多彩、经常变化的环境能激发孩子的好奇，更有益于孩子发展观察力；活动的物体比静止的更容易引起孩子观察的兴趣，观察持续时间也比较长，这也是为什么孩子喜欢看汽车、看动物的重要原因。因此，家长应注意给孩子提供良好的观察环境，即环境内容丰富多彩而不杂乱、色彩鲜明而不互相干扰，经常富于变化；与人交往的机会较多却不过于频繁；定期、定时进行郊游及其他户外活动等等。引导孩子观察的对象最好是生动活泼、形象鲜明的具体事物，即好看、好玩、好听的物体。

最后，教会孩子观察，培养孩子有技巧地去观察事物。孩子的知识经验来自于观察，良好的观察力是获得丰富的知识经验的前提条件。反过来，丰富的知识经验又能促进观察能力的发展，提高观察力水平。比如孩子观察了金鱼，遇到机会他会去主动观察其他鱼类的身体特点和生活习性。相应地，他了解了越来越多的水中生物的知识，就想去了解更多的有关知识。可以说，知识经验越丰富，孩子的观察愿望越强烈，观察也越细致、有效，从而洞察能力得以迅速提高。

细节决定成败，为孩子有一双善于观察的眼睛，有分析事物的洞察力，就从这一刻开始带领孩子观察周围的人和事吧！

眼光很重要，提高选择和判断能力

会判断、会选择，对任何人来说都是重要的。准确地判断，有利于我们掌握事物的发展趋势，并做出正确决策。当我们对自己的生活、工作、学习等各方面的事情都有了准确的判断后，我们就如同多了二郎神一样的慧眼，会透过一切迷雾，清晰地看到事物的本质。并因此而做到明察秋毫、运筹帷幄！会判断、会选择不是天生的，而是要经过后天精心的培养，想让你的孩子具备这一领袖特质，就要从现在开始提高他的眼光。

判断力不仅仅是要数字、靠科技，更要靠敏捷的思维、准确的分析，才能提高自己的眼光，作出正确的判断。那么如何提高孩子的选择和判断能力呢？如何让孩子拥有一双慧眼呢？下面的六个法则，家长一定要学习。

第一，教会孩子做准备工作。不打无准备之仗，不做无把握之事，家长一定要教育孩子，做任何事情之前，一定要经过充分的准备工作。好的准备是一切事情成功的坚强后盾。家长要教会孩子勤于思考和善于调查研究，这对任何人去做判断都是至关重要的。心急吃不了热豆腐，判断需要一个过程，“事情总会水落石出”，这是孩子需要学会并且应该坚信的一点。

第二，做选择判断之前，先搞清楚到底发生了什么。孩子总有长大的一天，需要面对的事情纷繁芜杂，必须要弄清楚眼前的事情，理清乱麻，才能找到出路。要搞清楚眼前的事情，就要从自己的实际情况出发，认真分析，抓住本质，对事情深思熟虑，然后才能做出判断。凭冲动去做事情，急于求成的做法是不可取的，也是行不通的。这一点也是孩子一定要掌握的判断技巧。

佳佳早上出门，看见走廊的墙上被弄得脏兮兮的。头一天晚上，楼上的张阿姨因为打麻声音太大，佳佳的妈妈上楼劝了几次都不行，于是找了民警解决。佳佳跟妈妈说："肯定是张阿姨报复，所以才在我家的走廊上乱画。"妈妈却没有附和佳佳的话，而是仔细看了看墙壁的情况，然后对佳佳说："佳佳，做判断之前，一定要先搞清楚发生了什么，不能随便就脱口而出。你看这墙壁，不仅仅是我们一家被弄脏了，由这一点，就可以判断出不是张阿姨做的。其次，你仔细想想，昨天5楼是不是搬家啊？搬运大件物品的时候，就很容易把墙壁弄脏。佳佳妈正说着，楼上的新邻居已经下来道歉了，并承诺一定把墙壁弄干净。佳佳妈通过生活中的一个小小的例子，就给佳佳讲解了做判断的一个窍门，就是做判断最忌讳胡乱猜测，而是要科学推理，抓住事物的重点，才能做出正确的判断。

第三，尽力把复杂的事情简单化。世界万物都有他的复杂性和简单性。有些事情很复杂，一时不好把握，这就需要教会孩子把复杂的事情简单化，透过五花八门的外在，寻找出真正有用的内在，抓住事物的内在，就容易做出选择跟判断了。

第四，洞悉对方的真正目的。很多时候，想要做出最佳的判断，不仅要考虑自身，也要考虑对方，要教导孩子全面思考，洞悉对方的真正目的，才能采取行之有效的应对办法。假象并不可怕，可怕的是看不透假象。只有经过认真的分析研究，才能做出正确的判断，才能采取正确的措施，进而把握主动权。要知道，无论是孩子还是成人，无论是在学习还是在生活中，无论是在与谁竞争，牢牢抓住主动权，才能做出最佳选择。

第五，从事物的根本开始考虑，凡事都有前因后果。事物的发生、发展都有一个合乎逻辑的发展过程。在生活中，我们要教导孩子，不但要学会善于了解，更重要的是要学会全方位地了解事物，对事物的形成过程仔细观察、认真研究，就有利于对事物的发展趋势做出准确的判断。知己知彼，百战不殆。看事物要看根本、看全面，不要犯盲人摸象的错误。这样容易因小失大，因局部而影响整体。

第六，考证事物的真实性。许多事情往往有其复杂性、隐蔽性和多变性，没有经验的人，很难一眼看清它的真实面目。此时，一定要教育孩子不要被事物的表面现象所迷惑，要处之坦然，平静面对。要分析其中哪些成份可靠，哪些成份虚假，即对事物加以认真细致的考察，进而抓住要点，剥丝抽茧，层层深入地掌握事物的本质。只有洞悉其本质的时候，才能做出准确的判断。

人生就像一个充满分岔的路口，必须要不停地选择，不停地作出判断，才能到达最终想要的目的地。为了您的孩子可以避过障碍，走出迷途，早日到达成功的彼岸，请从这一刻开始教他作出正确的选择和判断。

学习能力是增强孩子竞争力的根本

学习能力是由多个方面组成的，它包括注意力、观察力、思考力、应用力、自觉力、记忆力、想象力、创造力等。拥有好的学习能力可以使人的学习潜力得到最大限度的发挥，学习能力是增强孩子竞争力的根本。提高孩子的学习能力，使孩子从小养成自觉学习的习惯，有利于解放教师和家长，使孩子的学习不断进步，让孩子有较多的时间自由支配，还能使孩子童年的学习生活增添更多的欢乐色彩。

学习是一个人获得知识、吸取经验、转化为行为的重要途径，它可以促使个人得到全方位的发展和提高。然而要学习，更要会学习，古今中外无数成功的例子已经证明：学习重要，会学习更重要，掌握正确的学习方法，可以越学越聪明，还可以给学习者带来高效率和乐趣，并且带来无法估计的好处。

鲁迅从小学习态度就非常认真。少年时，在江南水师学堂读书，由于天气冷不适应，每当晚上寒冷时，夜读难耐，他便摘下一颗辣椒，放在嘴里嚼着，直辣得额头冒汗。他就用这种办法驱寒来坚持读书。第一学期考试，他便成绩优异，学校奖给他一枚金质奖章。别人问他学习的窍门，鲁迅回答："我的学习方法就是踏踏实实，从不临时抱佛脚。要知道，知识靠的是一朝一夕的积累。"鲁迅每次遇到问题，都不是立刻去向老师询问答案，而是自己去图书馆查阅资料，当实在找不出答案的时候，鲁迅才会去向老师请教。鲁迅认为，只有自己找到的答案，才能印象深刻，记得牢固。就这样，鲁迅本着做学问的认真态度，后来终于成为我国著名的文学家。

拥有学习能力的孩子就会在成长竞赛中脱颖而出，那么如何提高孩子的学习能力呢？家长们一定要记住下面几个重点：

第一，想要提高孩子的学习能力，首先要培养孩子的学习自觉性。在家里存放一些孩子们感兴趣的好书，让孩子做完作业时有意无意地去读书，让他们在书中寻找自己的快乐，主动去记住一些自己喜欢的句子，用文字去陶冶情操。在阅读的过程中提高自己的阅读能力跟学习能力。部分孩子学习成绩不错，但从学习品质上看，缺乏主动性、独立性、坚持性、挑战性。这样的孩子需要激发其学习潜力，及早发现他在学习上的兴趣点，从点入手，扩大到面。让孩子越学兴趣越浓，兴趣越浓就越有劲头，也就越有学习自觉性，越有学习能力。

第二，家长要相信孩子的能力，给予孩子肯定的目光，让孩子充满自信地去主动学习。在培养孩子学习能力的过程中，家长应该随时给孩子提出适当的学习要求，要相信孩子的能力，无论他们用什么样的途径去完成任务，不要总用怀疑的眼光看孩子。当孩子为了完成任务对家长提出一些要求，家长应当尊重他们的意见。如果是合理要求，我们就应当尽力去满足孩子的欲望，特别是精神上的要求。因为只有这样，孩子才能获得充分的肯定，使他知道在今后如何去努力完成任务。但是相信孩子、鼓励孩子要讲究方法，无论是教师和家长都不能用金钱来鼓励或激励孩子，不要让他们成为金钱的奴隶，在他们稚嫩的心灵深处刻下金钱至上的思想烙印。让孩子明白：学习绝不能用金钱交换，它既是自己的权利，也是自己的责任，只有自己有能力学习，将来才有能力竞争。

第三，提供给孩子一个适合学习的环境。给孩子一个安静的学习空间，让他们独立思考，不要给孩子造成书房书声朗朗、客厅却麻将机响的这一不和谐因素。家长更不能把孩子关在家中学习，自己外出，因为这些都会影响孩子的思考和精力，使孩子不能安心和静心学习。在孩子学习时，尽量少问或不问饿不饿、吃不吃水果、有没有困难、要不要帮助之类的问题。如果孩子高效率地认真完成了任务，让他们放松一下。教会孩子踏踏实实地学、痛痛快快地玩，这也是一种生活教育，久而久之，孩子学习就会变得有效率。

第四，特殊孩子特殊对待。有些孩子人很机灵，但学习上不是懒懒散散，就是粗枝大叶、毛里毛糙、随随便便，成绩自然上不去。虽然家长苦口婆心地教育："听课不要随随便便，作业不要毛毛糙糙，考试必须认认真真……"然而这些话说千遍，他们还是老样子。对于这一现象，做老师和家长的不要急于求成，要在他们有困难、做作业、考试或生活中出现差错时，老师和家长再来说这话。从此之后，他们就会牢记你的话，改过自新，奋勇前进。因为这部分小孩有时和大人一样，只有遭受了挫折，才会明白一些道理，才会知道学习的重要性和会学习的重要性。

孩子们处于人生的黄金时代，是吸收知识的时代，年轻人获取知识的唯一途径就是学习，然而学习是必须要掌握学习方法和拥有学习的能力的。只有这样，才能在有限的时间内，提高学习效率，才能真正地掌握知识，掌握所学的道理，在今后的竞争中，才能拥有自己的一片天地。

插上想象的翅膀，孩子将飞得更高

21世纪需要创造力，而想象力是创造力最本质的内涵，没有想象力就意味着创造力的贫乏。想象力是探索活动和创新活动的基础，一切创新的活动都是从创新性的想象开始的。人类的物质文明和精神文明，无不是创造思维和创造想象相结合的产物。想象力需要从小开始培养，儿童时期是想象力表现最活跃的时期，将孩子培养成“创造、开拓型”的人才，这是时代赋予教育的历史使命。所以要尽早的为孩子插上想象的翅膀，激活孩子的想象力，让孩子飞得更高。

拥有想象力，才能想得更多，走得更远。古今中外的事实证明，凡是创造想象能力发达的孩子，大都有强烈的责任感和好奇心；有学习研究的热情，也表现出顽强的意志力；他们大都勤奋乐观，还有较强的独立性和智力。所以，伟大的爱因斯坦说得好：“想象力比知识更重要！”

福特从小就喜欢摆弄机械，望着那些零件，他就非常感兴趣。年仅7岁，他就是轰动全镇的天才少年技师了。他对“滴滴答答”走个不停的钟表特好奇，总爱拆开来探个究竟。家中几乎所有的钟表都被他拆得七零八落。因此，家里人只要看见小福特回来，便立刻慌慌张张地把那些手表藏起来。小福特在自己房间的床头柜里藏了7种“秘密武器”：钻孔机、锉刀、铁锤、铆钉、锯子、螺栓和螺丝帽。锉刀是用拣来的铁片切割而成的，钻孔机则是用从母亲那儿偷来的棒针改造的。7岁的小孩将这些工具收集得如此完备，简直令人惊叹。福特的兴趣并不只限于钟表，新的农具一到家里也会被他拆得支离破碎。后来，他的兴趣又扩展到机器制造。

有一次，小福特跟随父亲到8英里以外的底特律去。在底特律火车站，他第一次看到了火车头。他立刻被这个大怪物迷住了，恳求列车长允许他进入火车头看看。那位好心的列车长爽快地满足了他的要求，并为他开动了车头。他坐在驾驶台上，把汽笛拉得“呜呜”作响。

回到家里，他兴奋得整夜没睡好觉，敢想敢做的他决定做一个自己的火车头。第二天一早，他瞒过母亲，从厨房里偷来两只水壶，在其中一只里面放满烧红的煤炭，另一只壶里装上烧开的开水。然后从贮藏室里取出雪橇，把两个水壶放在雪橇上。充分发挥想象力的他做出了自己的火车头。“火车头来了！”他一边向小伙伴们叫着，一边在地上滑动着雪橇。自制的“小火车头”成功了，他沉浸在无比的欢乐之中。长大之后，福特又运用自己的想象力，发明了世界上第一台以汽油为动力的汽车。

不管是大人还是孩子，不管在学习还是工作中，都需要用到想象力。作为学生，在学习各门课程中都要借助想象力。没有想象力，学生将难以理解教材中的图形、概念，写作文也不会有形象生动的描写。想象力还直接关系到孩子创造力的发展，现实生活中的许多发明创造都是从想象开始的。要提高孩子的想象力，可以从以下几个方面努力。

第一，用实物而不是干巴巴的说教指导孩子。先要让孩子有想象力，就要丰富孩子的头脑中表象的储存。表象是外界事物在人的头脑中留下的影像，是具体、形象的。因为表象是想象的基础材料，所以头脑中的表象积累得多，才能有进行想象的丰富资源。家长要经常带孩子去博物馆参观、到郊区游览、参加各种公益活动或走亲访友等，这些都可以让孩子记住许许多多的表象。为了记得多、记得准、记得牢，可以让孩子用语言描述或者通过写日记把头脑中的表象再现出来。接触的实物多了，孩子的想象空间也就大了。

第二，让孩子学会用文字“天马行空”。指导孩子扩大语言文字的积累。想象以形象为主，但离不开语言材料，特别是需要用口头语言或书面语言将想象的内容表述出来时，语言材料起着重要作用。因此，要让孩子扩大语言文字的积累。比如，让孩子备一个摘抄本，把阅读中遇到的名句、名段摘抄下来，平时可拿来翻阅，让孩子把自己想说的、想做的记录下来。

第三，培养孩子不能照本宣科，家长要支持孩子参加课外兴趣小组活动。每一种兴趣小组活动都有大量的形象化的事物进入孩子的脑海中，且需要进行创造性想象才能完成活动任务，这对提高孩子的想象力十分有益。当孩子的活动成果得到展示或者获得表彰奖励时，他们的积极性会更高，想象力会突飞猛进地发展，死读书已经不能适应社会的发展。

第四，锻炼孩子的想象力，从故事开始。鼓励孩子编故事、讲故事。孩子喜欢编故事、讲故事，有时讲给小朋友听，有时讲给爸爸妈妈听，有时还会自言自语。这是锻炼表达能力的好方法，也是发展想象力的好机会。家长要积极鼓励孩子，不要冷言冷语，更不能随便阻止。家长可以引导孩子按照某个主题去编、去讲，适时地给予赞扬，指出不足，并且做孩子忠实的听众，让孩子带着自信去想象。

俄国教育家乌申斯基说：“强烈的活跃的想象是伟大智慧不可缺少的属性。”为了您的孩子能在成功的路上飞得更高、更远，请为他插上想象的翅膀。

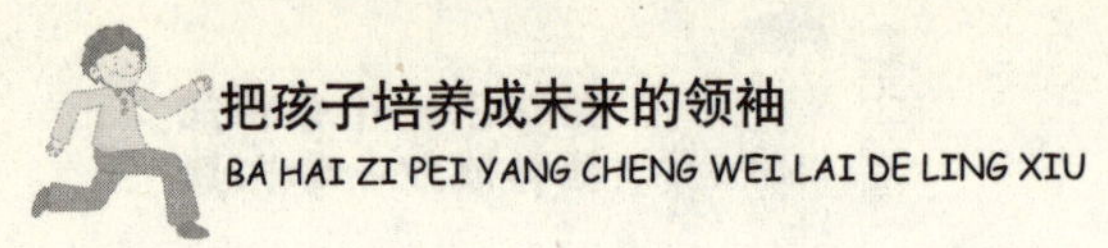

卓越的领袖需要过人的记忆力

学习是过程，记住了才是结果。记忆是知识的宝库，有了记忆，智力才能不断发展，知识才能不断积累。作为家长，你是否羡慕一目十行、过目不忘的神童，你是否希望孩子拥有过人的记忆力？其实，记忆力不是天生的，完全可以靠后天家长的教育来提高孩子的记忆力。

卓越的领袖需要好的记忆力，古今中外的名人们无不拥有惊人的记忆力：罗马凯撒大帝能记住每一个士兵的面孔和名字；亚里士多德几乎能把所有看过的书一字不差地背诵出来；拿破仑能准确记住设置在法国海岸的大炮种类和位置，如果部下报告错误，他能及时纠错。他在制定法律的会议上能随口引证；列宁的记忆力非常出色，他能准确记住国民经济统计的繁杂资料，并能对阅读过的资料了如指掌。他常常指导他的助手，到哪本书的哪一页去查证他所要的资料，助手一翻，果然如此；托斯卡尼尼指挥整个交响乐章可以不用乐谱。

无数的名人向人们证实了成功需要记忆力。许多父母都想培养自己孩子良好的记忆力，这里就介绍几个方法。

第一，培养孩子有意记忆。孩子的记忆需要在日常生活中培养。例如，家长带孩子上街，或者去公园，事先都可以对孩子提要求，要求他们把看到的或听到的回家后通过回忆说出来。只要家长在要求孩子记忆某一事物之前，明确地提出识记目的、任务，又善于帮助孩子回忆，孩子的积极性会很高，他们会兴致勃勃地把所见所闻告诉你。这样培养记忆，效果十分明显。

第二，死记硬背最容易遗忘，所以家长要培养孩子在理解的基础上记忆。由于孩子的经验少、理解力差，所以孩子的记忆方式是机械识记多于意义识记。但意义识记比机械识记的效果好，因此，我们应当更注意孩子意义识记的培养。例如，在教孩子背儿歌时，首先应该让孩子了解儿歌的内容，可以把儿歌串起来编成一个故事讲给孩子听；再通过提问和讲解让孩子理解儿歌中的关键词语，把要求孩子记忆的内容同他们自己的知识经验尽量联系起来。这样，孩子就能很快记住这首儿歌了，而不是干巴巴的一次又一次去背诵。

第三，用兴趣吸引孩子去记忆。给孩子记忆的材料要具体形象，容易引起孩子的兴趣。孩子的记忆，主要以无意识记为主，对于他们感兴趣或激起情感的事物，能自然而然地记住，记忆也比较牢固。另外，由于孩子的语言发展还处于初级阶段，还不善于运用语词记忆。因此，在帮助孩子记忆的活动中，家长除了要使记忆材料具有直观性、鲜明性之外，还需要配以适当的语词说明。在关键的地方，更要在语调上加以强调，以使活动直观形象与语词在孩子的记忆中相互作用，充分引起他们的无意识忆，提高孩子的记忆力。

第四，适当地运用重复的方法，让孩子记得更牢。重复是记忆的基本方法，对孩子尤其适用。我们知道，重复可以使大脑中淡漠的印象变得深刻，模糊的印象变得清晰。家长不厌其烦地反复做某些事，不断让孩子看、听、摸、闻，可以巩固孩子的记忆。况且，孩子往往也喜欢重复，他们能反复要求家长多次重复同一个故事，直到能记熟为止。在采用重复的方法培养孩子的记忆时，也应该讲究方法。要根据遗忘的规律科学地训练孩子的记忆力。通常人的记忆是先快后慢，即短时间内一下子遗忘很多，往后则越来越少。

因此，平时要采取先密后疏的原则。根据这个原则，就是在孩子刚学了新的知识之后，要抓住记忆还比较清晰的时候，及时加以巩固，不能等遗忘了再巩固。而且重复的间隔时间也要由近逐渐拉长。例如，培养孩子的复述能力，最好第二次与第一次的时间间隔为1－2天，第三次间隔2－3天。经过多次重复，间隔的时间可以更长些，每次重复的时间可以少一些。这样的重复训练对孩子的记忆效果好，又不浪费时间，又不会让孩子觉得太无聊而产生压力。

当然，在教育孩子的过程中，父母一定要注意自己的态度。孩子小，自信心脆弱，所以要注意保持孩子的自信心，有的父母常骂孩子“你什么都记不住，一点记性也没有，对你说了也白说”等话，这很伤孩子的自尊心。父母要了解孩子记忆的不足之处，记不牢或记不正确的原因，耐心帮助孩子，要多给予鼓励。父母要针对孩子的不同年龄段，帮助记忆力不好的孩子进行记忆方法的指导。

记忆力的好坏不完全是天生的，是可以训练和提高的。作为家长一定要根据孩子的年龄跟特点，找出适合孩子的训练方法，让您的孩子拥有“过目不忘”的好记性。

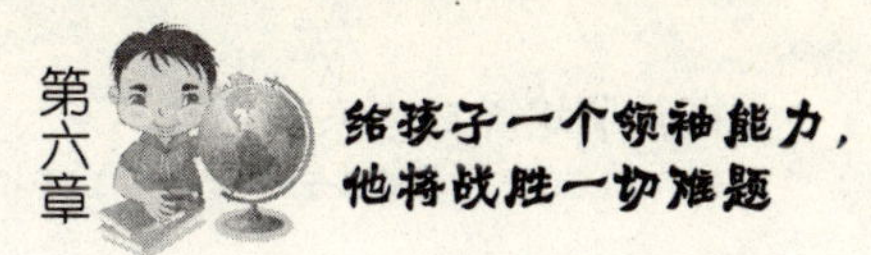

逻辑分析能力会帮孩子运筹帷幄

逻辑思维能力是智力的核心，要培养儿童的智力，就要注意逻辑思维能力的培养。逻辑思维可以帮助孩子透过事物的表象，看到本质；可以教会孩子去理性地分析事物，得出答案；可以帮助孩子客观地选择，为孩子将来的成功奠定基础。

每一个父母都想让自己的孩子有高超的能力，但是往往束手无策。而比尔·盖茨的父母却有自己的独到方法，一个简单的游戏，或是一些小技巧，就毫不费力地让小盖茨得到充分的思考和开发。下面我们就来看看到底世界首富是如何拥有强于他人的逻辑分析能力的。

比尔·盖茨小的时候，逻辑思维能力就比别的孩子强。有一次上课，讲到“赛跑”这个词时，老师问：“什么叫做赛跑？”有人回答：“赛跑就是拼命地跑。”显然，这样回答只反映了这个概念的一些表面属性。还有同学回答说：“一个人跑不行，要有两个人以上在一起跑，才叫赛跑。盖茨的答案是：“赛跑就是几个人在一起，从一条起跑线上同时一齐跑，看谁跑得最快。”逻辑思维能力的强弱差异，一看便知。

还有一次，要做一道思考题：小熊要运一桶水上山，有三种方法，老师分别用三张图片展示出来了，让同学们思考哪种方法最省力。盖茨不假思索就指出了正确答案，老师很惊讶，因为要分析三种方法的优劣是需要一点时间的，老师自己也没有小盖茨快。盖茨说：“另外两幅图片中小熊脸上都有汗，只有这幅没有。”那时候，他还只是几岁的小孩子。为什么盖茨有极强的逻辑思维能力呢？这跟他的家庭教育是分不开的。

小时候的比尔·盖茨喜欢思考，更酷爱读书。有一天，母亲玛丽回到家里，怎么也找不到小盖茨。原来，小盖茨正聚精会神地坐在地板上读书，他读的书可不是一般儿童喜欢的连环画，也不是童话故事，而是《拿破仑传记》。这让玛丽大吃一惊。

“威廉，我觉得小盖茨有超人之处，我们应该给他做一些智力和思维素质的培养。”玛丽在吃晚饭的时候对丈夫说。

“那好吧！”威廉看着小盖茨，“从今天起，我们就用比赛来决定谁洗碗，好吗，盖茨？”小盖茨高兴得跳了起来。从此，盖茨的家里不断地做各种游戏，从棋类到拼图比赛，几乎所有的益智游戏都玩，每天吃完晚饭，比赛就开始了。

“我又赢了！”小盖茨总是高兴地跳到沙发上，指着爸爸说。玛丽和威廉总是相视一笑。其实，他们有时候是故意输给他，为的是培养小盖茨的思维能力。

阅读和游戏，锻炼了比尔·盖茨非凡的逻辑思维能力。正是这个优势，成为了他成功的助力，使他在编程、法律、数学、经济等各方面的能力都很好，最终成为一个综合能力很强的商人，因此才会取得如今的成就。

孩子的智力虽然有先天因素，但是还是需要后天培养。逻辑思维能力，就是后天培养的重点之一。逻辑思维在生活中的用途很广，可以帮助我们在面对分析、推理性问题时取得成功。而在计算机软件业内，编程所需要的就是逻辑思维；在法律学科中，逻辑思维更是不可或缺，案件的推理就是逻辑的最好表现；说到数学，我们都知道是数字的逻辑关系构成了数学王国的基石；经济作为一种人与人、人与物的关系，其根本上就是一种线形的联系，在这里逻辑关系不能忽视。

逻辑到底是什么？就是描述世界的一种方式，是各个学科领域共有的，如果你拥有了这样的逻辑思维能力，你也就有了认识世界的钥匙。比尔·盖茨优秀的逻辑思维能力使得他在各个学科游刃有余，在商场上也是得心应手，一切的成功也不在话下。如何培养孩子的思维能力呢？可以从下面几个方面入手：

一是培养孩子独立思考。年幼的孩子对家长有依赖性，遇到疑难问题，他们总希望家长给他答案。有些家长直接把答案告诉孩子，这对发展孩子智力没有好处。正确的做法是告诉孩子自己寻找答案的方法，启发孩子运用自己学过的知识和经验去寻找答案。当孩子自己得出答案时，自豪感会让他觉得越学越有劲。

二是寓教于乐，在玩的过程中开发孩子的逻辑能力。家长要跟孩子一起收集动脑筋的故事和资料。动脑筋的故事和资料很多，有的是真人真事，有的是寓言故事，有的是科普性读物。家长和孩子共同收集、整理，空闲时间要翻阅这些资料，讨论感兴趣的问题。

三是跟孩子讨论答案，而不是告诉孩子答案。引导孩子一起讨论，设计解决问题的思路，参与解决问题的过程。家长应引导孩子并与孩子一起共同讨论、设计解决问题的方案，并付诸实施。这个过程需要分析、归纳、推理，需要设想解决问题的方法与程序，这对于提高孩子的思维能力和解决问题的能力大有帮助，并且会让孩子学会举一反三。

成功的人与失败的人最大的不同是什么？就是思维的不同，以及思维能力的不同。成功的人在面对问题会有不同的看法，会采用不同的方式，想要孩子迈入成功人士的行列，增加他的能力的最好方式就是学习思维方式。通过逻辑能力的加强，可以使孩子的学习和生活更加顺利。

寻找特长，打造孩子的核心竞争力

三百六十行，行行出状元，每行状元都有别人偷不去的绝活。特长就是他们的核心竞争力。中国有句古话："纵有良田万顷，不如一技在身。"现代社会也有这么一句话："千招会不如一招绝。"任何人贡献给社会的都是他的专长。往往一切成就和幸福都建立在他最擅长的一点上，即建立在"一招绝"上。只有让你的孩子拥有了"一技之长"，拥有了一个"绝招"，在他长大成人后才会有竞争的资本，就业谋生的能力。

歌星成名靠的是美妙的嗓音，作家成功靠的是可以生花的妙笔。很多人就是靠一技之长获得了一张生存"执照"，在社会上占据了一席之地。

法国著名作家莫泊桑，很小便表现出了出众的聪明才智，然而他"样样通，样样松"，什么都喜欢碰一碰，却没有什么专长。一天，莫泊桑跟舅父去拜访他的好友——著名作家福楼拜。舅父想推荐福楼拜做莫泊桑的文学导师。可是，莫泊桑却骄傲地问福楼拜究竟会些什么？福楼拜反问莫泊桑会些什么？莫泊桑得意地说："我什么都会，只要你知道的，我就会。"

福楼拜听了，不慌不忙地说："那好，你就先跟我说说你每天的学习情况吧，你的时间都是怎么支配的呢？"莫泊桑自信地说："我上午用两个小时来读书写作，用另两个小时来弹钢琴；下午则用一个小时向邻居学习修理汽车，用三个小时来练习踢足球；晚上，我会去烧烤店学习怎样制作烧鹅；

星期天则去乡下种菜。”说完后，莫泊桑得意地反问道：“福楼拜先生，您每天的工作情况又是怎样的呢？”

福楼拜笑了笑说：“我每天过得很单调，上午用四个小时来读书写作，下午用四个小时来读书写作，晚上我还会用四个小时来读书写作，我一天的时间就是在写作中度过。”莫泊桑不解地问：“难道您就不会别的了吗？”福楼拜没有回答，而是接着问：“你究竟有什么特长，比如有哪样事情你做得特别好的？”这下，莫泊桑答不上来了，他虽然什么都学，却没有什么特别擅长的。于是他便问福楼拜：“那么，您的特长又是什么呢？”福楼拜说：“写作。”原来特长便是专心地做一件事情，并且把这件事情做好。莫泊桑下决心拜福楼拜为文学导师，一心一意地读书写作，最终取得了丰硕的成果，成为文坛的佼佼者。

希望孩子在竞争中获胜，是每个家长的心愿。许多家长都非常重视孩子的特长培养。培养孩子的特长应该注意什么呢？

首先，家长的特长不是孩子的特长，要根据孩子自身的条件，帮助孩子实事求是地、正确地选择兴趣爱好和特长。孩子与孩子之间是有个体差异的，不同的孩子能力不同，发展潜力、发展方向也不一样，适合别人孩子的并不一定适合自己的孩子。所以，家长在决定培养孩子的兴趣特长时，需要很好地观察，了解孩子的个性特点和兴趣倾向，了解孩子在平时哪一方面有“兴奋点”和“天分”，然后根据孩子的自身条件，实事求是地帮助孩子选择、确定兴趣爱好，并加以引导、培养，才能使孩子的兴趣、特长成为成功的动力，达到理想的目标，让孩子把他喜欢的东西作为谋生的资本，才能轻松地做出成绩。

其次，让孩子学会主动学习，要避免对孩子进行强迫教育；若想让孩子形成某种特长，就必须重视对孩子学习兴趣和态度的培养。不论让孩子学什么，都要先启发，培养兴趣，不能硬逼着孩子去练字、画画、弹琴等。如果父母不顾孩子的心理特点，采取强迫、命令，甚至威胁的手段硬逼孩子学习，那么其结果是扼制孩子的学习兴趣和成效，损害他们的身心健康，让孩子对自己本来喜欢的东西产生厌恶感，反而浪费了培养孩子特长的机会。

最后，特长的培养要经过长时间的尝试与努力。家长观念要正确，不能急于求成。例如，当孩子开始学某一种乐器时，一些家长往往揠苗助长，望子成龙心切，人为地给孩子加强“学习力度”，以“考级”“获奖”或“获得众人较高的评价”来检验孩子学习乐器的水平，人为地给孩子加重了负担，从而使孩子感到苦不堪言而兴趣顿减甚至丧失了兴趣。常言道：“兴趣是最好的导师。”当孩子没有了兴趣，将学习乐器当做苦差，唯恐避之不及时，则乐器是很难学好的，且失去了让孩子学习乐器的初衷。所以，培养特长要慢慢来，欲速则不达。

掌握一门特长可以让孩子在竞争中有自己独特的优势，孩子兴趣特长的培养应是“我要学”，而非“要我学，逼我学”，把孩子的爱好转化为特长的手段是鼓励，是聆听孩子的心声以及春风化雨的诱导，而非强迫压制，家长们一定要牢记这一点。

第七章 7

给孩子一个领袖口才，他将更容易成就自己

西方有句名言说得好：“世间有一种能力可以使人很快完成伟业，并获得世人的认可，那就是讲话令人喜悦的能力。”无数人的成功经历告诉我们，口才的作用和价值非同小可，是我们提高素质、拥有幸福的重要能力，更是职场、商场竞争中的法宝。如果孩子能够掌握这种能说会道的领袖口才，当然就更容易成就自己。

要想拥有领袖口才，先要学会倾听

善于倾听是真诚沟通的桥梁。苏格拉底说：“上天赐人以两耳两目，但只有一张口，欲使其多闻多见而少言。”

良好的倾听习惯是发展孩子倾听能力的基本条件，也是拥有领袖口才的前提。不倾听别人的话，自己又怎么才能准确地表达呢？又怎么能有“领袖口才”呢？由于年龄特征的限制，孩子的一大特征就是表现欲很强，总认为自己想的都是对的，别人说的都是错的，喜欢别人听自己说，而不喜欢听别人说的问题。因此，引导孩子保持良好的心态去听别人讲话，这很重要。

生活中，常常会碰到这样的事情：一个学生在发言，其余学生的说话声超过了发言的同学；当一个学生发言还没完，就有学生举起手，喊着：“我来，我来。”当老师指定一位学生回答时，其余举手的学生因为没有轮到自己发言而丧失了刚才的那份热情，就唉声叹气，无精打采，就开始无心听讲；当老师辛勤认真地上课时，有的学生却在做小动作，讲“悄悄话”……这都是不好的倾听习惯。

要想让孩子拥有好口才，就要先发展孩子的倾听能力，培养孩子良好的倾听礼貌和习惯，这是提高孩子听懂语言的重要保证，更是拥有好口才的前提。应让孩子懂得在听故事、听别人讲话时，要尊重他人，可以自然地坐着或站着，眼睛看着说话的人，并且不随便插嘴，安静地听他人把话说完。这是一种倾听礼貌。

曾经有个小国到中国来，进贡了三个一模一样的金人，金碧辉煌，把皇帝高兴坏了。可是这小国不厚道，同时出一道题目：这三个金人哪个最有价值？

皇帝想了许多的办法，请来珠宝匠检查，称重量，看做工，都是一模一样的。怎么办？使者还等着回去汇报呢。泱泱大国，不会连这件小事都弄不懂吧？

最后，有一位退位的老大臣说他有办法。

皇帝将使者请到大殿，老臣胸有成竹地拿着三根稻草，插入第一个金人的耳朵里，这稻草从另一边耳朵出来了。第二个金人的稻草从嘴巴里直接掉出来，而第三个金人，稻草进去后掉进了肚子，什么响动也没有。老臣说：第三个金人最有价值！使者默默无语，答案正确。

虽然三个金人都有各自的价值，但是第三个金人却因为善于倾听别人的意见而价值最大。

这个故事告诉我们：一个人学会倾听是十分重要的。不重视、不善于倾听就是不重视、不善于交流，不善于交流就不会有好口才。

倾听他人的心声是孩子必须具备的美德。倾听既是一个听的过程，也是一个学的过程。在倾听的过程中，孩子可以从他人的言语中学习到一些自己不知道的知识和他人为人处事的态度与原则，这样才能更有助于培养我们的口才。

培养倾听能力从父母开始。在现实生活中，许多父母都没有认真倾听孩子心声的习惯，这也是孩子无法养成倾听他人习惯的原因。有些父母性格很急躁，容不得孩子延迟，听不得孩子吞吞吐吐地讲话。孩子年龄小，语言表达有限，很难把自己的所思所想完整而有条理地说出来。因此父母应耐下性子，多给孩子时间，让孩子心情放松地把话说出来。培养孩子倾听的能力，就是从父母倾听孩子做起。因为这种能力，是无法通过言语或者有步骤的计划来完成的，它是在双向交流和互动中逐渐建立起来的。这是一种习惯，也是一种修养。

在家庭中，父母的一言一行、一举一动都是孩子学习倾听的最好榜样。通常自家人在交谈时比较随意，长此以往势必影响到孩子。因此，即使是在家里父母也要特别注意交谈时的方式和礼仪，专心听对方讲话，不要同时做其他的事。

对于孩子的诉说，父母要表示出深切的关注，一般可以通过以下方式来传达自己的关注：

第一，使用表情变化来传达。比如：保持微笑，并常常做出吃惊的样子。孩子最爱吃惊，用大人的话说是“大惊小怪”，他们希望看到大人对自己所说的事情表示出吃惊的表情，能把大人吓住，说明自己很有本事。

第二，在语言表达上，父母要经常使用“嗯”“噢”“我知道”之类的话语，表示自己正在专心地关注孩子讲话。如果父母只顾听孩子说，而不用自己的声音传递关注，会引起孩子的误会，以为父母在想别的问题，没有在倾听他说话。当然父母的口头语言要简洁、清晰、合情。如孩子在觉得委屈时，父母却只是一味地告诉他“没关系，坚强一点”“这没什么好难过的”，会让孩子觉得父母一点都不能体会他的感受。若父母说：“你很难过，我要是你也会有这种感受的。”相信会有截然不同的效果。

在对孩子说话时，低声细语能让孩子感到与父母处在平等的地位上，有助于他们对父母说“心窝里的话”。

第三，教孩子一些倾听的礼仪。孩子不能认真地倾听他人讲话，往往与他不懂得如何去听有一定的关系。这时，父母有意识地教他一些倾听的礼仪，对他养成倾听的好习惯有很大的帮助。

1.神情专注。聆听时应目视对方以示专注倾听，通过神情专注的目光给谈话者以无形的激励。

2.有所反应。听人说话要专心静听，但并不是完全被动地、静止地听，而是要不时地通过表情、手势、点头，向对方表示你在认真地倾听。若能适时插入一两句话，效果更好。如“你说得对”“请你继续说下去”等。这样便使对方感到你对他的谈话很感兴趣，因而会很高兴地将谈话继续下去。

3.听有收获。聆听是一个接受信息的过程，在聆听的空隙时间里，应认真思索、回味对方的谈话，从中得到有效信息。

4.正确判断。在聆听时要仔细品味对方谈话中的微妙情感，正确判断和领会其真正意图。

要想让你的孩子拥有“领袖口才”，学会倾听是非常必要的。只有学会倾听，才能学到更多的东西，才能更有利于自己的表达，才能在口才领域成为领袖。

未必伶牙俐齿，但要掷地有声

几乎所有的家长都希望自己的孩子伶牙俐齿，说话掷地有声。美国总统在竞选演讲时风度翩翩、激情万丈，他们不仅通过公众演说来表达自己的想法，更是通过演讲的互动、调动来打动民众。口才是我们一辈子要用的财富。如果家长能在孩子很小的时候就注重演讲方面的锻炼，那么孩子将会有很强的演讲能力，增强自信心、锻炼思维、心态、学识与表达等多方面的能力，这一切都是决定一个人生活及事业成败的重要因素。

林肯是美国第16任总统，杰出的演说家、雄辩家。

为了训练口才，他读书喜欢读出声。有人问及他为何习惯这样，他回答说："我用两种感官去领会书中的意思，这是因为当我朗读的时候，我不但看到所读的东西，而且听到它，两种感官同时发挥作用，即使不能加深理解，也能记得更牢。"这是他创造的"诵读训练法"，这种方法充分调动了视觉、听觉的功能。并因为长年坚持，不断训练，他能背诵《拜伦诗集》中的精彩诗句，还能背诵莎士比亚的戏剧《哈姆雷特》《李尔王》中的大段独白，这不但提高了他的记忆能力，而且还丰富了他的人文知识。

他常常徒步30英里，到法庭去听律师们的辩护词，看他们如何辩论，如何批驳谬误，如何做手势；他听到那些云游八方的福音传教士挥舞手臂、声震长空的布道，回来以后也学他们的样子；他到田野把树桩及成片的庄稼当做听众，对它们大声演讲，锻炼自己的演讲能力。还经常练习发音，练习遣词造句，这些为他日后成为一位口齿伶俐、声音优美的演说家打下了坚实的基础。

那么，该如何培养孩子说话“掷地有声”呢？

能够成为像林肯那样伶牙俐齿的演讲家，固然让人羡慕，但不是每个人都能做到的。不过，家长们要明确一点，你的孩子不一定伶牙俐齿，却可以说话掷地有声。

发展孩子语言能力的方法有很多，家长可根据他的实际情况，有选择性、形式多样地对他进行训练。但在培养和训练过程中，提醒大家要特别注意以下几个问题：

首先，要把握培养语言能力的关键期。科学研究表明，2～4岁是孩子学习语言的关键期，一旦错过了关键期，就会成为心理上的某种缺陷，带来无法挽回的后果。著名的“印度狼孩”就是这样，虽然辛格博士花了很多精力去恢复其语言和人性，但仍然收效甚微。所以，家长要抓住孩子学习语言的关键期去培养他的语言能力。

其次，要注意语言与思维的关系。语言现象是一个完整的信息输入、处理和输出的过程。人们在“听”的过程中，语言仅仅是以声音的形式存在，并作为第一信号刺激作用于人的听觉器官，它只是一种输入信号，其本身并无任何意义。人们在“听懂”即理解其中含意时，它才成为真正意义上的语言，作为第二信号，刺激、作用于大脑听觉语言中枢。而“说”是人在思维的基础上，把自己想要表达的意思通过发音器官输出，同时不断调整自己的思维。语言和思维是相互依存的。孩子在游戏过程中自言自语，就是孩子通过外部语言来进行思维的具体表现。家长在培养孩子语言能力的过程中，要注意把语言的音形外壳与其本身的语义结合起来，否则“鹦鹉学舌”似的训练，不但无法促进孩子思维的发展，时间久了还会使他产生厌学情绪。

第三，要有目的、有计划地进行训练。许多家长在对孩子进行语言能力的培养和训练时，往往缺乏计划性、目的性、系统性和持久性。一些家长在孩子呀呀学语时，往往出于逗孩子玩的目的教他说话，而到孩子二三岁时，错误地认为孩子大了自然就会说话而撒手不管，以致错过了孩子语言发展的关键期。因此，家长要注意有目的、有计划地培养和训练孩子的语言能力，不可拔苗助长、急于求成，也不可不闻不问。

第四，要尽可能地创造良好的语言学习环境。家庭成员的语言水平、文化修养、家庭藏书情况、父母对孩子教育的兴趣等等，都对孩子的语言能力发展有很大的影响。家庭成员如果说话粗俗、词汇贫乏，必然会从负面影响孩子。特别是和孩子接触最多的父母，一定要注意提高文化素养，注意语言美，使自己的每一句话都能成为孩子模仿的典型。家长与孩子说话时，要特别注意讲究说话的艺术，为孩子语言能力的发展提供条件。和孩子说话时要比较慢、口齿清楚、语调温和亲切。不可用严厉的语调对孩子说话，也不要恐吓或者在他面前讲别人的坏话。家长对孩子说话，要多用积极鼓励性的语言，少用消极的、禁止性语言；多用提问的方式，少用命令的方式。语言对孩子的行为有强化作用，对好的行为，父母要多讲、多鼓励；对不好的行为，要尽量避免去强化它，最好是少议论，或是从其他角度，从积极方面去讲。

此外，父母还要注意防止孩子口吃。孩子在二三岁时容易发生口吃。父母要注意不要讥笑孩子，或让他与别的很善辩的孩子在一起议论问题，或是与孩子抢着说话，使他想说话，却因没有机会而心急，说话结巴，造成口吃。父母还要禁止孩子因出于好奇而去模仿口吃的成人说话。发现孩子口吃时，切忌厉声责备，否则孩子受到刺激后着急，又会张不开口，说话结结巴巴。家长应该鼓励孩子慢慢讲，把话说清楚，或者是换一句话，改变他的语言习惯，诱使他动脑筋去想好了再说。也可加强对孩子的口语训练，教孩子唱歌、讲故事，采取多种方式锻炼他说话。

总之，儿童期间是孩子学习语言的关键期，父母要把握好这个时机，抓住一个“勤”字，教孩子学习语言，让他多看、多听、多读、多写，采取科学的方法和态度去培养和训练孩子的语言能力，这样你的孩子将来说起话来，虽然未必伶牙俐齿，但一定会掷地有声。

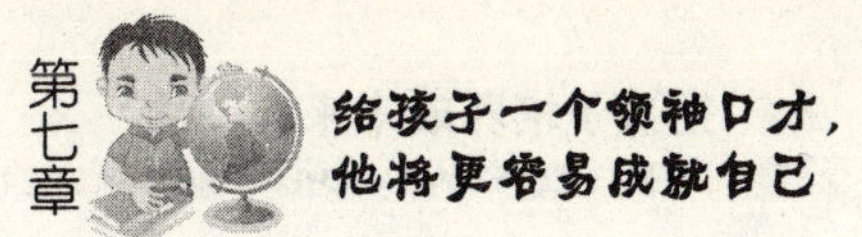

有效交流，成就更完美的合作

一把坚实的大锁挂在铁门上，一根铁杆费了九牛二虎之力，还是无法将它撬开。钥匙来了，它瘦小的身子钻进锁孔，只轻轻一转，那大锁就“啪”地一声打开了。铁杆奇怪地问：“为什么我费了那么大力气也打不开，而你却轻而易举地就把它打开了呢？”钥匙说：“因为我最了解它的心。”

铁杆只会用蛮力，不懂得沟通之法，所以打不开锁头；而钥匙之所以能打开锁头，是因为它了解锁头的“心意”。可见，不能有效地沟通，就无法明白和体会对方的意思，就难以把要做的事情做得顺利圆满。如果孩子不能与别人进行有效的沟通，而是单方面把自己的意见强加给别人，就不可能与别人进行完美的合作。

在美国一个农村，住着一个老头，他有三个儿子。大儿子、二儿子都在城里工作，小儿子和他在一起，父子相依为命。突然有一天，一个人找到老头，对他说：“尊敬的老人家，我想把你的小儿子带到城里去工作，可以吗？”老头气愤地说：“不行，绝对不行，你滚出去吧！”这个人说：“如果我在城里给你的儿子找个对象，可以吗？”老头摇摇头：“不行，你走吧！”这个人又说：“如果我给你儿子找的对象，也就是你未来的儿媳妇是洛克菲勒的女儿呢？”

这时，老头动心了。

过了几天，这个人找到了美国首富石油大王洛克菲勒，对他说："尊敬的洛克菲勒先生，我想给你的女儿找个对象，可以吗？"洛克菲勒说："快滚出去吧！"这个人又说："如果我给你女儿找的对象，也就是你未来的女婿是世界银行的副总裁，可以吗？"

洛克菲勒同意了。

又过了几天，这个人找到了世界银行总裁，对他说："尊敬的总裁先生，你应该马上任命一个副总裁！"总裁先生说："不可能，这里这么多副总裁，我为什么还要任命一个副总裁呢，而且必须马上？"这个人说："如果你任命的这个副总裁是洛克菲勒的女婿，可以吗？"

总裁先生当然同意了。

虽然这个故事不尽真实，存在许多令人疑窦之处，但它在一定程度上体现了有效交流的力量。这个故事告诉我们，交流时，信心非常重要，只有心里认定了这将对双方都有好处，才能获得对方的配合，取得交流的成功。而且认定了这一点后，还要不屈不挠，不怕拒绝，直到取得最后的胜利。

懂得交流，可以让孩子交到更多的朋友，获得更多的信任与尊重；学会交流，能教会孩子理解他人、体恤他人，也会让孩子变得更加懂事；善于交流，可以让孩子为自己创造一个温馨、和谐、友好的成长环境。培养孩子与人交流的能力，就等于帮助孩子搭起了融入社会、融入时代，从而步入人生、通往成功的桥梁。

那么，该如何提高孩子有效交流的能力呢？

首先，要丰富孩子的生活，让孩子领会沟通的必要，理解沟通的技巧。善于沟通的孩子，拥有开朗的性格、健康的心态，能够赢得周围人的喜爱和帮助，这样的孩子，想不优秀都难。

其次，父母要教孩子与别人进行有效沟通的方法。有效的沟通是双方互动的，是心与心的真诚的沟通，也是情感的交流。这种沟通应当建立在平等对话的基础上。父母要让孩子学会换位思考，站在别人的角度想问题，与其交流沟通。

父母应该努力为孩子创造一种家庭沟通的氛围，比如规定每天或每周与孩子交谈的时间，或在晚饭后的“小议”，或在周末的“相约”。注意寻找孩子感兴趣的话题，认真聆听孩子内心深处的声音。要真正走进孩子的心里，哪怕父母对孩子谈话的内容不感兴趣，也要认真听，让孩子感到自己受到了尊重。只有这样，孩子才愿意与父母沟通。孩子与父母建立了良好的沟通关系，同时也是为其上学后与老师和同学进行积极沟通打下了基础。

第三，要建立孩子的自信。胆小害羞的孩子往往因为胆怯而不敢与人沟通，结果仅限于很小的朋友圈子，变得越来越孤僻、退缩。他们往往认为自己是不可爱的、不受欢迎的，别人不愿与之沟通。如果他们形成了这样消极的自我概念，即对自我的一种稳定的认识，那他们在行动上就会有意无意地表现得让人很难接近、很难沟通。父母要鼓励这样的孩子多进行人际交往，增强他们与人交流沟通的自信心。当孩子认为自己是可爱的，被别人接受的时候，他们就会表现得自信，而自信的人往往是可爱的，人们愿意与之交流；而沟通的人越多，就越会增强他们的自信，从而在别人面前就不那么胆怯退缩了。

孩子的自信心不是与生俱来的，而是从一点一滴培育出来的。父母是孩子自信心的重要培育者。如果希望自己的孩子具备良好的沟通能力的话，那么千万不要忽视培养孩子的自信心，因为自信心将有助于提升孩子的沟通能力！

孩子拥有了与别人有效沟通的能力，才能与别人建立更深的友谊，才能成就与别人更完美的合作，但这种能力的培养离不开家长的帮助。因此，家长如果想让你的孩子能与别人有效沟通，就从现在开始努力吧。

赞美别人的技巧对孩子很有必要

无论是谁，都喜欢听别人说赞美的话，因为这是人的一种本性。赞美在生活中不但是最好的润滑剂，还是人际间的解毒散，许多尴尬之事，都可用它一一化解。因此，会说且善于说赞美的话，是一个人做人处事的本领。每个父母都应该让自己的孩子学会这种本领，真诚地赞美他人。

赞美是语言的钻石，也是一个人的个人修养的体现。赞美有着巨大的威力，赞美是我们乐观面对生活所不可缺少的，是我们自强、自信、自我肯定的力量源泉；赞美是人际关系的润滑剂；赞美可以约束人的行动，使人自觉克服缺点，积极向上。

向别人传递一个真诚的赞美，能给对方的心灵带来光明。赞美别人是一种习惯，这种习惯应该从小就开始培养。

有一次，上三年级的刘明和父母到叔叔家做客，婶婶虽然烧了一桌菜，但味道并不是很好。刘明的父母都面面相觑，不知该说什么好，婶婶也满面通红，坐立不安。刘明却说：“婶婶烧的菜味道很特别，我有个同学就爱吃特别的东西，下次请他来您家吃饭好吗？”饭桌上尴尬的气氛立刻得到了缓解。

赞美不是阿谀奉承，教孩子赞美别人不能毫无根据。假如只是说：“你真是一个好人！”那样的赞美就毫无意义。所以一定要赞美事情的本身，这样对别人的赞美才可以避免尴尬、混淆或者偏袒的情况发生。

赞美绝不是虚伪的胡乱夸赞，也不可以用漫不经心的态度，一定要用认真诚恳的表情来赞美他人。告诉孩子，如果别的同学把事情搞砸了，你却“不失时机”地赞美道：你做得真好，我想做还做不到那个样子呢。这个时候，赞美就变成一种讽刺了。不真诚的赞美往往会起反作用，不但不会使别人舒畅，反倒会伤害别人。

实际上，真诚的赞美与虚伪的谄媚有着本质区别：前者看到和想到的是别人的美德，而后者则是想从别人那里得到非分的好处。只有真诚赞美别人的人才能真正得到别人的关爱。赞美有时候没有必要用刻意的修饰，只要是源于生活，发自内心，真情流露，就会收到赞美的效果。

告诉孩子，可以用具体明确的语言、表情称赞对方的行为。如赞扬同学的作文写得非常好，就该说：“你的作文写得真好，我要是也有你那么好的文笔就好了。”这样的话语既平等又真实，充满羡慕，让别人觉得很舒服。即使被赞美者知道自己的作文写得没那么好，也会对称赞者平添一份友好的感情。而赞美长辈则应怀着敬佩、尊重、学习的心情。

父母要教孩子以眼神、动作、姿势来赞美和鼓励别人：一般的人对表情和动作的感受远远超过对语言的感觉。有些场合里，人的表情在多数情况下是下意识的，是比较真实的。比如，可以用微笑、惊叹，或是夸张地瞪大眼睛表示对别人的能力倾慕和敬畏，这种方式是容易被对方接纳的。

另外，如果想让孩子有赞美别人的习惯，父母和家长首先要学会赞美孩子。

赵越的英语习成绩一直很差，他经常为此感到十分自卑。在一次期末考试的时候，他的英语成绩侥幸有所提高，并且受到了老师的表扬，他的父母更是给了他充分的赞扬和鼓励。这次意外的好成绩却使他重新找回了自信，学习不断进步，最终考上了理想的大学。

赞美不但可以让人心情愉悦，还可以给人十足的动力，所以家长要多给孩子以赞美，同时也要教育孩子多给别人赞美。

一个小女孩因为长得又矮又胖而被老师排除在合唱团之外。小女孩躲在公园里面伤心地流泪。她想：为什么我不能去唱歌呢？难道我真的唱得很难听吗？想着想着，小女孩就低声唱起来，她唱了一支又一支歌，直到唱累了为止。“唱得真好听！”这时，一个声音响起来，“谢谢你，小姑娘，你让我度过了一个愉快的下午。”说话的是一个满头白发的老人，他说完后站起来独自走了。

许多年过去了，小女孩变成了大女孩，成了大女孩的她长得美丽窈窕，而且是小城有名的歌星。她忘不了公园靠椅上的那个老人。一个冬天的下午，她特意到公园找老人，但她失望了，那里只有一张小小的孤独的靠椅。后来才知道，老人早已死了。“他是个聋子，都聋了20年了！”一个知情人告诉她。姑娘惊呆了：那个天天屏声静气听她唱歌并热情赞美她的老人竟是个聋子！

是啊，一次不注意的赞美可以改变一个人一生的命运。可见，赞美的力量有多大。

真诚的、实事求是的赞美，要立足于对他人的全面了解，发现了对方身上的优点和良好品质，并由衷地赞美。这样的赞美往往能夸到点子上，效果自然就好。因此可以说，赞美本身要有内涵，盲目的、不切实际的赞美可能适得其反。父母如果想让孩子长大后能很好地与人沟通，会得体地表达自己的心声，就从小培养孩子赞美的能力吧！语言是一种艺术，语言运用得体的人，会有一种特殊的魅力。

教给孩子说服别人的艺术

与人交流、说服别人讲究的是语言的力量、人格的魅力，说服别人的能力也是与人沟通能力的体现。因此，父母要教给孩子说服他人的技巧，就要让孩子注意语言的优美和幽默，避免因言语不慎而伤人，同时又能达到说服别人的目的。

有一次，英国著名诗人拜伦在街上散步，看见一位盲人身前挂着一块牌子，上面写着："自幼失明，沿街乞讨。"可是路人都好像没看见一样匆匆而过，很长时间，盲人手中乞讨用的破盆子里还是没有一毛钱。拜伦走上前去，在盲人的牌子上加了一句话："春天来了，我却看不见她。"一句话激起了人们的同情心，过路人纷纷伸出援助的手。

每个人都有自己的想法，每个人的性格都是不一样的，这样就有意见不一致的时候。在生活中需要说服的对象有很多，对孩子来说，可能是父母、老师、同学、朋友、邻居……有时候，甚至是一些发生冲突的陌生人。这时候，就需要用到说服的能力。在生活中，随时可能遇到要说服别人的情况，说服别人并不是一件容易的事情，要懂得一些心理战术。

在日常生活中，人们常常遇到这样一种情景：你在与别人争论某个问题的时候，分明自己的观点是正确的，但就是不能说服对方，有时还会被对方

“驳”得哑口无言。这是什么原因呢？

心理学家认为，要争取别人赞同自己的观点，光是观点正确还不够，还要掌握微妙的交往技术。心理学家经过研究，提出了许多增强说服力的方法，其中最基本的有六种：

一是利用“居家优势”。邻居家的一棵大树盘根错节，枝叶茂盛，遮住了你家后园菜地的阳光，你想与他商量一下这个问题，是应该到他家去呢，还是请他到你家来？

心理学家拉尔夫·泰勒等人曾经按支配能力（即影响别人的能力），把一群大学生分成上、中、下三等，然后各取一等组成一个小组，让他们讨论大学十个预算削减计划中哪一个最好。一半的小组在支配能力高的学生寝室里，一半在支配能力低的学生寝室里。泰勒发现，讨论的结果总是按照寝室主人的意见行事，即使主人是低支配力的学生。

由此可见，一个人在自己熟悉的环境中比在别人的环境中更有说服力。在日常生活中应充分利用居家优势，如果不能在自己家中或办公室里讨论事情，也应尽量争取在中性环境中进行，这样对方也没有居家优势。

二是修饰仪表。你想让老师在请假条上签字，你是不顾麻烦、精心修饰一下仪表呢，还是相信别人会听其言而不观其貌？

我们通常认为，自己受到别人的言谈比受到别人的外表的影响要大得多，其实并不尽然。我们会不自觉地以衣冠取人。有人通过实验证明，穿着打扮不同的人，寻求路人的帮助，那些仪表堂堂、有吸引力的人要比那些不修边幅的人有更多成功的可能。

三是使自己等同于对方。你试图鼓动同学和你一起去郊游，而他们却情愿到别的地方去，你怎样引起他们的兴趣呢？

许多研究者发现，如果你试图改变某人的个人爱好，你越是使自己等同于他，你就越具有说服力。例如，一个聪明的孩子总是使自己的声调、音量、节奏与对方相称，甚至身体姿势、呼吸等也无意识地与对方一致。这是因为人类具有相信“自己人”的倾向。正如心理学家哈斯所说的：“一个造酒厂的老板可以告诉你为什么一种啤酒比另一种好，但你的朋友，不管是知识渊博的，还是学识疏浅的，却可能对你选择哪一种啤酒具有更大的影响。”

有个男孩想让母亲为自己买一条牛仔裤，但他怕被拒绝，因为他已经有了一条牛仔裤。男孩没有像其他孩子一样苦苦哀求，或者撒泼耍赖，而是一本正经地对母亲说：“妈妈，你见过一个孩子，他只有一条牛仔裤吗？”这颇为天真而又略带计谋的问话，一下子打动了母亲。事后这位母亲谈到自己的感受时说，“儿子的话让我觉得若不答应他的要求，简直有点对不起他，哪怕在自己身上再节省一些，也不能太委屈孩子了。”

四是反映对方的感受。如果你准备号召全校的所有同学，请他们为贫困地区的学生募捐，用哪种方法最好呢？平庸的劝说者是开门见山提出要求，结果发生争执，陷入僵局；而优秀的劝说者则首先建立信任和同情的气氛。如果你的同学为某事烦恼，你就说：“我理解你的心情，要是我，我也会这样。”这样就显示了对别人感情的尊重。以后谈话时，对方也会加以重视。

当然，优秀劝说者也不总是一帆风顺的，他也会遭到别人的反对。这时老练的劝说者往往会重新陈述对方的意见，承认它具有优点，然后才指出自己的意见更好、更全面。研究证明，在下结论前，呈示双方的观点，要比只讲自己的观点更有说服力。

五是提出有力的证据。你准备参加一次辩论会，为班级赢得荣誉，怎样才对说服听众和对方辩友呢？如果向听众提供可靠的资料而不是个人的看法，你就会增加说服力。引用权威更能让听众认同你的观点。

六是运用具体情节和事例。假如你向同学们传授某种学习方法，是单纯地讲授方法，还是介绍几个同学使用了你的学习方法后成绩迅速提高的事例呢？优秀的劝说者都清楚地知道这样一点：个别具体化的事例和经验比概括的论证和一般原则更有说服力。因此，你要想大家相信你的方法，你就应酌情使用后面一种方法。在日常生活中，你要说服别人，你就应旁征博引，使用具体的例子，而不一味地空洞说教。

以上就是教会孩子语言艺术的宝典，为了让您的孩子在日后的社交中有自己的优势，能够成功地说服别人，就从现在开始，跟孩子一起讨论吧！

如何才能建议到位还不伤人

如果说赞扬是抚慰人灵魂的阳光，那么，建议就是照耀人灵魂的巨镜，能让人更加真实地认识自己，使人进步。

培养孩子“建议的艺术”，首先父母要以身作则，对孩子的建议也要掌握艺术。父母对孩子的建议是为了让孩子对自己的过失负责，培养责任感。教育是为了让孩子学会自我管理，培养自控的能力。所以，培养孩子的良好个性和行为习惯，爸爸妈妈务必在必要时妙用建议。

父母说孩子做得不对时，孩子总不大高兴，有时候甚至会哇哇大哭，强化孩子的逆反心理。有研究表明，爱笑的孩子更聪明，当孩子生活在宽松的氛围里，才更容易享受童年的快乐。

孩子对世界还不甚了解，很多的错误行为是出于好奇。所以，即使是必须建议孩子时，也可以通过一些孩子喜欢的故事人物，婉转指出孩子的错误，孩子容易轻松接受，还会感到爸爸妈妈很有趣。比如，爸爸妈妈可以说，“小熊都在自己画画呢，你也自己画好吗？”“小公鸡在抢别人的虫子吃，你说它有没有礼貌啊？”

小明很聪明，上课表现很积极，写作业不拖拉，总是能按时交上。但是小明有一个缺点，就是每次做作业都会涂涂抹抹，作业一点都不整洁。为此老师很头疼。

有一天，小明穿了一双雪白的球鞋来到班级，一看小明的神情，就知道小明非常喜欢这双鞋。这时，老师对小明说：“小明你的鞋真干净。不过你可不要骄傲啊，我相信你的作业本会和你的鞋一样干净。”果然从那天起，小明写作业时就很少涂抹了。

很多时候，我们都会被人建议，但是我们谁都不喜欢被人建议。其实，建议是一门艺术，要做到建议而不伤人更是要有好口才。当我们在进行建议时，一定要运用技巧，恰到好处，做到建议要能让人接受。

有一个面包店经理这样建议人：“有一点，说出来有点不好听，大家在家不妨吃得饱一点，最好不要到店里来补充营养。咱们这个店去年有一个月损耗点心一百多公斤，人人都说闹耗子。”哄笑中，偷吃了点心的人一个个脸红到了耳根子。

一般来说，人们由于各自的不同，对建议的承受力也有着区别，那么这就要根据不同特点的建议对象及问题的严重性，采取不同的建议方式。比如：反应迟钝的人即使受到了建议，也满不在乎，你可以严厉点；对于反应敏感的人，他们一般感情比较脆弱，脸皮薄，对这样的人，一定要把握分寸，不能过于激烈或刺激他；而对于个性较强的人，你建议时最好严肃点、恳切点。

其实，我们都应该明白，建议别人不是真正目的，不是打击别人，而是造就别人，那么建议别人时就要注意几点：不要当众建议别人，避免对方的尴尬；建议前最好说些幽默或亲切的话；建议要对事不对人，切忌人身攻击；建议时不要翻旧账，一个错误只能建议一次。

建议的艺术就在于建议而不伤人，既点中问题的症结，又照顾到别人的感情，这样就能使人们以更高的热情投入到下面的工作中，那么建议就得到了最好的效果了。

有一次，古希腊大哲学家柏拉图正在家中向朋友展示一把典雅高贵的椅子，他满面春风地介绍这个由学生们集资送来的精美的生日礼物。

他正兴致勃勃地炫耀着，突然进来一位诗人朋友，由于外面正下着大雨，他这位朋友被弄得衣着不整，鞋上还溅满烂泥。可气的是，他竟然一声不响地踩到椅子上跳起来，并说："各位，你们不要以为我是疯了，我这样做是救人哪！因为柏拉图正沉溺于骄傲之海，身为朋友的我，不能见死不救，现在我要用脚踹去他的骄傲！"

柏拉图听后一惊，接着又赶快对他说："朋友！谢谢你的救命之恩，我必定要报答这份恩情，请等一下。"说完话，立刻跑进屋内拿出一把刷子，将椅子上的泥巴刷干净，再请诗人坐下，然后又拿起刷子在朋友身上刷起来。

他一边刷一边以同样的腔调大声说："各位，今天我柏拉图不小心落在骄傲之海，幸好我的朋友及时赶来，用脚踩死我的骄傲，使我重生。我也用刷子刷去这位朋友的嫉妒，免得他落入嫉妒之海。"

虚心地接受他人的指正，也小心地说出对他人的指正，而在指正别人时，想一想，你真正的心态是什么？指正别人的错误要抱着真诚平和的态度，小心别让自己落入嫉妒之海。

苛刻的建议是无益的，它只会迫使被建议者采取防卫的行动，使他刻意地为自己的行为寻找合理的解释。这种建议是危险的，因为它会直接伤害到一个人的自尊，引起他的反叛意识。德军中有一条特别的规定，那就是：无论在任何时候遇到不满的事情，绝对不准当场发作，一定要忍过一个晚上，待心情平静下来之后，再提出讨论。

建议就像是一个危险的火花，足可引爆人们心中的虚荣与自尊，甚至发生更严重的后果。我们更需要做的是体谅和宽容。

讲故事是非常巧妙的沟通手段

怎样说话才能让人记忆深刻？怎样才能提升沟通的效率？要回答这两个问题，就要思考一下，当你听完别人的讲话后印象最深刻的是什么？是故事，一个好故事可以抵得上长时间的长篇大论。《圣经》能在西方深入人心，靠的就是里面一个个生动的故事。与孩子沟通更离不开故事，要想有效地沟通我们要学会借力，借助手势、语调、故事等技巧来提高我们的沟通效率，而故事的效果最为明显。

世界上有很多知名品牌都是靠故事来与消费者沟通的，依云矿泉水能卖遍全世界而且卖出了金子的价格，其法宝在于对品牌附加值的培育——讲故事。一直以来，依云品牌对消费者讲了一个又一个故事：一个得病的法国贵族久治不愈，因为喝了依云的水而奇迹般地好了；依云每一滴水都取自阿尔卑斯山脚下，每滴水都是经过了数十年的净化；依云在生产过程中始终未接触到一丝空气；全球的名流显贵、明星大腕都对依云情有独钟等等，这些都是很有效的沟通方式。像这些故事都能起到很好的沟通效果。

那在我们日常的沟通中讲故事也是必不可少的。家长教育孩子也要在生活中注意搜集一些好的故事，因为故事是有效沟通的重要工具。如果你和别人只是沟通道理，有的人就会心门紧闭，他不听你讲得再好也枉然。讲的故事可以解决这个问题，故事可以引起大家的共鸣，故事里的主人公和听故事的人的情景差不多，别人可以你也可以，这就在无形中增强了感染力和说服力。

一个善于讲故事的人，一定是一个善于引导别人思维的人，因为要想把一个故事讲得精彩，他一定不能只关注自己的感受，还要揣度听者的感受，从而牵引着听众的思维，最终引向故事的主旨，或引人深思、或令人啼笑、或传播教益。这不就是一个领袖对大众所做的事情——开口就能让公众为之倾倒，而后顺势导引，率大众施展宏图大略吗？

一天，张杰把自己的一篇作文交给老师，表面上说请老师帮忙修改一下，可张杰心里却认为自己的作文写得非常棒，交给老师是希望老师能表扬自己。老师早就看出了他的心思。可是一方面老师觉得这篇作文必须修改，一方面怕惹得张杰的不愉快。于是老师巧妙地向讲述了一个故事：

有一个青年人开了一家帽店，他拟了一块招牌，上写“约翰·汤姆森帽店，制作和现金出售各式礼帽”，还在招牌下面画了一顶帽子。他觉得这块招牌很醒目，洋洋得意地等着朋友们的赞赏。但是他的朋友们却不以为然，一个人说“帽店”一词与后面的“出售各种礼帽”语义重复，可以删去。一个朋友认为“制作”一词可以省略，因顾客只要帽子式样称心，价格公道，质量上乘自然会买，至于是谁制作，他们并不关心。再说约翰并非久负盛名的制帽匠，人们更不会注意。又一个朋友认为：“现金”两字纯属多余，一般到商店购物，都是用现金购物的。经过几次修改，招牌只剩下“约翰·汤姆森，出售各式礼帽”的字样和那顶礼帽的图案了。尽管这样，还有一个朋友不满意，他认为帽子决不会白送，“出售”二字可以删去，还有“各式礼帽”与图案也重复了，可以不要。经过删改，只有“约翰·汤姆森”的名字和那个图案了。几经修改，招牌变得十分简洁明了，因而也就更加醒目。年轻的帽店店主非常感激朋友们的宝贵意见。

听了这则故事，张杰明白了自己的作文还有要修改的地方，因此听取了老师的建议，把作文修改得好上加好。

通过讲故事与别人沟通，是一种技巧。如果我们能把讲故事沟通法运用到炉火纯青的地步，把它的作用发挥到极至，就能让我们的沟通更有效和畅通。

要通过讲故事与别人沟通，首先要了解对方，才能有针对性。一般地说，讲故事沟通是在对方顽固不化时，才加以采用。富有针对性地选择故事，组织语言，从而让对方喜闻乐见，醍醐灌顶，茅塞顿开。

其次，要远远道来，放松对方心理。坚持己见的人，往往有强烈的防卫心理，知道你说服他，首先就持抵触态度，根本不愿耐心听下去。所以既要精心经营你的故事，还要懂得从远处说开来，从对方感兴趣的内容展开话题，让对方形成放松、愉悦的心理，倾听你的话语，不知不觉为你的话语所感染。

让孩子牢记，表情是一种无声口才

人们常常通过面部表情互相传递信息，像眼神动作和微笑、愤怒、悲伤等表情都可以起到传递信息的作用。眼神的动作和变化尤其能反映人们内心的思想和情绪等，因此，让孩子从小就要学会通过利用表情的交流向别人传递真诚和关心。

首先要培养孩子对表情的识别能力。表情是一种独特的情绪语言，是人与人之间交流感情、取得相互理解的一种方式。学会识别别人的表情，才能准确理解对方表达、传递的信息，这也是进一步与对方交流交往的前提。那么我们就要利用各种机会和活动引导孩子观察周围人的各种表情，知道与人的喜怒哀乐等情绪相对应的面部表情，正确对待别人各种不同的表情，培养起孩子对人和事物的积极态度和情感。

在情感教育中如何让孩子学会较好地表达自己的情感，为自己良好的人际关系奠定基础呢？

一要观察不同的表情。比如我们利用表情图片让孩子观察，说说你看到了什么？你觉得他们是高兴的还是怎么样的？然后再引导孩子看不同的表情，问他们脸上的五官有什么不一样，如眉毛怎样，眼睛又是如何的等等。再让孩子照镜子做做各种表情，让孩子从大概的印象到个别细致地方的观察，从而感受到不同的人物表情代表了不同的情绪情感。

二要感受喜怒哀乐表现出的不一样的表情。我们让孩子回忆，当你画画得到大家夸奖时你的表情是怎么样的（眉开眼笑）；你被人家拒绝不和你一起玩游戏的时候你又是什么样的表情（难过沮丧）；当小朋友要出去游戏你却还没有穿好鞋子的时候你的脸上表情又是怎么样的呢（着急的）；受到老师建议你脸上又会是怎样的（不好意思，难受）。

三要利用各种形式表现不同的表情。如通过添画五官可以请孩子画出各种表情，还可以请孩子自由画一张表情图，让孩子说说表达的是什么情感；在音乐、游戏等活动中表现，如“可爱的小脸”“我生气了”“妈妈辛苦了”等这些音乐活动中，让孩子在自我实践中发自内心地表现出脸部的表情；还有在故事、诗歌、儿歌中表现，如“爱发脾气的小丫丫”“像小鸟一样飞”“我怕……”等，这些生动的故事儿歌不仅给孩子以形象的感受体会，还从中受到感染和教育，能充分让孩子体验并表现这些不同情绪情感的表情。

那么，要如何培养孩子利用表情进行交流呢？

首先，要让孩子学会用眼神感染别人。当孩子的眼睛炯炯有神时，眼神中透射出的热情、坦诚和执著往往比口头说明更能让别人信服。充满热情的眼神还可以增加别人对你的信心以及好感。在用眼神与别人交流时，要力求使自己的目光表现得更真诚、更热情。要想做到这一点，需要注意以下几点：

一是视线停留的位置。与人对话时，最好勇敢地迎接别人的目光，不论这种目光表达的信息是肯定、赞许，还是疑惑和不满。通常认为，双眼与嘴部之间的三角部位是停留视线的最佳位置，这样可以传达出礼貌和友好的信息。

二是注视的时间。勇敢地与别人对视，这固然可以体现你的自信和热情，但是也需要掌握一定的度，这里主要是指注视的时间要保持一定的度：时间太短，别人会认为你对这次谈话没有太大兴趣；时间太长，别人又会感到不自在。

三是要避免两眼空洞无神。炯炯有神的双眼可以传递你的热情和执著，如果两眼空洞无神的话，那么就会给别人留下心不在焉的印象，别人就会认为你不值得信赖。

四是目光集中，不要游移不定。目光游移不定常常是为人轻浮或不诚实的表现，别人会对目光游移的人格外警惕和防范。这显然会拉大彼此间的心理距离，为良好的沟通造成难以跨越的障碍。

五是要让孩子学会用真诚的微笑去打动别人。微笑几乎已经成了人和人之间沟通时的必需工具。实际上，微笑是世界通用语，无论双方的语言表达方式或生活习惯等有多大区别，彼此间真诚的微笑常常可以消除一切隔阂。

在一个小镇上，有一个非常富有的富翁，但他很不快乐。有一天，这个富翁垂头丧气地走在路上。这时，走来一个小女孩，小女孩用天真的眼神望着他，给了他一个很甜美的微笑。这个富翁望着孩子天真的面孔，心中突然豁然开朗。为什么要不高兴呢，能像这样微笑该有多好啊！第二天，这个富翁离开了小镇去寻求梦想和快乐。临走前，他给了这个小女孩一笔巨款。镇上的觉得奇怪，问这个小女孩，明明不相识的富翁怎么会送她一笔巨额的财富，小女孩天真地笑道："我什么都没做，只是对他微笑了一下。"

"只是对他微笑了一下。"是啊，小女孩一个善意的笑，却换来了巨额的财富，实在令人难以置信。但是，这就是微笑的力量，小女孩的微笑点燃了富翁几乎化为灰烬的心灵，让他再一次有了希望，有了梦想，有了快乐。

微笑同样有讲究，并不是所有人的微微一笑都能轻易地打动别人。首先，应该注意的是，微笑并不是简单的脸部表情，它应该体现整个人的精神面貌。所以家长要教育孩子必须要发自内心地微笑，不要空有一副"勉强微笑"的表情，而内心却厌恶和排斥别人。其次，微笑的同时要注意自己内在涵养和素质的表现，既要让别人感受被尊重和关爱，又不至于使别人感到过分客气或生疏。另外，在微笑时尽量不要发出太大的声音，也不要表现得过于夸张，否则别人会觉得不舒服。

家长要让孩子牢记表情是一种无声的口才，只要运用正确，就可以收到意想不到的效果。

第八章

给孩子一个领袖素养，他将处处赢得人脉

在美国，许多学校都已经把培养领袖精神写进了他们的培养目标，告诉父母：一个具有领袖素养的人，是个有独立思考能力的、能够带领大家的人。也许一些孩子先天就具备了做一个领袖所需要的许多素质，而一些孩子可能在经过教导后仍无多大变化，但教育的奇妙之处恰恰在于你不知道在什么时间孩子的变化就显现出来了，而这种变化可能影响他的一生。

让自制力赋予孩子更多力量

很多家长都有过这样的苦恼：孩子无节制地想吃麦当劳，想要玩具，想看电视，想打游戏……这样的事情，伴随着孩子成长的实在太多了。而发生类似情况的原因，就是因为孩子缺少自制力。由于孩子年龄小，还没有形成责任意识，不能自觉控制自己的情绪和约束自己的言行，因此，在日常生活中，就需要老师和家长来督促和约束，使其逐步养成良好的行为习惯，培养自制的能力，明白什么事情可以做，什么事情不能做。

自制力可以赋予孩子更多力量，自制力可以帮助孩子把重心转移到积极的一面去，然而自制力不仅仅需要在学校培养，更需要家长在日常生活中教导。那么家长如何提高孩子的自制力呢？

首先，循序渐进，从“他制”到“自制”。孩子年龄小，还不能判断和评价自己行为的适宜度，这时，家长就要制定一些必要的“家规”了。起初，孩子可能只是粗略地懂得“要这样做”“不要那样做”，即使不理解为什么，但是习惯成自然。随着孩子年龄的增长，“家规”也应赋予更多的道德意义，要让他们明白为什么要这么做。但要注意，规矩不能太多，要善于抓住主要矛盾。这样在长期的潜移默化下，孩子的思想就会稳定，就会主动分清什么是对、什么是错，有自己的自制力了。

同时，自制力的形成需要一个过程，不是一蹴而就的。当孩子缺乏自制力的时候，如：打坏东西、提一些过分要求等，父母应当宽容一些，粗暴行为只会让孩子产生反抗情绪。父母对孩子要有足够的耐心，当孩子的行为变成一种习惯时，自制力也就自然而然地形成了。对于屡教不改的孩子可以“少说多做”，这类孩子说多了，没有用，只能少说，但说出来的话要算数，否则就没有威慑力。

其次，要培养孩子的耐心。对于孩子的要求，父母可以“迟延满足”，不要有求即应，也可以设法让孩子通过某种难度适当的努力来获取。创设特定的生活情境或游戏方式，训练孩子的耐心。比如：告诉孩子，妈妈手里有一些糖果，如果你现在想吃，只能得到一个，如果在3分钟(时间长短因人而异)之后想吃，则可以同时得到两个。根据家庭特点，自己设计一些类似的需要耐心和毅力来完成的活动或游戏，进行训练。对于自制力较强的孩子，就没必要再训练了，因为过度自制会积累孩子的心理压力，影响心理健康。在孩子专心做事或游戏的时候，大人不要干扰，更不得强行终止。这样既保护了注意力的专一性和持久性，又可以防止养成半途而废的习惯。

明明4岁了，每次她哭，妈妈都不是马上去抱她，而是一边说“明明不哭，妈妈来了”一边走向她然后再抱她。这样孩子从心理上就开始有了一个等待的过程，然后慢慢地加长让她等待的时间，这是培养孩子耐心的一个基础。后来她能听懂和理解大人的话了，当她想得到什么的时候，家长就告诉她现在不能给她，让她等到一个什么时间才能给她。当然要给她一个等待的理由，到了约定的时间是一定要兑现的，这样既养成了让孩子等待的习惯，也在孩子的心中加强了自己的诚信度。与同龄人相比，明明是个非常有耐心的孩子。

当孩子遇到困难时，大人要及时给以鼓励和帮助；克服困难之后，给予热情表扬，强化其成功体验，增强其战胜困难的内在动力。而不应当像很多家长那样，孩子不会做作业时批评、指责；成绩不理想时，讽刺、抱怨。此外，家长要让孩子参加适当的体育训练，培养其耐心和毅力。

第三，要培养孩子遵守时间的习惯。可以和孩子共同制订孩子生活、学习“日程表”，当然必须是孩子容易完成，并且能够接受的。在执行过程中，当孩子管不住自己的时候，家长应当明确提醒，严格要求。要循序渐进，严格要求与说服教育相结合。

第四，教孩子学会管理情绪。不要助长孩子发脾气的习惯，当孩子在气头上，且一意孤行时，如果没有当下的危险，我们可以暂时不予理睬。这样孩子就处于孤立的境地，让他体验不讲理是无助的，发脾气是行不通的。若孩子发脾气时立即乖哄，则是对发脾气行为的鼓励和赏识，会助长其发脾气的习惯。应当待其情绪稳定之后，再晓之以理。这样，不仅宠不出孩子的“脾气”，而且有利于培养孩子的理性。事先让孩子明白发脾气的诸多弊端。做好克制怒火的心理准备。之后，当孩子因某种刺激发火时，家长及时提醒，让其自己克制。家长在提醒时，决不能带指责、抱怨等负面情绪，否则只能是火上加油。正在喷发的怒火需要控制时，内心体验是痛苦的。面对这种情境，人们往往会下意识地转移攻击目标（小孩子也不例外），比如咬紧牙关、大声喊叫、伤心哭泣、摔东西或冲出门外。家长应当在事后告诉孩子，用摔东西等行为来代替发脾气，得不偿失，要试着运用不造成新的损失的方式来转移怒火。

第五，教孩子学会协商解决争端。孩子们发生争执时，先让他们每个人陈述自己的观点，然后再陈述对方的观点，想想对方观点合理的地方，自己观点不合理的地方，接着，各自提出让步方案，达成协议，共同执行。

孩子越小，他的自制力越差，所以对于不同年龄的孩子，家长们一定要有不同的要求标准。让孩子从简单做起，变成一个有自制力的人，让自制力为他将来的发展提供更多的力量。

懂得变通和分寸，才能如鱼得水

懂得变通的孩子，能从不同角度看问题。例如有人问："你在沙漠里口渴了，要喝什么?"如果甲孩子回答"开水""汽水""咖啡"，乙孩子回答"仙人掌汁"，则乙孩子要比甲孩子有"变通力"。

有变通力的孩子会比较敏锐。敏感察觉、把握关键，就是对问题的敏感性，碰到问题能够很快发觉其关键或缺漏所在。例如，当你和孩子在一起玩的时候，悄悄地把他的玩具拿走一样，他很快便会发现那样玩具不见了；当妈妈生气时，孩子问："妈妈，你为什么生气？是不是爸爸没有回来吃晚饭？"而不是问"妈妈，你的脸为什么黑黑的"的时候，就表示孩子的敏感度很高，这种孩子通常能够抓住问题的关键。有些孩子不能体会大人的意思，即使喝骂他，他还以为是开玩笑，像这种孩子就不够敏感了。而这种敏感性在日常生活中也一样重要，譬如别人与你谈话时频频看手表，你还不识相；当人家说要去化妆室时，你竟然说也要去，这种人是不受欢迎的。

有变通力的孩子思路流畅、意念泉涌，能够提出很多构想及方法。例如对于砖块的用途能提出很多种，越多表示流畅力越高；当你问一个孩子茶杯能做什么?他可以很快就说出各种不同的用途；或是问什么东西是圆形的时候，他也能够触类旁通、思如泉涌而无障碍地表达出来。

有变通力的孩子能举一反三、触类旁通，能不固着于某一观点，凡事具有弹性。例如一个班级中，有个孩子回答茶杯能装水，而大多数的孩子会接着说装沙、装糖果……此时其中若有小孩说用来砸坏人、当乐器敲、做帽子戴时，我们要多鼓励他，因为他具有灵活的变通能力。

诸葛亮自小聪明过人，善于变通。相传水镜老师收诸葛亮作弟子前出了三道难题，答对才算过关，言下之意是说答错了就没有资格当他的弟子了。

传说当时是由父亲带诸葛亮去拜水镜先生为师的。水镜先生对诸葛亮说："我出三个题目，答对了就收下你。"接着出了一个哑题：他屈起食指，伸到诸葛亮面前，又点了点。

诸葛亮向水镜先生深深一鞠躬，又后退三步，站在一边解释道："你要我做首屈一指的大官，我当鞠躬尽瘁，死而后已。"

先生坐在蒲团上说："我出的第二个题目是，要你想办法使我离开这座位。"诸葛亮走到墙角，顺手拿了一根竹竿就要捅房上的瓦。

先生连忙起来阻止说："不要捅漏了房子！"

诸葛亮笑了："先生坐地，我想通天，先生不是离开座位了吗？"

先生稳坐回椅子上说："你能使我寸步难行吗？"

诸葛亮指指先生说："你这老匹夫，分明没有本事，在此胡扯！"先生气得脸色发紫，诸葛亮却摘下他的帽子，扔到房顶上。先生气急了，只好脱了鞋蹲在诸葛亮父亲的肩上去拿帽子。这时，诸葛亮抓起先生的鞋子藏了起来。先生拿到了帽子，却找不到鞋子，诸葛亮说："您寸步难行啦！"

水镜先生哈哈大笑，说："好聪明的孩子，我收下你啦！"

有变通力的孩子有独创性。独特新颖、一枝独秀，能够突破传统的束缚，提出平凡的想法或意见。例如砖块可以当练习书法用，就很独特；还有着色时，有些孩子不喜欢和别人用同样的颜色；玩智力游戏时，第一次照着图组合，以后就开始变花样，这种是有独创性的孩子。

有变通力的孩子具有精密性。精益求精、描绘细腻，能在原有的观念上加上一些想法，使其更周详完备。这在绘图上经常可见，而在日常生活中，有些父母因照顾孩子过于周到，结果养成孩子丢三掉四、粗心大意的习惯。有的父母从不替孩子检查功课，让他自己检查。若是没有错误，家长就在联络簿上告诉老师，老师给他两个星星。这样孩子快乐、很有成就感，以后也就养成自己检查的习惯。在此有一个测验叫“画人测验”，让孩子画人物，画得愈详细，表示观察愈仔细，也表示心思愈细密。当然，这和年龄有关，不能一概而论。变通力的作用如此之大，作为家长如何发掘培养孩子的变通力呢？下面的一些小游戏可以帮助家长。

一是联想活动。通过联想开发孩子的思考能力和创新力。比如家长可以让孩子把“2”的概念用各种方法表达出来。例如：双胞胎、筷子、生日蛋糕插了两支蜡烛、单车车轮……通过这些来使孩子记住，2不仅仅是个单一的数字，而是可以跟生活中的事物联系起来，从而提高孩子的变通力。

二是折纸游戏。可以让孩子经常玩些折纸游戏，通过把同样的纸张折成不同的形状，来教育孩子任何事情都可以有变化，从而提高孩子的变通能力。

三是考虑事物的正反面。任何事物都有正反两面，锻炼孩子从不同的角度去思考，可以提高孩子的变通力。告诉从不同的角度来看事物便有不同的见解（比如火药可以帮助人们炸开障碍物，但是也可能伤人）。并鼓励孩子从多方面来看事物及思考问题以增进解决问题的变通能力。

当一个孩子好问、敏觉、表达流畅、有自己的想法时，我们就大概可以判断他是一个有变通力的孩子。当然家长也不能因为孩子有了一点的成就，就立刻骄傲。要知道，变通力是需要长期培养的，孩子的成长是个长期的过程，家长一定要跟孩子一起努力。

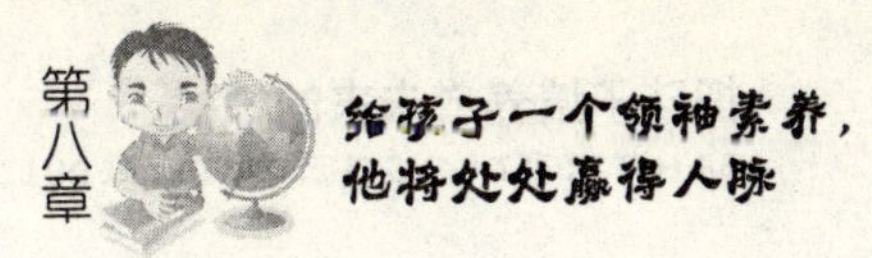

善于自我总结与反省的人更完美

曾子曰："吾日三省吾身。"卓越源于反省，如果一个人经常自我反省，那他一定能够成为一个不断地走向完美与高尚的人。具有这种品格的人就如同一个永不知疲倦的登山者，一边攀登一边回头检查自己的行囊，他们不会犯同样的错误，也不会安于现状、停滞不前。

孩子将来是要长大的，而能否成为一个具有独立精神的人，关键在于孩子是否具有自我反省能力。在人生的旅程中，由于每个人都很容易受自身学识、阅历、性格等种种因素的局限和影响，因而在经历、处理和理解生活中的某种事物时，就不可避免地会陷入某些片面、乃至错误之中，这势必会带来不良的结果。为此，"自省"就应该成为生活的一个重要组成部分。父母应该教育孩子学会经常自省，不断地检查自己行为中的不足，及时地反思自己失误的原因。只有这样，孩子才能够不断地完善自我，不断成长。

有一个叫吴刚的学生由于家里经济条件不太好，被迫选择在家乡的一所大学走读。感到委屈的他，有一天在和父亲发生激烈的争吵后，冲动之下在交给老师的卡片上写下了一句"我是傻瓜的儿子"。卡片交给老师之后，吴刚便感到有些后悔，开始变得惴惴不安起来。第二天上课的时候，老师并没有专门向他说什么，只是在发还给他的卡片上写了简短的一句话："是不是'傻瓜的儿子'与一个人未来的人生有多少关系呢？"

老师的话引起了吴刚深深的反思："我常常把不顺心的事情归咎于父母，总是想：如果不是因为他们没有钱，如果不是他们错误地干涉，如果不是他们没有本事，我就不至于落到这个地步。而对于自己却缺少自知之明，理直气壮地认为自己总是对的，就好像是一个不公正的裁判员，总是把成功归功于自己，把失败推诿给父母。"老师简单的一句话引发了吴刚的反省，让他从"自我中心"中跳出来，检讨自己，并学会去做一个有责任感的人。变化在不知不觉中发生了，一个学期之后，吴刚的学习成绩提高了，朋友也增加了，而最令人欣喜的是，和父亲的争吵完全消失了。

这虽是一个简单的故事，但却说明了自省的力量。

孩子的心智尚未成熟，又由于经历上的限制，这就导致孩子不会对自己的行为和言语进行反省。就生活来说，任何一个人都不可能穷尽对所有事物的正确认识，因而常常会由于错误的思维和错误的行为方式而导致事与愿违的不良结果。成人尚且如此，孩子就更不用提了。反省是很有必要的，父母一定要重视对孩子自我反省能力的培养。也只有如此不断地反省下去，才能更快地获得提高。

司马光是个贪玩贪睡的孩子，为此他没少受先生的责罚和同伴的嘲笑。为此，司马迁进行了深深的自我反省，他决心改掉贪睡的坏毛病。为了早早起床，他睡觉前喝了满满一肚子水，结果早上没有被憋醒，却尿了床。于是，聪明的司马光用圆木头做了一个警枕，早上一翻身，头滑落在床板上，自然惊醒。从此他天天早早地起床读书，坚持不懈。知错就改，能够自省的司马迁终于成为了一个学识渊博的、写出了《资治通鉴》的大文豪。

孩子学会了自省，才会像司马光一样自我检讨，找出自己的不足。那么，作为父母，应该如何教育孩子，才能使他们懂得自我反省呢？

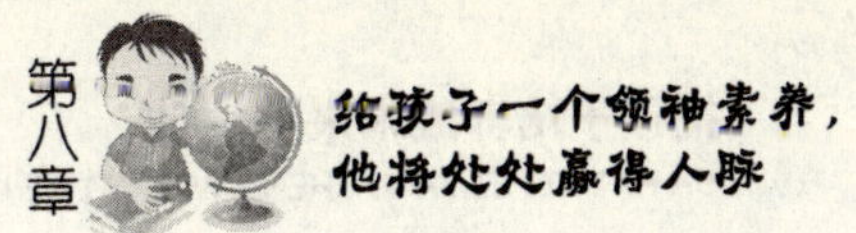

第一，让孩子学会接受建议。被建议的滋味是不好受的，但是家长必须要让孩子学会接受建议，否则孩子长大后遇到建议会选择消极的态度去对待。

第二，孩子犯错了，家长不要急于发火，要给孩子一定的空间和时间来反省自己，也给自己一个缓和冷静的机会。让孩子反省的目的，不仅仅是为了让孩子知道错了，错在哪里，还要让孩子反省出改正的方法。

第三，让他自己来思考、反省，而不是家长一味地指责他做错了。这样，当孩子直接感受到行动与结果之间有某种关系后，他们往往会先想一想再采取行动。孩子们可能会对自己的行为有一个预先的评价，看是否会出现他们所预料的结果。如果结果正如孩子事前想的，那么他会继续这么做；如果结果恰恰相反，孩子就会总结经验教训，调整自己的思维，这也是一个人在处理事情的时候的一种反应机制。

在这种时候，父母最好不要把自己的观点强加给孩子，更好的办法是引导孩子进行总结。例如，家长不要这样下结论："我早就跟你说过了，你就是不听，现在……""让你不听老人言，吃亏在眼前了吧！"这种语气与论调只会加强孩子的逆反心理。

更妥当的做法是父母应该对孩子说："为什么会这样呢？你考虑一下，如果用爸爸跟你说的那种方法去做，你想会有什么样的结果呢？""有时候，你应该听听我们的意见，这样或许就会避免一些问题，你说呢？"这种语气，相信孩子是能够接受的。

人无完人，每个人都有犯错的时候，只有学会自省，不断地找出自己的不足与缺点，加以改正，才能成功。童年是孩子塑造性格的时间，是不断"由错改到对"的时间。家长只有注意培养孩子的自省能力，他才会超越自我，不再犯同一个错误。

团队合作精神是领袖的必修课程

社会是一个群体，很多事情光靠一个人单枪匹马的奋斗是不可能实现的，必须依靠群体的力量，这就要学会跟不同的人打交道，并能取长补短。父母必须培养孩子与人合作的意识，训练孩子的合作行为，增加孩子的团队意识。团队合作精神，指的是团结一致、互帮互助，为了一个共同的目标坚持奋斗到底的精神。这种精神，一定要在孩子还小的时候就要进行培养。

在南美洲的草原上，有一种动物演绎出颇有气魄的团结故事：酷热的天气，山坡上的草丛突然起火，无数蚂蚁被熊熊大火逼得节节后退，火的包围圈越来越小，渐渐地蚂蚁似乎无路可走。然而，就在这时出人意料的事发生了：蚂蚁们迅速聚拢起来，紧紧地抱成一团，很快就滚成一个黑乎乎的大蚁球，蚁球滚动着冲向火海。尽管蚁球很快就被烧成了火球，在噼噼啪啪的响声中，一些居于火球外围的蚂蚁被烧死了，但更多的蚂蚁却绝处逢生。

这个故事很好地说明了团队高于个人，只有团结一致，才能战胜更大的困难。那么，父母应该如何培养孩子的团队合作精神呢？

第一，父母要建立宽松、和谐的家庭环境。家庭的环境在很大程度上会影响孩子的性格。想要培养好孩子，首先要让孩子感到家的温暖，父母在家中应尊重孩子，理解孩子。如：有事和孩子一起商量，征求孩子的意见，使孩子感到自己与他人合作的意义，从父母的言行中学会对别人的尊重，学会倾听别人的不同意见。当孩子参与父母的事务成了习惯，孩子遇到问题也会想着跟父母商量。时间长了，才能养成遇事与人合作的精神。比如：父母与孩子共同合作画一幅画时，孩子可以涂其中的一部分颜色，剩下的由父母完成，共同完成一幅画的成就感会激发孩子与他人合作的情绪。

第二，消除孩子孤僻的心理障碍。家长要培养孩子具有团队精神、爱心、责任心以及合群意识。目前大部分孩子都是独生子女，缺少与人相处的经验，因此，父母要在日常生活中要注意这些素质的综合培养。比如经常与有相仿年纪孩子的家长聚会，在吃饭、睡觉时要让孩子互相帮助，值日生要负责任，启发孩子对有困难的小朋友要有同情心并给予帮助。对于孤僻的孩子，首先要消除他和其他孩子的疏远感，使他真正参加到孩子们中间去，然后才有可能进一步培养其团队精神。

第三，培养孩子表达和沟通的能力。告诉孩子与人沟通时，只有表达出自己的真实意愿，才算是沟通成功。父母要让孩子知道，表达与沟通能力是非常重要的，不论做出了多么优秀的事情，不会表达、不能让更多的人去理解和分享，那就几乎等于白做。只有注重与别人之间的交流与沟通，注重培养团队精神，才能为别人所接纳与尊重。

第四，培养孩子的归属感。父母要重视孩子归属感的培养，教育孩子要关心自己的团队。比如可以教育孩子，家是个团队，同学们又是一个团队，每个人只有生活在团队里，互相帮助，才会有幸福感。要教导孩子多为团队献计献策，多做奉献。对胆怯的孩子，父母不能急于求成，硬性地要求孩子，而是应帮助他们克服恐惧、自卑心理，增强他们的自信心。这样才能凝聚多方面的力量，使孩子从内心中感到自己是一名团队成员，有权利、有义务参与团队的每一件事。

第五，让孩子学会与人友好相处。友好相处，才能在团队中受人尊重。而友好相处的关键就是做人要有礼貌，所以父母应教育孩子在活动时对同伴有礼貌，用别人喜欢的名字招呼他们，不要随便给他人起外号，不要随便提别人的短处。要与同伴互相谦让，友好相处，分享玩具、图书；对大家都喜欢的玩具不争抢，可以让别人玩儿一会儿，自己再玩儿等等。这样，可以使孩子遇事想到别人，知道有了同伴才能玩得更愉快。

家长要从小告诉孩子：社会是一个大团队，家庭是一个小团队，每个人都是团队中的一员，很多事情光靠一个人单枪匹马的奋斗是不可能实现的，必须依靠群体的力量，这就要学会同不同的人打交道，并能取长补短。作为父母一定要培养孩子与人合作的意识，训练孩子的合作行为，增加孩子的团队意识。要告诉孩子，人多力量大，只有一起合作，做起事来才能省时省力。

不仅要激励自己，更要懂得激励他人

领导人不是天生的，领导人是造就出来的。领导人不仅要懂得如何激励自己，更要懂得如何激励他人。

新学期开学已经快半个学期了，可是初一三班的班长还没有定。班主任老师有自己的想法，他想通过一段时间观察，找一个既学习好又能带动大家学习的人当班长。这个学期马上就要结束了，听说老师要选班长，张亮和李洋都很积极，都主动报了名。于是老师就想了个办法，他让张明和李洋各带领一组的同学写生字，最后看谁带领的队伍写的生字最多，就选谁当班长。老师这么做，也是为了让大家练练字，一举两得。

于是，张亮和李洋就带领自己的队员开始写了。张亮和李洋都是每写5个字就会大声地报出自己的字数，刚开始两人速度还差不多，可是没过几分钟，张亮的速度很明显地慢了下来，他的队友们都替他捏了一把汗，也都加快了写字的速度。虽然很慢，但是张亮的喊声却很大。十分钟过去后，张亮的个人字数比李洋的个人字数少了50个。就在大家以为张亮输了的时候，最后统计的两组队员的总成绩出来了，张亮的小组字数居然比李洋的多出230个字。就在大家感到困惑的时候，张亮说出了原因。原来张亮是故意放慢速度，目的是为了激励他的团队集体加快速度。有领导素质的人，不仅要能激励自己，更要能激励别人。

一些组织的领导人、社团的负责人、体育代表团的领队，他们的父母往往在孩子时期就培养他们坚韧不拨的心理素质和独立思考的能力。这些人在孩提时代就不屈于外来压力，而坚定自己的信念。

那么，如何去培养孩子激励他人的能力呢？

首先，要做孩子的鼓励者。对孩子说："我相信你能够干好这事！""你确实做到了，真不简单！"这样可以建立孩子的自信心。孩子自信心的培养来自他们蹒跚学步的第一步，即当孩子成功地迈向你鼓励的怀抱时，初尝的被奖励的喜悦。对于孩子的每一次进步，家长都要给予夸奖，让孩子能够感受到自己的成绩是被人重视的。

不要因成绩或成功不大而忽视对孩子的祝贺，但也不是说随意地给予虚假的夸奖，或者放弃建议。建议应当与表扬和指导为伴。一场少年足球赛后，父亲对参赛的儿子说："咳！你失去了两次射门得分机会！"其实，孩子对自己的失误是很清楚的，不需要你去提醒。这时不如表扬他为踢好每一个球而尽力的努力："我喜欢你带球射门的动作！你射门意识真强！"然后再说："我们明天晚上去练练球好吗？我相信定能提高你的射门技术。"

其次，要让孩子勇于探索。苏姗在院子里挖到一个漂亮的石块，跑着去给父亲看："爸爸，看看这只我发现的漂亮石块。"父亲不赞许地说："看你混身弄得脏稀稀的！"这时，苏姗的脸一沉，生气地丢了"战利品"，迈着沉重的步伐走进屋里。如果父亲说："多美丽的石块啊！让我们把它洗干净，看看清楚。这样，你会发现更漂亮的石块！"那么效果就大不一样了。孩子身上的泥土毕竟可以洗去，但泯灭了孩子天真好奇心的损失却是难以弥补的。所以家长一定要注意跟孩子讲话的态度，鼓励孩子勇于探索。

最后，要多给孩子讲讲语言的重要性。让孩子从鼓励父母开始锻炼，渐渐地锻炼孩子鼓励他人的能力，同时，要让你的孩子在自己感兴趣的领域里锻炼领导才能。有些孩子是室外娱乐的"头头"；有些孩子是课堂上的"组织者"。让孩子在自己擅长的领域发挥，帮助那些不如自己的孩子，用鼓励性的语言去激励其他孩子。

一个人积极，进步的空间是有限的，然而一个积极的团队，可创造出的奇迹是无限的。为了让您的孩子成为未来领袖，创造无限的奇迹，请从现在开始，告诉孩子鼓励他人的重要性吧。

帮孩子树立既认真又淡泊的人生态度

认真、坚持不懈被认为是一个人心理素质优劣、心理健康与否的衡量标准之一，也是孩子未来成功的关键因素之一。培养孩子的认真执著的精神，不仅对他在学习上有帮助，而且对他今后的人生道路也有很大的影响。淡泊是从容、平和、谦卑的人生态度。面对挫折要认真执著；面对成功，则应该平和、谦卑。

安徒生很小的时候，当鞋匠的父亲就过世了，留下他和母亲二人过着贫困的日子。

一天，他和一群小孩获邀到皇宫里去晋见王子，请求赏赐。他满怀希望地唱歌、朗诵剧本，希望他的表现能获得王子的赞赏。

等到表演完后，王子和蔼地问他："你有什么需要我帮助的吗?"

安徒生自信地说："我想写剧本，并在皇家剧院演出。"

王子把眼前这个有着小丑般大鼻子，和一双忧郁眼神的笨拙男孩从头到脚看了一遍，对他说："背诵剧本是一回事，写剧本又是另外一回事，我劝你还是去学一项有用的手艺吧！"

但是怀抱梦想的安徒生回家后不但没有去学糊口的手艺，却打破了他的存钱罐，向妈妈道别，到哥本哈根去追寻他的梦想。他在哥本哈根流浪，敲过所有哥本哈根贵族家的门，虽没有人理会他，但他从未想到退却。他一

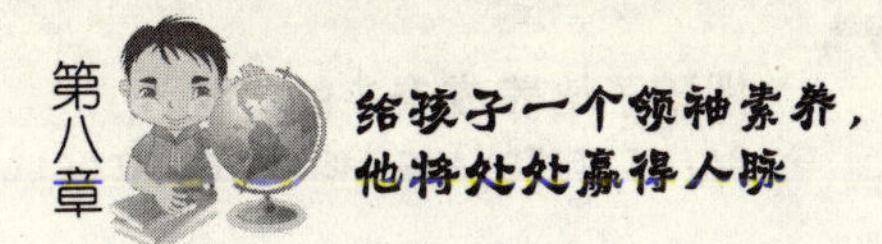

直写作史诗、爱情小说，未能引起人们的注意，他虽然伤心，仍然坚持写了下去。

1825年，安徒生随意写的几篇童话故事，出乎意料地引起了儿童的争相阅读，许多读者渴望他的新作品发表。这一年，他30岁。

直至今日，《国王的新衣》《丑小鸭》等许多安徒生所写的童话故事，陪伴了世界上许多儿童健康地成长。

淡泊是人生的一种坦然，坦然面对生命中的得失；淡泊是人生的一种豁然，豁然对待人生中的进退；淡泊是对生命的一种珍惜，珍惜眼前，而不好高骛远。淡泊可以使你真正地享受人生，在努力中体验欢乐，在淡泊中充实自己。当面对成功时，要培养孩子淡泊谦虚的人生态度。

培养孩子淡泊的人生态度，首先要教会孩子谦逊。谦逊是终生受益的美德：一个懂得谦逊的人是一个真正懂得积蓄力量的人，谦逊能够避免给别人造成太张扬的印象，这样的印象恰好能够使一个员工在生活、工作中不断积累经验与能力，最后达到成功。

要让孩子平和待人。凡事都要留余地："道有道法，行有行规。"做人也不例外，用平和的心态去对待人和事，也是符合客观要求的，因为低调做人才是跨进成功之门的钥匙。教导孩子做人不要恃才傲物，当你取得成绩时，你要感谢他人、与人分享，不要骄傲。如果你习惯了恃才傲物，看不起别人，那么总有一天你会独吞苦果。

莱特兄弟，即维尔伯·莱特和奥维尔·莱特，是美国发明家。1903年他们成功地完成首次飞行试验后，兄弟两人名扬全球。虽然成为世界知名人物，然而他们却完全没把声名放在心上，只是默默地工作，不写自传、不参加无意义的宴会，也从不接待新闻记者。

有一次，一位记者要求哥哥维尔伯发表讲话，维尔伯回答说："先生，你知道吗，鹦鹉喜欢叫得呱呱响，但是它却怎么也飞不高。”

盲目骄傲自大的人就像井底之蛙，视野狭窄、自以为是，严重阻碍了自己继续前进的步伐。科学家巴夫给青年人的一封信中这样写道：“切勿让骄傲支配了你们。由于骄傲，你们会在应该统一的场合固执起来；由于骄傲，你们会拒绝有益的劝告和友好的帮助；由于骄傲，你们会失掉客观的标准。”当然，我们要让孩子分清楚自信和骄傲的区别。

自信是一种积极的人生态度，它能使人乐观上进；而骄傲是对自己的不全面认识，是盲目乐观，常会让人不思进取。对父母来说，应该培养孩子的自信心，但不能让他们滋长骄傲自满的情绪。形式上两者有很大的相似性，常会让人迷惑，孩子们常会把自己那点小得意看做是自信的表现，这时父母应该让孩子分辨出两者的区别。

在自信的同时，又要做人淡泊，这并不矛盾。比如一个孩子他可以很自信，他对人生充满了信心，他相信通过自己的智慧加汗水，一定会走上领袖之路。然而在前进的过程中，他会遇到各种挑战，这时的他虽然自信，却不狂妄，而是低调地去面对问题，既不慌张失措，也不会不把问题放在眼里。淡泊做事的他会根据具体实际情况，找出问题所在，带着自信，科学地、有技巧地解决问题。

家长应该让孩子认识到骄傲也是健康成长的绊脚石，任何成绩的取得只能是阶段性的、局部的，只能作为一个起点。在学习上，知识是无边的海洋，如果一时一事领先就忘乎所以，恰恰是知识不够、眼界不宽的表现。“满招损，谦受益”，家长应有意识地给孩子介绍一些成功者的经验，告诉他们古今中外凡是有所作为的人都是在取得成绩后仍能保持谦虚奋进的人。

不做孤家寡人，和别人分享自己的想法

有时候家长会发现自己的孩子比较孤僻，不太合群，也不擅言辞，更不用说能主动去交流沟通，和别的小朋友分享自己的想法了。有的孩子在与同伴的交往中，从不主动发起游戏，或者提出自己的设想，总是别人安排他做什么，他就做什么。在绘画活动中，如果老师有范例，他就能够照着老师的范例画；如果需要创作，他就只能看着一张白纸发呆，或者等到同桌完成作品后“借鉴”别人的画，方能入笔。在班上的“小小讨论会上”，他大多是“人云亦云”地点头附和，从不发表他的意见。

这很可能是由于在平时的生活中，能让孩子自己做主或表达自己想法的机会较少，父母对孩子也无这方面的要求而引起的。

自信的孩子，往往乐意和别人分享属于自己的东西。而自信心不够强的孩子，往往比较孤僻，很少和别的小朋友交流。孩子能够学会与人分享，对于培养孩子的自信心，培养孩子将来的社会适应、与人合作等社会性行为有很大影响。

山山6岁了，独生子女，3岁前由一孤寡老人领养，该老人沉默寡言，不善言词。3岁后，山山与父母生活在一起，但是三口之家，平时接触别人的机会少，孩子习惯的是听家长的吩咐，按家长的要求做事。这孩子本身性格内向、胆小、较拘谨，生活环境又造成他与别人的交往机会少，从小的领养环境决定了他习惯听从别人的吩咐，家长说一，他不做二。后来，经过家长有意识的培养和纠正，山山有了明显的进步，现在他已经不满足跟在别人的后面来附和，而是经常举手，大胆地发言，将自己看到的和想到的说给大家听。有一次，在讨论下“飞行棋”的规则时，大家争论不休，你说你有理，他说他有理。这时，山山提出一个建议：“我们能不能让老师把棋盘上的说明读一下，上面不是有游戏规则吗？”这个建议立刻得到了大家的赞同，他特别高兴。

那么，家长该如何去培养孩子大胆分享自己的想法呢？

培养孩子与人分享想法的行为，重要的是帮助孩子建立对人的正确态度。让孩子懂得什么是“分享想法”。分享想法就是沟通交流。家长要引导孩子积极融入群体生活，大胆与其它孩子沟通交流。比如，要为孩子积累初次与人交往的方法。碰到自己的朋友就得跟他介绍：“宝贝，这是妈妈的朋友，她姓张，你可以叫她张阿姨”或以孩子的口吻“你好，张阿姨，我叫豆豆，很高兴认识你！”遇到小朋友，家长主动蹲下来去跟孩子交流：“你好！我是豆豆的妈妈，我们握个手吧？请问你叫什么名字？”

引导孩子寻找自己的好朋友。这个好朋友可以是幼儿园的同学，也可以是小区的邻居，有时间就可以让他们聚在一起，给他们一个自己的空间去玩耍。

家长要尊重孩子的独立人格。不管是家里来了客人或在外遇到朋友，都可以把孩子介绍给成人或把成人介绍给孩子。

同时，关注孩子的情绪，引导孩子用语言表达自己的情感。当孩子不开心的时候，用心与孩子沟通，让他可以用语言把自己的不满和不良情绪表达出来。并多与孩子分享与朋友相处愉快的事，让孩子感觉与人交往的愉快心情。

在具体的生活中，家长应多亲近孩子，主动和他谈熟悉的、感兴趣的话题。如："汽车的种类""游戏机的玩法"等；有意让一些能力强的、富有创造力的孩子多与他接触，让他逐渐适应参加别人的讨论，鼓励他将自己的想法说出来；在日常活动中，发现他稍有进步就表扬他，并将他的想法介绍给其他朋友、家长，让他体验得到别人的承认是多么快乐的事；鼓励、引导他对别人的答案有自己的主见，学习寻求不同的方法来解决问题；在各种社交活动中，多关注他的学习情况，多设疑、多启发他的求异思维。

刘海生活在一个很民主的家庭，家里有什么大事，爸爸都会让他参与讨论。爸爸认为这样不仅可以使孩子意识到自己是家里的一分子，而且让孩子将自己的想法说出来，能锻炼孩子的表达能力。

最近，刘海放暑假了，爸爸准备送他去托管班，刘海却有自己的想法，他对爸爸说："我知道家长工作忙，所以要送我去托管班，不仅可以学习，还可以跟小朋友们一起玩。但是我更想去农村的奶奶家，一方面我跟奶奶很久没见了，我想念他们；另外一方面，我已经大概看了我的假期作业，基本上不需要人辅导，在奶奶家我也可以按时完成作业。"刘海的爸爸听了，认为他说的很有道理，于是刘海通过跟父亲分享自己的想法，达到了他想要达到的目的，这样就更鼓励了他与人交流的积极性。

其次，在家庭生活中，家长平时多用语言启发、提示、商量，少对孩子用命令的语气谈话；坚持多与孩子交往，多带孩子参与社会实践活动，多让孩子自己做；创设民主、平等的家庭氛围，遇事多与孩子商量，让孩子参与家庭的讨论。家长要努力营造民主和谐的亲子交往环境，这样孩子才敢知无不言、言无不尽。孩子只有乐于和家长交流沟通，才不会关闭自己的心扉，而孩子能够向家长敞开心扉，说出自己成长过程中的胆怯、疑惑、奇思妙想，才可以拥有更健康更完整的人格。同时，家长还要注意经常将孩子在家庭中的表现反馈给老师，和老师一起分析，寻求教育孩子的好方法。

教导孩子接受他人合理的建议

现在的家庭条件比较优越，基本上都是独生子女，很多父母非常溺爱孩子，他们对孩子言听计从，想尽办法满足孩子的要求。然而，培养子女，不要一味答应孩子的所有要求，过度地溺爱孩子，那样会导致孩子以自我为中心、自以为是、不肯接受他人意见的坏习惯。孩子小，需要掌握的东西还很多，经常犯的错误也很多，如果不接受别人的建议，改正错误，就会有误入歧途的危险。因此，家长们一定要从小教育孩子虚心受教，接受他人的合理建议。

取人之长，补己之短，听从他人的建议，改善自己的缺点，是古往今来成功人士取得成功的一个重要原因。

五代画虎名家历归真从小喜欢画画，尤其喜欢画虎，然而他画的老虎却被人批评形似而不神似。他的老师建议他："想要画好老虎，一定要亲眼看见实物，凭空想象是不会有好作品的。"于是他决心进入深山老林，探访真的老虎，经历了千辛万苦，在猎户伯伯的帮助下，他终于见到了真的老虎，通过大量的写生临摹，他的画虎技法突飞猛进，笔下的老虎栩栩如生。从此以后，他又用大半生的时间游历了许多名山大川，见识了更多的飞禽猛兽，终于成为一代绘画大师。

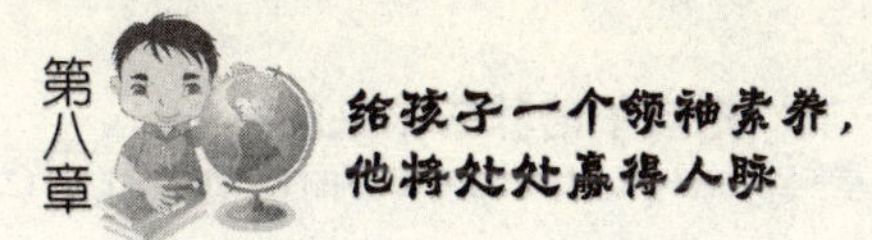

那么，家长该如何教导孩子正确地接受他人的合理建议呢？

首先，教育孩子不必对他人的建议心怀芥蒂。家长教育孩子，应该坚持有意识地让他既听到“正面”的肯定，也听到“反面”的建议。提出建议时一定要语气温和、分析中肯。事实上，在幼儿期就能接受建议的孩子，长大后往往也较能适应社会，包括拥有正确对待来自他人的建议乃至非议的“平和”的心态，以及较强的承受挫折的能力。

其次，要求孩子认真倾听。不论建议有多么尖锐、多么不中听，都应该要求孩子认真倾听。因为只有认真倾听，才会发现其中也许确实有几分道理，才能虚心予以接受。同时应该让孩子渐渐明白：对他人的建议认真倾听，不仅是一种文明的表现，而且也是完善自我之必需。

要求孩子冷静处理他人的建议。不要对建议者反唇相讥，不要“自卫还击”，不要夸张引申等等。相反，应在认真倾听的基础上冷静地分析出尽可能多的合理成分。同时，也不要默不做声，冷静处理并不意味着对建议默默无语。家长应教育孩子对建议的合理成分虚心予以接受，甚至列出改进的办法或措施。再者，要允许孩子作出自己的解释。如果建议不符合事实，那么应允许孩子作出解释，因为让孩子虚假地表示接受建议，但心里大感委屈，实际上不仅于事无补，而且可能引发种种心理弊端。不过与此同时也要让孩子明白解释的目的并不是推卸本来应负的责任，解释时一定要保持心平气和、实事求是的态度。

当富兰克林还是一个浮躁的年轻人的时候的，一位老朋友把他叫过去，对他说：“本，你真是不可救药，你已经打击了每一个和你意见不一致的人。当你在场的时候，你的朋友觉得很不自在；你不在场的时候，他们会觉得很愉快。你知道得太多了，没有人打算告诉你什么，因为那样既吃力又不讨好。因此你不可能接受新知识了，而你原有的知识又非常有限。”

富兰克林直面自己在社交方面的失败，决心改掉粗野武断的习惯。他说，我给自己立下了一条规矩：当我表达意见的时候，避免使用“无可置疑”“显而易见”“当然是这样”这些独断的词汇，而改用“我认为”“我想”“我假设”“至少我在当前的情况下是这么认为的”。当别人发表一个我不以为然的意见的时候，我不会直接说那是错误的。我会说：在某些情况下，你的看法是对的，可是在目前的情况下，事情似乎有些不同；当我反驳别人的意见的时候，我会说：我倒有一些看法，但是不一定正确，我经常会犯错，如果我错了，我愿意我被纠正过来，让我们来看看问题的所在吧。

50多年过去了，再也没有人听过富兰克林说过什么武断的话来。他用谦虚的方法表达意见，反而更加容易让人接受。在以后的有他参加的场合，气氛都变得融洽多了。以后，他提出的各个意见也更容易得到大家的支持。

要求孩子对建议者一视同仁。不少孩子可以做到认真倾听并虚心接受来自师长的建议，但对同龄人的建议却拒之门外。这时应教育孩子：只要建议得有道理，即便这建议来自小伙伴，也理应虚心接受。并建议孩子作出道谢。对那些提出善意建议的人不论是谁，都可建议孩子作出真诚的道谢——这不仅能表达自己的虚心和诚意，而且还能加强双方的沟通和交流。让孩子对建议作对比。不妨在孩子接受建议并作出改进后，有意让其作一下前后对比——聪明的孩子自会明白接受建议有益。

让孩子学会作出建议，通过接受建议，孩子学会了知晓“如何作出建议才能使对方虚心接受”的要点。不妨帮他总结：建议前做好调查分析，语气要婉转，用词要文明恰当，态度不要偏激，要允许对方分辩…… 实际上，只要孩子学会“善待”建议，那么建议完全可以成为鼓励孩子前进的春风。

引导孩子学会尊重每一个人

每个人都喜欢获得尊重，一个人想要得到别人的尊重，就要内强素质、外树形象。同时，还要学会尊重别人，树立平等意识。如果说被人尊重是做人的一种权利和需要，那么尊重别人则是一种美德、一种文明。

尊重别人并不是天生的，它是良好教育的结果。只要认真培养，孩子一定能学会尊重别人。开朗、自信和强势的性格对孩子长大后在社会上自立自强有好处，但让孩子学会尊重他人，才是今后真正得以立足的关键。只有尊重别人，才可能正视别人的意见，才有可能接受别人的建议。

一次，小刚和妈妈吵了架，妈妈很生气，独自回到卧室，闭门不出。晚上，爸爸把饭做好了，让小刚去叫妈妈吃饭。小刚只好去敲妈妈卧室的门。

妈妈在里边问：“谁？”

小刚傲然地答非所问地说：“要吃饭了。”

没想到里边既不开门，又无声息。他只好再次敲门。

里边又问：“谁？”

“小刚。”小刚回答。

里边还是没有动静。小刚只得再次敲门。

里边再问：“谁？”

小刚学乖了，柔声回答：“你的儿子。”

这一次，门开了。

尊重他人是一种美德，是一种高尚的情操。只有尊重他人，才能获得他人对你的尊重。所以，尊重他人也就是尊重自己。在日常生活当中，在与朋友、亲人的交往中，孩子要学会尊重家人，尊重朋友，要相互能多给对方一些尊重和理解，人与人之间的感情也就会越处越深。多给予别人一分尊重和理解，你就会多获得一束灿烂的阳光。

独生子女往往以自我为中心，不懂得去尊重别人，自己想说什么话就说什么话，想做什么事就做什么事。因此，教育孩子尊重他人，就显得尤为重要。

不仅要教导孩子学会尊重别人，更要尊重不如自己的人。

在美国，一个颇有名望的富同在路边散步时，遇到一个衣衫褴褛、形同瘦骨的摆地摊卖旧书的年轻人在寒风中啃着发霉的面包。有着同样苦难经历的富商顿生一股怜悯之情，便不假思索地将8美元塞到年轻人的手中，然后头也不回地走开了。没走多远，富商忽然觉得这样做不妥，于是连忙返回来，从地摊上捡了两本旧书，并抱歉地解释说自己忘了取书，希望年轻人不要介意。最后，富商郑重其事地告诉年轻人说：“其实，您和我一样也是商人。”

两年之后，富商应邀参加一个商贾云集的慈善募捐会议时，一位西装革履的年轻书商迎了上来，紧握着他的手感激地说：“先生，您可能早忘记我了，但我永远也不会忘记你。我一直认为我这一生只有摆摊乞讨的命运，直到你亲口对我说，我和你一样都是商人，这才使我树立了自尊和自信，从而创造了今天的业绩……”

富商万万也没有想到，两年前一句普通的话竟能使一个自卑的人树立了自尊心，一个穷困潦倒的人找回了自信心，一个自以为一无是处的人看到了

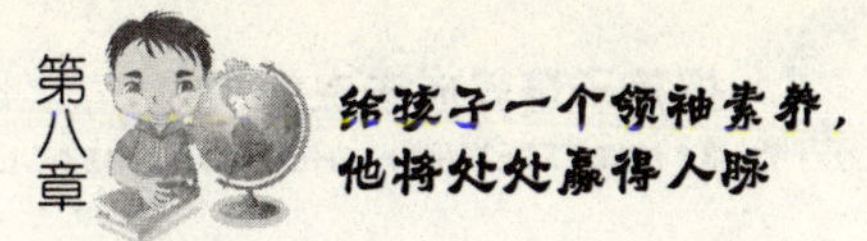

自己的优势和价值，终于通过自强不息的努力获得了成功。

不难想象，这位富商当初即使给年轻人很多钱，没有那一句尊重鼓励的话，年轻人也断不会出现人生的剧变。这就是尊重的力量！

那么，家长该如何正确引导孩子学会尊重别人呢？

首先，要引导孩子在态度上尊重别人。比如老师讲课或别人谈话时，要注意倾听。教育孩子要从生活细节上尊重别人。比如孩子如果蓬头垢面，不仅有损自己的形象，也是对老师的不尊重；站着和别人交谈时，不要连连跺脚；与老师、长辈交谈时，勿跷二郎腿；别人办喜事，就不要说不吉利的话；办丧事，就不要兴高采烈。类似上述的这些要养成习惯，都需要从小训练。

其次，守时也是一种尊重。和别人约好时间做什么，准时赴约。要在学校，对于老师安排的集体活动要准时积极地参加。尊重孩子的权利，孩子平时读什么书、唱什么歌，课余时间怎么安排，父母可以给孩子提建议，但绝不可以把个人喜好强加到孩子身上。同样，在学校，孩子不能影响其他同学学习和活动，如果孩子自己不去学习还影响别人，这就是不尊重别人学习权利的表现。

第三，尊重他人的劳动成果。教孩子学会尊重，很重要的就是一定要尊重普通的劳动者。孩子经常出现倒剩饭、乱洒水、乱扔瓜皮纸屑的行为，都是不好的表现。父母应让孩子适当地参与劳动，当他体会到劳动的辛苦时，才会尊重他人的劳动成果。

第四，尊重他人的意愿。孩子应该学会尊重别人的意愿和想法，凡事不要强迫别人。尤其是当同学的想法跟自己的想法发生冲突的时候，不要强行将自己的想法强加到别人的身上，要学会尊重别人的意愿。

第五，在家庭生活中，父母们应该尊重孩子，成为尊重别人的榜样。英国著名教育家斯宾塞说过："野蛮产生野蛮，仁爱产生仁爱。"同样，父母以应有的尊重对待孩子，孩子才会懂得尊重。对孩子的尊重应充满于日常生活。如果孩子帮你做了事，要对孩子说谢谢。有什么事，我们可以和孩子商量而不是命令。父母在家庭中要互相尊重，父母之间的尊重，会在潜移默化中给孩子以良好的影响。父母之间也应经常说“谢谢”“对不起”“不客气”“你请”等等。有些父母经常当着孩子的面揭对方的短处，甚至谩骂对方。这会给孩子造成很恶劣的影响。父母要成为尊重别人的榜样，处处尊重别人。

父母的一些不尊重别人的行为都会给孩子带来不良的影响。当孩子有不尊重别人的行为时，可能他并不是不尊重别人而是他还不理解这样做是不尊重别人，还没有意识到自己这样做会伤害别人。这时我们不要责骂孩子，而是要静下心来，问问孩子为什么要这样做？问问孩子如果别人这样对待自己，自己会有什么样的感受，然后有针对性地指出这样做的坏处。告诉孩子有教养的孩子应该同情别人、帮助别人。尊重别人的人才会受到尊重，尊重别人就是尊重自己。

第九章

给孩子一个领袖心态，他将承受一切磨难

领袖往往意味着承担更多责任和更大压力，所以要想培养出优秀的未来领袖，我们必须锻炼孩子面对人生种种境遇时的耐受力和康复力。如果孩子拥有了这种坚毅勇敢的领袖心态，那么在未来的生活中，面对任何新的压力、新的困境时候，他的应对办法就会既多又好，足以应对一切磨难。

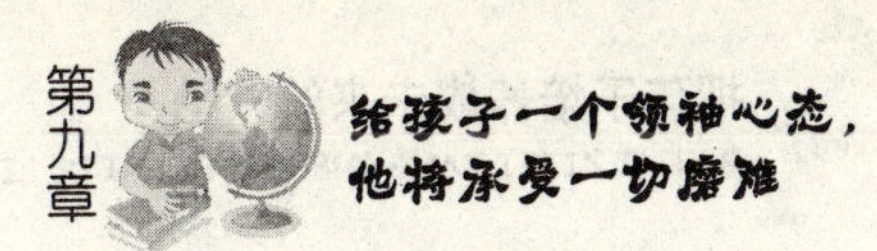

培养孩子的吃苦精神，让他勤勉自强

中国有句古语：吃得苦中苦，方为人上人。经常可以在老一辈人对后辈的教诲中听到这句话，人只有具备了吃苦耐劳的精神和信念，才有可能成功。对于学海泛舟的莘莘学子，对于努力拼搏的职场新人，这句话都可以说是毋庸置疑的真理。放在子女的教育问题上，这句古语同样具有极为重要的意义。

现在的社会，独生子女占主导，“掌上明珠”“怀中珍宝”，几乎是每个为人父母者对自家孩子的定位。孩子只有一个，苦难、磨练，这些“困境”几乎也是每个家长都不愿让孩子涉及的，“捧在手里怕冻着，捂在胸口怕化了”，这种溺爱子女的状态在每个家庭中几乎是在所难免。由此导致的结果是什么呢？曾经有一个非常简短的针对中学生的采访，记者随机找到了一位叫小雨的初二学生，问了一个很平凡的问题：“你平常在家自己洗衣服吗？”“不洗。”“那你的衣服脏了怎么办？”小雨带着一副理所当然的表情回答：“有我妈妈呢。”“那妈妈没时间呢？”“那就交给我爸爸呗！”

小雨就是中国的新生代代表，生活中父母的荫蔽不在话下，父母不在，更有金钱可以帮他解决衣食住行。小雨拥有了物质上的一切，可他偏偏就是缺少了一种吃苦耐劳、勤勉自立的精神。每个人呱呱坠地，来到这个大千世界的时候，行为、意识都可以是说是一片空白，先天具备的可能只有一种求生的本能。在求生的过程中，如果父母能够给予适当的挫折教育，使孩子从小就能懂得“吃苦”二字，懂得怎样去“吃苦”，懂得怎样独立生活，可能那些“豌豆公主”般娇弱的孩子将会表现出令人惊讶的坚强和独立。在中国，像小雨这样“衣来伸手，饭来张口”的孩子尤其普遍，父母们把能给的全都给孩子，不能给的通过其他方式也要为孩子做出补偿，为了下一代能够安然无忧地生活，父母们简直无所不能。而唯一“不能”的，就是让孩子从小尝试吃苦。

无论你是平民百姓，还是富商豪贾，吃苦，不失为一种教育孩子最为直接也最为有效的方式。

冯洁的父亲冯爱华是个人尽皆知的“地板大鳄”。但冯洁从上小学开始，就从未有幸乘坐“宝马”上下学，每天的“三点一线”，都是冯洁跟几个小伙伴一起坐着拥挤的公交车走完的。冯洁吃的、穿的、用的，不过就是在班级的平均水平。从小，冯洁就像一个平常百姓家的孩子，衣着朴素，生活勤俭，每个月只有固定的零用钱，父亲并不会因为家境富裕，就无止境地满足她的物质需求。上了中学之后，冯洁更是“无缘”再住在自家的“豪宅”当中，而是搬到学校，跟同学小姐妹挤在狭小的四人宿舍，每个月的生活用品支出都被冯洁仔细地记账，这位富豪千金的月支出有时候甚至只有三十块钱。就这样，冯洁在父亲严厉的挫折教育中漂洋过海到英国留学，但冯爱华对身在异乡的女儿依旧实行了磨练、吃苦的教育准则。

冯洁每年在英国的学费和生活费用需要将近30万元，冯爱华就将这笔钱交给女儿自主支配。有一次，冯爱华接到了女儿的“求助电话”：预算不够了！相隔万里的父亲想到女儿的窘境，心里自然是万分痛楚，但他还是“狠心”地告诉女儿：“这是你自己做的预算，超支了自己想办法。做不到的话，你在我这里就等于没有信誉。”狠心的教育，换来的不是女儿的记恨，而是女儿严谨的预算方式。有一次冯洁回国，她为自己安排了这样一条路线：北京——乘坐飞机到重庆——乘坐大巴回成都。这样的路线，虽然不能享受“空中客车”上舒适的环境，却为冯洁节省了一笔可观的费用，可以帮助她更好地安排生活，而不是事事靠父母。通过这件事，冯洁变得更自立了。

“吃苦耐劳”是中华民族的传统美德，冯爱华毫无保留地将这一传统传授给了女儿，后天的培养和磨练，不仅是培养了成功、独立的下一代，更为冯洁的一生打下了一个良好的地基。孩子是父母的希望，也是整个社会发展的希望，自立、吃苦耐劳的人才是这个社会真正所能容纳的。“衣来伸手”的“温室花朵”一旦离开了父母这颗大树的荫蔽，独自一人去接受生活的挑战、命运的考验，可能等待他的只能是一败涂地和碌碌无为。

为孩子创造一个锻炼他们、磨练他们的环境，给孩子找苦吃，将来面对社会上狂风暴雨般激烈的竞争，我们的孩子才有可能迎头而上，如同海燕般勇敢穿梭。正如屠格涅夫所说：“你想成为幸福的人吗？那么首先要学会吃苦。能吃苦的人，一切的不幸都可以忍受，天下没有跳不出的困境。”为了让孩子得到永久的幸福，请父母们现在就让自己具备一颗“残忍的心”，再为孩子制造适当的挫折与磨难，十几年之后，你看到一定会是一个独立、勤勉，而又自强不息的社会精英。

帮孩子坚定信念，不把人生交给命运

每个人刚出生的时候都是一张白纸，命运并不能在上面勾画，而是需要自己一步一个脚印地去添补空白。孩子小，也许还不懂得奋斗的道理，这个时候，家长就更需要帮孩子坚定信念，不把人生交给命运，而是交给自己的双手，靠自己的打拼从无到有，从平凡到成功。

命运主要由环境和性格来决定，而不是上天注定，完全可以靠人力改变的。赫拉克利特有这样一句名言："性格即命运。"既然性格可以塑造，命运当然可以改变，所以作为家长，就更要灌输孩子靠双手打天下的信念了。

商界的传奇山德士出生于美国中部印第安纳州一个普通的农场中，童年平凡朴实。他平静地生活在6岁时被打破了，父亲在这一年突然去世，为了维持生计，他的母亲——这位曾经的专职家庭主妇不得不白天跑到当地一家罐头厂去削土豆，晚上回到家还要帮人家缝缝补补，一家人生活困苦。

父亲的去世，家庭条件变差，并没有打垮他。作为家中的长子，小山德士自然而然地承担起了照看两个弟妹的任务，为母亲分忧解难。为弟妹做饭成为他人生的第一堂烹饪课，据说聪明的小山德士在一年后就学会做20多道菜，成为小有名气的"小厨师"。

10岁那年，他在当地一家农庄找到了一份零工兼职，但为了补贴家用，他很快就从学校辍学，在农庄里找了份全职的工作。之后的日子，他当过农民，加入过美国陆军；他先是在阿拉巴马卖过保险，又在俄亥俄开过一家汽艇渡口小公司；在哥伦布市商会当秘书的同时，他还曾自己开过一家燃气灯厂；他不仅曾成为伊利诺伊中央铁路局的雇员，还在堪萨斯小石城当了一段时间的治安官……在他为生计四处拼命的时候，他的足迹几乎遍及整个美国的中南部，却没有一件办成了气候。命运也许喜欢跟他开玩笑，他的人生遭遇了常人不敢想象的挫折。

当时间来到1930年，扑面而来的经济大萧条开始影响到每一个人，山德士发现自己很难再找到一份满意的工作，于是决定自己再创一番事业。这一年他已经40岁，常人也许就向命运屈服了，然而，山德士并不相信命中注定，他相信人的力量，他相信只要有意志力，困难并不可怕。

山德士很快在肯德基州繁忙的25号公路旁开了一家加油站。面临经济大萧条的艰难时世，为了增加收入，山德士希望自己的加油站在喂饱汽车肚子的同时，还可以填饱过往旅人的肚子。于是，在妻儿的帮助下，山德士迈出了自己在快餐行业试探性的第一步。一张桌子，六把椅子！山德士的小加油站旁的简陋摆设，成了日后肯德基庞大快餐帝国的起点。

山德士开始在这里推出自己拿手的各种家庭美食，其中就包括后来闻名于世的肯德基炸鸡的雏形——当然，那个时候还没有名称，只是一块简单的炸鸡。便捷的快餐形式是如此成功，不久之后，山德士就不得不择址新建了一座汽车旅馆。在那里，他不仅可以为过往的汽车加油，还建设了一间备有142个座位的餐厅。因为缺乏酒店管理经验，他还专门跑到康乃尔大学去进修了两个月，成为了一名高龄学生。就这样，靠自己的意志，他战胜了多灾多难的命运，成为了快餐界的骄子。

靠信念，才能成功，有信念才能自信，那么如何让孩子拥有领袖般的心态，能够坚定自己的信念呢？其实这并不难，要有坚定的信念，首先要确定自己想做的事，只有心里认定了这件事，并真的想好好做好，做成功，做人做事才会有动力，有信念把它做好，才会形成坚定的信念，始终如一！培养孩子坚定的信念主要分为一下两步：

第一，定位。首先要让孩子明白自己，了解自己，知道自己的长处，了解自己的不足，这样才能树立正确的人生目标，坚持正确的前进方向；才能对自己的目标有热情，愿意付出。

第二，方法。做任何事情，方法很重要，在培养孩子的过程中，一定要注意用对方法，不断激励孩子，让孩子的信念更加坚定，孩子才会敢于挑战自己。

人最大的敌人就是自己，自己内心的信念与自身的软弱、懒惰等等一些因素做的斗争，是一场最艰巨的斗争。从成长到成人，从成人到成才，是一个漫长的过程，不是一朝一夕想要实现就能实现的。为了您的孩子能在这漫长的斗争中获胜，请从这一刻教育他，成功靠己不靠天，坚持就是胜利。

为失败庆祝，成功者必然经历失败

从孩子哇哇坠地的那一刻开始，他的人生路就注定了不可能一帆风顺。在人生的“起伏”“上下”“得失”“成败”和“张弛”之中，有人走向平庸，甚至是堕落，有人变得优秀。这其中的差异，来自于一个人对于失败的态度，有的孩子只能在顺境中成长，遇到逆境就一蹶不振；有的孩子却可以把失败看做礼物，把挫折看做考验，从荆棘走向成功。两种截然不同的人生态度在于父母的教育，聪明的父母懂得告诉孩子：成功者必然经历失败。

人生中不是只有成功，没有失败；只有得到，没有失去；只有不断的升迁，没有跌入过低谷。真实的人生充满了起起伏伏，艰难险阻。然而优秀的“领袖们”，能够正确地面对这些变化，不为眼前的进退得失所困。在这些变化过程中，能够不断地超越自己的人，能够总结失败原因的人，最终才能取得成功。

从前有一只小蚂蚁，它的目标是环游世界。在长途跋涉中，一条宽阔的河流挡在了它的跟前。它一次又一次地试图匍匐在残枝败叶上借风而过，可每一次都被狂风巨浪给卷了回来，有几次还差点葬身河底。但是无数次的失败并没有使它失去信心，小蚂蚁还是对自己有信心。它认为一次不能过去，并不代表永远不能过去；暂时的失利也不代表永远失利。于是，它便继续苦守在大河的岸边，寻找过河的良机。一日，在这条大河的边上，停靠了一艘渔船，小蚂蚁终于借助这艘船的力量，横渡了这条大河，也横渡了它心中认为难以逾越的鸿沟。小蚂蚁最终跨越了失败到达了成功。

小蚂蚁的故事告诉我们，任何人哪怕他渺小的像个蚂蚁，只要他能承受住失败，最终一定会走向成功。

孩子从小到大的路是由幸福和悲伤、成功和失败、欢乐和痛苦交织而成的，只有当他经受住成功和失败的考验，才能够显示出自己的真正价值。一个成功者失败的次数有时还要多于成功的次数。但是，成功者的失败，不同于失败者的失败。成功者的失败，绝不容许其成为决定性的失败。孩子小，家长一定要帮助孩子学会如何面对失败，如何走出失败，走向成功。

运动会结束后，在回家的路上，涛涛神情沮丧地对母亲说："妈妈，我今天得了倒数第一。"母亲却没有怪孩子，而是走到孩子的面前，蹲下身来，将双手放在儿子的肩上，慢慢地说："今天的跑步，妈妈已经看见涛涛在拼命地跑了，妈妈不会因为涛涛落到了最后就不高兴的。即使是跑最后一名，只要是认真地跑了，就是最好的！相信涛涛下次一定会进步的！"涛涛的脸色渐渐地恢复了平静，重新露出了笑容。

当孩子为失败而感到灰心时，家长应该理解孩子，并用温馨的态度表示出自己的理解。

有一名老教授的儿子，从小学到高中不仅学业一直名列前茅，其他方面也很好，他从来就没输过。然而上了重点大学之后，在众多的尖子生中很难再独占鳌头——他输了，但没有输得起，因为他从小就不知道如何面对失败，家长没有给他讲过如何战胜失败。因为考试没通过，学校要他留级，他就离校出走了。

像这样因一时受不了失败的打击而离家出走甚至自杀的事例，在现实生活中屡见不鲜。究其根源，是在孩子成长过程中，家长没有针对性地培养孩子对失败和挫折的适应能力。

家长应该如何帮助孩子适应失败，战胜失败呢？

首先，家长要转变对孩子失败的消极认识。长期以来，父母们普遍认为，小孩子心理承受力差，只能接受成功的东西，而误以为"失败"只会让孩子伤心和痛苦。因而把成长路上的失败看成是有百害而无一利、必须予以杜绝的事情。于是，很多事情都是家长代劳，把孩子失败的可能性尽量降到最低。这种观念直接影响了孩子在以后人生路上应对失败的能力，以致最终形成心理落差。事实上，小孩子早期适当的失败对其意志品质和良好个性的形成以及提高适应力是很有好处的。因此，家长应转变那种认为孩子只能成功不许失败的错误观念，正确看待失败挫折的教育价值，从小开始教育孩子如何应对失败。

其次，家长在失败挫折教育上不仅仅是照本宣科，而是要言教与身教相结合。家庭是培育孩子的地方，是孩子人生的起点站。作为家长，平时应该注意提高孩子承受挫折的能力，用言语去鼓励、教育孩子应该怎样正确对待失败。同时，家长在现实生活中适当地把现实生活中大人的失败事件和自己对失败事件表现出的积极态度展现给孩子，让孩子明白失败只不过是人生路上的一个绊脚石而已，每个人或多或少都会遇到，自己是可以走出失败的。

最后，家长可以在孩子成长路上创设一些失败挫折的情境。家长如果在教育孩子的过程中经常利用或创设这样的情境，进行多样性的失败挫折教育，就可以培养孩子的"实战经验"，孩子应对失败挫折的高素质就不难养成了。在孩子遭受失败时，家长要帮助孩子用合理的方法排泄消极情绪，使孩子保持积极乐观的心态，具有不怕困难、自信、果敢、坚强等良好性格。

在孩子的一生中，我们不能否认鲜花与荆刺相伴，也不能否认成功与失败并存！为了让您的孩子能够面对失败，走出失败，家长一定要教导孩子如何应对失败，如何从失败走向成功。

面对挫折，问问孩子是否全力以赴

不同的人，在同一情境中受到相同的挫折时，会有不同的反应，在能否经常受得起挫折打击上表现出明显的不同。有的人在挫折中一蹶不振，有的人穿越挫折，走向成功。两种截然不同的结果不仅因为各人经受挫折时的心理状态不同，对挫折的认知、评价和理解不同，还在于他们对待挫折的态度和应付挫折的行为方法的差异。能够以积极的态度和合适的方法对待挫折、克服障碍的人，其挫折的承受能力就强，就能更好地获得对挫折的良好适应。想要您的孩子能够成为后一种的成功人士，就要先问问孩子，面对挫折，他能否全力以赴。

挫折是生命中的插曲，每一个人都会遇到。不是遇到这种不幸，就是遇到那种厄运；不是遇到大坎坷，就是遇到小麻烦。虽然我们不欢迎挫折，不喜欢挫折，但又总是躲避不开它。所谓“一帆风顺”“万事如意”，往往只是人们的良好希冀而已。纵观古今，许多著名的科学家、文学家和政治家大都是在逆境中坎坷中磨砺过来的，成功人士无不是在挫折中越挫越勇，取得成绩。

爱因斯坦从小就是个越挫越勇的孩子。有一次上手工课，他想做一只小木凳。下课铃响了，同学们争先恐后拿出自己的作品，交给了漂亮又严厉的女教师。爱因斯坦没有拿出自己的作品，急得满头大汗。女教师宽厚地望着这个数学、几何方面非常出色的男孩，相信他能交上一件好作品。

第二天，爱因斯坦交给女教师的是一个制作得很粗糙的小板凳，一条凳腿还钉偏了。看着明显不合格的板凳，满怀期望的女教师十分不满地对全班同学说："你们有谁见过这么糟糕的凳子？"同学们窃笑着纷纷摇头。老师又看了爱因斯坦一眼，生气地说："我想，世界上不会再有比这更坏的凳子了。"教室里一阵哄笑。

爱因斯坦却很坦然，他走到老师面前，肯定地对老师说："有，老师，还有比这更坏的凳子。"教室里一下子静下来，大家都迷惑不解地望着爱因斯坦。他走回自己的座位，从书桌下拿出两个更为粗糙的木板凳，说："这是我第一次和第二次制作的，刚才交给老师的是第三个木板凳。虽然它并不使人满意，可是比起前两个总要强一些。" 这回大家都不笑了，女教师向爱因斯坦亲切地点着头，同学们也向他投去敬佩和赞许的目光。面对做不好板凳的挫折，爱因斯坦并没有退缩，而是不停地努力使自己进步，正是他这种面对逆境全力以赴前进的性格，让他成为了世界闻名的科学家。

人的一生不可能一帆风顺，增强挫折的承受能力是每一个孩子的必修之课，家长在教育孩子的时候，一定做到以下几点：

首先，家长要有一个宽阔的胸怀，教育孩子勇于面对挫折，首先从自身做起。如果家长心胸非常狭窄的话，孩子如何宽阔？家长工作上遇到的事情表现出对抗挫折的情绪，孩子看在眼里，就会记在心里。首先家长要有宽阔的胸怀，这点非常重要。所有家长要改变自己，首先提高自己的素质，让孩子做一个胸怀宽大、有爱的、高素质的人，那么对抗挫折的能力就具有了。

其次，孩子不是一个家的中心，大家地位平等。我们的家庭总是一个父亲，一个母亲，中间夹着一个孩子。多人围绕一个孩子，孩子会以自我为中心，不会考虑到别人，当遇到挫折时，情绪反应就会反应到爸妈、爷爷奶奶、姥爷姥姥身上，这种现象需要改变。孩子有孩子的世界，大人有大人的世界。要平等对待孩子，而不是让孩子觉得他最重要，否则一旦受到一点打击，孩子就会觉得天塌了下来。

第三，当孩子受到一点小小挫折时，家长不要兴师动众。要知道，实施教育的时刻到来了。有家长当孩子受到委屈、受到挫折时，与孩子一起落泪，很生气。家长真的不必难过，家长应该好好教育孩子，首先了解事情经过，让孩子说出来，作为倾听者，分析事情的原由，为什么有这样的事情发生，教育孩子就是生活中的教育。当孩子无措时，我们首先要了解事情的原由，然后引导，说到孩子的心里，在这个过程中自然而然中就渗透到生活中教育，这就是家庭教育的特色。每一次孩子遇到问题、遇到挫折时都是家长教育孩子的最好的时期，只有犯错误，孩子才能成长，家长才能以实施教育渗透进去。当孩子每次受挫时，家长千万别难过，不要有情绪表现，一定要控制自己情绪，实施家庭教育。

最后，家长们应该放手让孩子去面对失败和痛苦。只有让孩子去经历、去感受，孩子才能明白什么是失败。这就是教会孩子面对挫折，越挫越勇的最好方法。就是让孩子去经历、去面对一些东西，让孩子面对他的痛苦，只有在经历的过程中让孩子感受，而家长要作为一个倾听者。每个孩子个体都不一样，在了解孩子的失败跟痛苦后，家长要用语言、思想去感染孩子，慢慢地帮助孩子分析、总结，让孩子明白，失败不可怕，挫折不可怕，没有什么是自己不能战胜的。

人的一生起伏荡漾，人的生命似洪水在奔腾，不遇着岛屿和暗礁，难以激起美丽的浪花。一个人成就事业的过程往往也就是他战胜挫折的过程。强者之所以为强者，并不是因为他们没有遇到过挫折，而是他们遇到挫折时根本没有消沉和软弱过。为了您的孩子能够成为时代的弄潮儿，能够经得住大风大浪的考验，从现在起，提高他应对挫折的能力。

给孩子制造“麻烦”，提高他的承受能力

一家一个宝，现在的孩子想要什么就能得到什么，很少尝到困难、挫折的滋味。家长望子女成龙成凤心切，关怀备至，孩子要什么给什么，几乎从不对孩子的要求说不。然而，结果却令家长大失所望，精心培养的孩子竟然养成了怯懦、吃不得苦、经不起挫折等不良品性。可见，顺境反而对孩子的成长不利。因此，科学地培养孩子，应当有意识地为孩子创设一些“困境”，让他们逐步提高耐挫折的心理承受力。

随着家长越来越溺爱孩子，大部分孩子变得都只听得进别人的赞美之词，听不得任何人的反对和批评；有的孩子外表高傲，有智慧，但内心深处敏感多疑，经不起任何起伏；有的孩子只能接受成功，一遇到不顺心的事情，就会有极端的举动，甚至轻生……这种心理会给孩子的成长带来很大的危害，因为它的本质是脆弱。所以，家长一定要注意在日常生活中提高孩子的承受能力。

婷婷从小就参加书法、绘画、演讲等特长培训。每到周末比上学还忙，婷婷也很争气，成绩不错，书法获过奖，平时也做个班级的小主持人，父母也很以为傲，经常对朋友夸奖婷婷。转眼上初中了，婷婷来到了一个新集体

中，迎新晚会，班主任选了另外一个同学担任主持人。落选的婷婷情绪低落，几天不肯吃晚饭，甚至不肯跟人讲话，喜欢上的演讲课也提不起精神。父母非常着急，却不知道怎么办。

一个小小的挫折就打击到了婷婷，试想在将来的人生，婷婷又能如何应对呢？所以说家长在注重孩子才能的培养的同时，不能忽略了孩子心灵培养，尤其是承受力的培养，那么如何培养孩子的承受力呢？下面这些方法，可以帮到广大的家长。

首先，不要把孩子的生活环境打造得一帆风顺。过于宠爱，会导致孩子自私放纵，家长可适当地为难一下这些孩子。根据孩子的实际情况，设置一些经过努力可以克服的困难，使他们在与困难作斗争的过程中，体验到成功的喜悦，从而增长智慧、提高勇气、磨练意志。如根据孩子喜欢活动这一特点，故意设置一些有点难度的活动，让他们开动脑筋多思考，依靠自己的力量来解决困难，使他们体会到跳起来摘到的苹果滋味更美。当然家长在孩子遇到难于克服的困难时，应适时地加以指导和启发，防止他们由于缺乏耐挫折力而失掉成功的机会，或敷衍了事，半途而废。在孩子能够尝试着解决麻烦，并从中获取乐趣之后，他的承受力也在不断增加。

其次，要从小纠正孩子喜欢任性的坏习惯。孩子的任性，如不适时得到矫正，就会成为不良“顽疾”，后果不堪设想。对此，家长应该有意识地矫正孩子的这种任性心理，使孩子懂得：人生是会有失败与成功的，只有提高自我控制能力、抑制任性，才会身处逆境而不丧气失志，才能做到胜不骄、败不馁。培养孩子应对突发事件的能力。

第三，注意教育方式。目前，许多家长教育诱导不足，姑息迁就有余，一切以金钱开道，甚至是你吃完这碗饭奖赏五元钱，导致孩子经不起挫折。所以家长还应该有意识地培养孩子的受挫的心理，当孩子落后时，切忌同情心过分外露，因为这些孩子多在表扬声中成长，已经滋生一定的虚荣心，容不下挫折。这时应当采用“冷处理”的方法，让他们静静地反省自律，吸取教训，扬长避短。这对于培养他们的不怕受挫的心理品质是十分有益的。当孩子遇到麻烦时，如果是在孩子能够自己解决的范围之内的话，家长就一定不要插手。

最后，教育孩子要“动脑”，而不是“动手加动口”。当前，不少父母在家庭教育问题上陷入误区，父母或“忘我奉献”或“心灵施暴”。有的从牙缝里抠出钱来满足子女的非分要求；有的当子女偶尔考试成绩不理想时，便骂声开道，棍棒交加，使这部分孩子没有勇气面对挫折。家长在教育孩子的时候一定要多动动脑，如想纠正这种错误做法，家长也可运用故事激励法，让他们增强战胜困难和挫折的信心。如张海迪身体瘫痪，但仍以毅力的大锤敲开了生活大门的铁锁，用意志的犁铧开垦了知识的沃土的故事等。这样，故事中的主人公对待困难挫折的积极精神、乐观态度及处理方法，会潜移默化地影响孩子，使得他们今后再遇到挫折，都会有所准备而不至于惊慌失措，在心理上增强抵抗力。家长应该十分重视培养孩子的耐挫折力，让他们在挫折中长一智，让他们在抵抗挫折中不断成熟、不断成长。

孩子不能永远生活在父母创造的温室里，现实社会的竞争越来越激烈，如果一个人受不了委屈、经不起挫折、害怕困难，又怎么在社会中生存呢？因此，与其为孩子安排好一切，不如教会孩子面对一切，这才是对孩子真正的爱。作为家长，我们不妨在孩子成长的过程中“制造”一点挫折，让孩子学会在逆境中保持自信，提高他的承受能力。

让跌倒的孩子自己爬起来，他会更坚强

不经历风雨，怎么见彩虹？经过挫折锤炼而成长起来的孩子才更具社会竞争力。挫折能够激发孩子的潜能，使孩子能更好地适应现代社会，真正享受成功的喜悦。不懂得自己爬起来的孩子，就像温室里的花朵一样，会被真实世界的风霜夺去它的光彩。想要孩子在今后“闯世界”的途中可以经受住大风大浪，那么就从这一刻开始锻炼他，让他变得更坚强。

独生女江韩可是家里的小太阳。平时，父母无微不至地关心她，爷爷奶奶更是视她为掌上明珠。只要是江韩想要的东西，父母都会尽量地满足。江韩也很争气，整个小学阶段，基本上每次考试都是年级前三名，亲戚朋友无不夸江韩是个好孩子。小学毕业后，她顺利考入了一所理想的重点中学。可是入学以后，江韩却觉得越来越失落：自己原来的优越感一下子全没了。身边的同学都是那样优秀，课堂上江韩偶尔回答不出来的问题，总有那么多的同学似乎不假思索就能说出答案；老师的目光在江韩身上停留的时间也越来越少了；开学不到一个月要确定班干部，结果名单里也没有了江韩；语文课上，好不容易争取到了回答问题的机会，竟然答错了……这一切，其实很多刚进中学的学生都会经历，大部分学生能迅速地就适应了新环境。然而，这一点点的压力却让江韩不断地怀疑自己、责备自己，她甚至感到自己再没有脸面回去见父母了。期末考试，江韩的成绩一下子掉到倒数第5名，整个人都变得萎靡不振。仅仅是新环境、新同学的一点“新压力”，就把江韩压得喘不过气来，归根到底，就是因为江韩的父母从未想过给孩子讲解如何应对、化解压力。

一个孩子不仅要有天资、勤勉、进取之心，不仅要学习好，更重要的是还要有一种经受得住挫折和磨难的韧性，这样才会使人生臻于完善，走向理想的归宿。越来越多的例子告诉我们，要教育好下一代，除了要教孩子掌握一定的科学文化知识和技能外，还必须帮孩子塑造良好的思想素质，教孩子学会面对困难、面对挫折。这是一堂重要的人生之课，只有学好这一课，才能具备成功者的素质，才能具有生活勇士的坚强毅力，从而成为一名生活的强者。

父母是孩子的第一任老师，对孩子的性格的塑造起到了决定性的作用。作为家长，不论希望孩子将来干什么，都要培养孩子从小学会面对困难、面对挫折，不能一味地将他们视为掌上明珠，不让他们受一点委屈。也不要以为多给孩子方便、少让孩子遭受挫折就是爱孩子，实际上是过早地剥夺了孩子的吃苦精神和创造力培养的机会，只能让他们长大后陷于平庸和无能。

跌倒了自己爬起来，从小培养顽强的意志力、忍耐力，坚韧不拔、不屈不挠的精神，最终才会获得成功，才能在竞争中立于不败之地。给孩子一点挫折，对孩子的一生是大有益处的。放开手让孩子独立面对生活的各个方面，并适当地给以小小的“刁难”，放手让孩子自己爬起来。

唐唐对干家务活一窍不通，却十分有热情。每到星期天，他总是抢着替妈妈干活。但是，因为以前没有干过，他干的活总是“质量”不高——拖地把地板拖得像“猫脸”、做饭烧煳了粥、洗碗洗得一片狼借。妈妈却很赞赏唐唐热爱劳动的精神。唐唐洗衣服总是洗不干净，洗了几次，唐唐有些灰心，他沮丧地问："妈妈，我是不是很笨啊，怎么总洗不干净？"妈妈笑着鼓励他："你不是笨，而是太急躁，又没有经验。你要有点耐心，掌握一些技巧，就能洗好了。"在妈妈的不断鼓励和手把手示范下，唐唐又增强了信心。过了一段时间，他就把家务活干得像模像样了。

孩子跌倒的时候，父母最需要做的不是扶起孩子，而是应该鼓励害怕自己爬起来。在孩子的成长过程中，父母要首先排除"怕"的干扰，敢于放手，不怕孩子碰壁、撞钉子。让顺境中成长起来的孩子看到，出现挫折是一种必然，一定要勇敢地面对它。成功的人大多是不怕挫折、有能力经受挫折的人。父母要让孩子明白，人人都会遇到困难和挫折，它是人生最亲密的朋友，关键是如何面对它。要引导孩子正确对待挫折，教育孩子面对挫折不害怕、不退缩，敢于迎着困难上，树立战胜挫折的信心。

孩子的成长不可能没有挫折，关键在于家长如何帮助孩子面对挫折。挫折是一种珍贵的资源，也是一种人生的财富。父母应引导和培养学会如何化解挫折，如何在跌倒的时候爬起来，如何把挫折化为动力，帮助自己前进。

父母要想让孩子健康成长，在充满竞争的社会中立足，就一定要科学地培养孩子坚韧不拔的意志和毅力，教会他们敢于面对挫折，不怕失败，跌倒了自己爬起来，勇于接受艰难困苦的磨练。这样才是称职的父母，孩子的未来才会充满惊喜。

不要心软，挫折是孩子最好的营养品

人生难免出现挫折。当挫折出现的时候，有人会说："算了吧，下次再说！"于是他们临阵退缩，最后弄得一事无成。也有人说："来吧，困难，我一定把你击败！"每个家长都希望自己的孩子能成为第二种人。如果我们能成功地让孩子倾向于第二种态度，那么这也算是我们在孩子的人生路上送给他一个不可多得的礼物。所以在教育孩子的过程中，一定不要心软，要知道，挫折是孩子最好的营养品。

孩子们的成长过程就是一个尝试的过程，当然不可避免的是，孩子会碰壁，会遇到阻碍，让他们没有办法实现自己的某一个愿望，因而他们感到无助，甚至有片刻的挫败感。父母不可避免地就碰到这样一个问题：孩子此时需要我们的帮助吗？如果回答"是"的话，那么我们应当在什么时候，如何提供帮助，并且帮到什么程度为止？或许从一开始他们就应该完全学会自己应付一个个小问题。

其实，教育孩子，有一点家长们应该清楚：孩子们在最初几年与挫折打交道所形成的经验，会对他以后的生活、处理问题、寻找答案、承受失望的能力有巨大的影响。所以家长们一定不要心软，要适当地让孩子尝试一些挫折。

挫折可以让孩子变得自立。首先孩子们在积极地不断积累经验的过程中是可以获得勇气的，正是这种勇气使他们有足够的能力慢慢面对问题、解决问题。培养孩子的应对挫折的能力，要从小开始。孩子们喜欢独立的感觉，他们希望自己拿奶瓶，拿勺子和小碗，他们想自己穿鞋，自己夹菜，就像爸爸妈妈那样。而且也只有大人允许他们尝试这些事情，他们才会有独立的感觉。比如说，孩子的纽扣系错了，毛衣穿反了，大多数父母立刻就会说“我来帮你”，或者是“这你还做不了”。父母不应该总给孩子这样一种暗示，“你做什么事情都笨手笨脚的”，最好给孩子一些成长的机会，让他们去发现自己的能力，去尝试新的东西。

小挫折可以锻炼孩子跟他人的合作能力。自立并不等于说在每种情况下都要单枪匹马解决问题，挫折也不是非要自己一个人解决。孩子们需要学习如何在自己力不能及的时候去调动别人帮助自己。要么是寻求父母的帮助，要么找其他的小朋友，找幼儿园的老师，甚至是找陌生人。这样教育出的孩子有协作的能力，有团队合作的能力，并且懂得如何与他人交流，懂得如何体谅与关怀别人。

莉莉在班级里学习中等，写作业总会遇到这样或那样的问题。过去家长看见莉莉在学习中遇到一点点小困难，就赶紧伸出双手去帮助她，甚至把答案直接告诉她，避免她难过。就这样，莉莉的成绩一直没有提高，反而养成了动不动就哭的习惯。后来在老师与家长的谈话中，家长才恍然大悟，原来自己一直都是在“害”孩子，适当地让孩子自己去经历困难跟挫折才是帮助孩子成长的好办法。从那之后，莉莉有什么问题，家长都不会再直接给出答案，而是启发她，或者让她跟同学自己商量，期末考试，莉莉头一次有了进步，而且也变得爱笑了。

挫折可以帮助孩子认识到自己的错误。要想学会与问题周旋，最后还要涉及一种能力——认识和发现错误，并且知道什么时候已经是到了死胡同无力回天了。我们都不希望教育出不撞南墙不回头的人。作为家长每一次当我们马上想帮助孩子的时候，应当先试着以局外人的身份对孩子说："可以再试试别的方法。"仅仅这样一句简单的话，就会给孩子一种启发，会在他们的头脑中留下很深的印象，它会让孩子在解决问题中形成另辟蹊径的勇气。一旦孩子能够将这句话融入个性，它就会帮助孩子们在无限纠缠的混乱中学会摆脱。

比如，教一个3岁的孩子不要总把右脚的鞋穿到左脚上，你可以说："再试试!"这可比不满地马上自己动手帮孩子解决问题效果好得多。这种将问题冷却一下再处理的态度也比较适合家庭内部问题的解决。如果你5岁的孩子在吃早餐的时候说："妈妈，奶。"你可以深呼吸一下，然后笑着说："你再试试别的说法！"这时候孩子可能会想到自己忘了说"请"。在这种教育下，经过长时间的培养，孩子会学会遇到挫折，首先审视自身是否犯了错误，从而及时改正错误。

孩子从小到大，不可能不去经历风雨，父母不可能一辈子都是孩子的遮雨伞。挫折教育能够激发孩子的潜能；能打击孩子的骄傲情绪；能够使孩子真正享受成功的喜悦；能够使孩子更好地适应现代社会。所以，家长们，当你看见孩子们为了一点点小小挫折而哭泣时，千万不要心软，要知道，挫折是孩子最好的礼物。

引导孩子接受有失败记录的自己

不论是在学习还是生活的过程中，每个人都难免会碰到失败和挫折。尤其是幼小的孩子，他们由于受身心发展水平的限制，能力十分有限，同时又缺乏经历和经验，更容易遭受失败和挫折。有时成人看来是很微小的一次失败，对孩子来说，可能是一次不小的危机。在遭遇失败和挫折时，孩子可能会不知所措、失望退缩、丧失热情和信心。因此，家长一定要引导孩子接受有失败记录的日子，学会面对失败。

每个人都会经历失败跟挫折，关键是家长如何引导孩子对待失败跟挫折。如果能够以积极、正确的态度来看待，它们就可能成为孩子前进的动力。反之，则可能使孩子产生一种消极的心理效应，甚至对他们的心理发展造成不良影响。这种不良影响主要表现在三个方面：

一是一次失败当做百次失败，孩子再也不敢尝试。每个孩子都渴望体验成功，失败常使孩子怀疑自己的能力，对失败产生恐惧，害怕再次尝试，不愿继续接触同样的活动。由此，他可能失去更多学习和锻炼的机会。

二是不懂得处理失败，孩子会自己变的看不起自己。经常性的失败经历，加上他人否定的态度和评价，如批评、漠视、不屑一顾、嘲笑、挖苦等，可能会使孩子轻视自己的能力，形成消极的自我评价，认为自己“笨”“不行”。这样的错误归因将影响孩子对自己作出正确、有效的评价。他们可能在自己能够完成任务、实现目标时，错误地预料自己会失败。

即使在成功时，他们也会觉得成功是偶然的，看不到自己的努力所起的作用，而这些问题的产生根本就在于家长没有好好引导孩子处理失败的能力。

三是孩子变得格格不入，面对同伴，抬不起头来。同伴是孩子认识自己的重要参照物。从同伴那里，他们获得别人对自己的一些看法，认识到自己的能力和价值，进而形成对自己和别人的基本看法。失败一方面使孩子失去自信，另一方面则可能使孩子因怀疑同伴不喜欢他或害怕同伴轻视他而对同伴过分敏感。

遭受失败和挫折，会对孩子的心理造成不良影响，会让孩子产生自卑的心态。因此，帮助孩子学会克服困难、正确面对失败是非常重要的。家长可以从以下几个方面给予孩子恰当适时的评价和指导，引导孩子接受有失败记录的自己。

第一，孩子遇到挫折、做事失败的时候，家长的态度对孩子的影响非常大，这时候家长一定要平静地作出反应，多肯定、鼓励孩子。人在平静、轻松的时候，最容易解决面对的问题。因此，当孩子因遇到失败和挫折而出现一些无关痛痒的错误时，家长千万不要反应过头。家长的着急、暴躁、斥责等只会使孩子更加难受，促使其产生不良心理反应。相反，家长如能心平气和地安慰、鼓励和帮助孩子，孩子就有可能抑制和忘却难过，积极思考解决问题的办法。家长一定要避免任何消极否定的评价，如“不要再试了，算了吧”“别做了，做不好就别做了”“怎么这样笨，别人早就做完了”等。这种话语只会强化孩子的失败感。这个时候，不妨采用一些积极肯定的评价，如：“虽然你没有成功，但我想表扬你，因为你在努力尝试，试试就很好。”“你一直在努力，再加把劲，你一定能找到办法。”这样既客观地承认了孩子的失败，又给了孩子信心，让孩子能够积极地面对失败。

第二，家长要培养孩子对待失败的正确态度。同成人相比，孩子还没定型。他对周围的人和事物的态度常常是不稳定的，易受情绪等因素的影响。在碰到困难和失败时，他们往往会产生消极情绪，不能以正确的态度对待失败，表现出畏缩、退却、逃避等消极行为。这时，家长要告诉孩子："不要怕，你努力做就能做好的。""失败并不可怕，你要勇敢，想想办法。""从这次失败中找找原因，争取下次做得更好。""从失败中吸取教训，看看下次怎么做。"家长要有意识地将孩子的失败作为教育的契机，引导孩子重新鼓起勇气，大胆自信地再次尝试。

第三，失败并不可怕，总结经验教训，下次就可以避免。孩子遇到失败和挫折的原因是多种多样的，家长不能动不动就把失败归咎于孩子。在孩子不能正确认识失败的原因时，家长可以结合具体事件和具体情境引导孩子分析、寻找失败的原因，让孩子明白有时失败是由于条件不足、方法不对、努力不够等原因造成的。在归因过程中，家长要注意强调孩子的能力，保护和树立他们的自信心，让他们感到"我行，我要再努力""我能做好的，我要努力争取成功"。当孩子遇到类似的情形，并且处理成功后，他就会学会坦然面对失败了。

第四，孩子遭遇失败的时候，家长最应该做的是提供解决问题的方法，鼓励独立思考和操作。受能力和经验的限制，孩子有时失败后实在找不到问题的答案，确实需要成人的指导和帮助。这时，家长最好能提供解决问题的方法，帮助孩子克服困难。但帮助孩子克服困难并不等于替他解决困难。同样，提供解决问题的方法也并不等于不鼓励独立。相反，提供解决问题方法的最终目的是要发展孩子独立解决问题的能力。这不但会带给孩子克服困难、战胜失败的信心的勇气，还会提高他们克服困难、战胜失败的实际能力。

想要孩子成人、成才，成功与失败都是必要的经验，失败的经验可以加强孩子承受挫折的能力。因此，父母如果善加引导，不但可以帮助孩子以正确的眼光看待得失，还能帮助孩子调适沮丧的情绪，从挫折中再站起来，接受有失败记录的自己，把失败改写成成功。

适度施压，别让孩子生活太悠闲

学习压力过大，可能造成孩子的厌学情绪，让孩子看见书本就头疼，甚至可能压垮孩子。然而，一点儿压力没有也是不行的，在过于顺遂的生活之中长大的孩子，会变得对身边的事物不敏感，遇到问题时手足无措。生活没有压力的孩子很容易因失去动力而放任自流。所以，家长在教育孩子的过程中，既不能给孩子太大的压力，让他喘不过气，也不能一点压力都不给孩子。教育孩子，需要适度地施压，别让孩子的生活太悠闲了。

培养孩子的过程中，不能没有压力。缺乏承受生活压力能力的人遇到一点问题就会失去信心，更不会有成就。人们常说，需要是发明之母。同样的道理，压力可以称为潜能之母。压力有时会把人的潜能发挥到极点。

压力可以让人重生，压力也可以让人长大，同时压力更可以让孩子变得成熟，有自制力、有承受力。

通常情况下，承受力较强的孩子乐观豁达，有满足感和幽默感，热情而有广泛的兴趣，行为自然，机智而自信，善于自我放松；有冒险精神，能自己面对困难，能愉快地接纳自我；有自省能力，能表达自己的意见和感受，也能理解和接受别人的意见和感受；有勇气承认自己的过失并承担责任，能体贴和帮助别人，能与人较好地合作；在遭遇困难时，如果自己没有能力解决，懂得向他人求助。

李佳由农村到城里念初中，班级里的同学几乎都学过英语，李佳明显跟不上老师讲课的速度。虽然李佳课前预习，可还是在课堂上懵懵懂懂，听不懂同学在说什么，期中考试，毫无悬念地，李佳成为了最后一名。最后一名带给李佳压力，但是也给了他动力，他分析了下自己目前的情况，想要完全凭借自己的本事，难度太大。于是，李佳主动跟妈妈提出需要一名家教。他坦承地跟妈妈讲了课堂上的实际情况，并不因为自己英语差而感到沮丧，相反，他跟妈妈保证，有了家教的帮助，自己在期末一定会取得好成绩。就这样，每到周末，李佳上两天英语课，把课堂上不会的，课后没消化的，统统向家教老师提问。就这样在老师的帮助和李佳自己的努力下，期末考试的时候，英语终于没再拉他的后腿。李佳的进步就在于他的承受力比他人好，他敢于承认自己的缺点，不以向他人请教为耻。

承受力较弱的孩子则表现得过于敏感和害羞，行为孤独，不易结交朋友，不易与人沟通，对人际关系持敌对态度，总是摆出防卫的姿态，任性、固执、急躁、缺乏耐心、易闹情绪、遇事爱抱怨、依赖性强、缺乏独立性、行为畏缩、犹豫迟缓、经常以“我不知道”来回答别人的问话，遇到问题，他们不是去冷静地分析，而是慌张地大哭起来。所以，家长为了培养孩子的承受力，就要给孩子适当的压力。

当然，给孩子压力，一定要注意适度。如果压力过重，孩子会发现，无论如何拼搏，却难以实现所制订的目标，这将伤害孩子的心灵和身体，对孩子的成长不利。任何事情都有一定的限度，超过限度就会使事情走向反面。从目前的情况来看，有些孩子不是没有压力，而是压力过多、过重，极大限制了孩子的思维灵活性。所以，家长要给孩子压力，更要注意给孩子的压力要适度。

适当的压力和支持，既让孩子充满挑战的信心，又让孩子得到必要的指导。在这种教育方式下，更有利于孩子的成长，让孩子容易成功。那么，家长应该如何去做呢？下面的几种情况可以给广大家长一个提示。

一种情况，也是在中国家长中最常见的，家长对孩子说：“除非你用功读书，否则你永远上不了大学，看你这样的成绩单，将来只能去扫大街。”这种恐吓的态度，让孩子通常会产生逆反心理，我们称之为“不适当的压力”。不适当的压力会让孩子手足无措、过于惊慌，而忘记如何去应对压力，严重者甚至会变得思想偏颇。

另一种情况，是聪明家长教育孩子的方式。家长对孩子说：“看了你的成绩单，虽然我无话可说，但我知道你本来是有能力得到更好的成绩的。我和你的几个老师都谈过，他们深信你一定可以得到更好的成绩。我知道你一向尽力而为，这一点最重要。我爱你，很关心你的一切，你需要我帮助你吗？”适当的几句话让孩子既了解学习的重要性，知道了不学习没有前途的压力，又会因为有家长的帮助，因此不会压力过大。家长要求孩子进步，但是应当是根据现有状况定出来的合理目标，而不是随口而说，要求孩子拿第一。这种压力，就是“适当的压力”，可以促进孩子进步。

没有压力，就没有奋斗目标；没有压力，就激发不出孩子的潜能。为了孩子的将来，父母要适当地制造一些压力，让孩子懂得发挥出他最大的能力。

第十章 10 给孩子一个领袖财商，他将创造无限财富

在这个市场经济社会中，没有哪位领袖可以避免跟“钱”打交道。培养孩子获取以及支配金钱的能力，对孩子的未来至关重要。做父母的，千万不要认为这一堂理财课可以以后再补，到那时候已经太晚了。就像买电器需要使用说明一样，父母给予孩子金钱之前也要教会孩子怎么处理零花钱和压岁钱，千万不要只做孩子的提款机。所以，在培养孩子领袖素养和各项能力的同时，你千万不要忘了给孩子一个领袖财商。

引导孩子树立健康的财富观念

很多家长会有这样的抱怨：“我的孩子买衣服不买对的，只买贵的，知道的牌子比我还多”；“哎哟，我那孩子连个文具盒都非要买史努比的，春节的压岁钱就光去买了一大堆没用的东西”；“哎，现在的孩子比我们小时候会花钱多了……”

从这些闲聊中可以看出家长的无奈。是啊，现在的孩子很会花钱，也很能花钱。一方面，家家基本上都是一个宝贝孩子，谁都希望给孩子提供最好的条件，对于孩子绝大部分家长都是有求必应，家长不知道什么是正确的财富观念，也不知道该如何爱孩子；但另一方面，孩子的“高消费”“乱消费”也让家长头疼，他们不知道如何培养孩子正确的财富观念。

那么什么是正确的财富观念呢？

简单通俗地讲，拥有正确财富观念的孩子，能明白财富的含义，了解财富是要通过自己的辛苦努力获得的，是来之不易的；他们花钱量力而行，懂得勤俭节约，不攀比不浪费。而现实生活中，这样的孩子并不多，多数的孩子表现出不良的财富观念，最常见的几种财富观念主要有：

一是炫耀家庭的富裕，以此赢得尊重和崇拜。一些家庭富裕的孩子以为家境好就有面子，会更加得到其他同学的羡慕和拥护，因此，常常在其他同学面前炫耀家里的财富和贵重物品。他们认为钱就能解决一切问题，常常大手笔的花钱请同学吃饭玩耍，以此赢得尊重。或者不爱学习，花钱请同学做作业，给同学买名牌等。而一些家庭并不富裕的孩子在这种风气的影响下，有些就变得很自卑，甚至为了让自己有面子而不惜偷盗或者走上违法的道路。

二是互相攀比，铺张浪费。现在的孩子多半都是独身子女，个个争强好胜。孩子都有虚荣心，他们常常比成绩、比零花钱、比衣服的牌子等。这样互相攀比的结果就是很多孩子不顾实际需要以及家庭经济能力，超前超标花钱购物。例如：有的同学看到别人买了一件名牌衣服，自己就想买一套比他的牌子还要“响亮”的衣服。因此，就经常向家长要求买更新、更贵的东西。这种攀比心理，如果家长不及时教育和控制的话，就会渐渐养成不良的财富观念。

中国传统的教育里，孩子是不能接触钱的。我们不少人大概到了成年以后，才知道自己的父母每月工资是多少。可是，今天的社会进入了商品社会，孩子不可避免地要与金钱打交道。对每个家庭来说，如何帮助孩子协调欲望和资源之间的关系，培养一个经济上有责任感的孩子，是一个新的课题。

有的父母觉得，我们小的时候那么苦，想要什么都没有；现在家境好了，孩子想要个玩具，那能有多少钱，还有什么可犹豫的。何况，这些玩具对孩子成长也有好处呀。可是，我们不应该忘记，再丰富的资源也有穷尽的时候。孩子正是从小时候买玩具开始，学会如何对待欲望，需要和资源的合理分配的。无穷尽地索取的孩子，任何愿望都立刻得到满足的孩子，长大了难以胜任大事，也难以从工作和生活中得到快乐，产生幸福感。

很多香港的富二代，大多有在美国打工的经历。家里绝不是缺乏资源，可是很多孩子要自己打工挣零花钱。到底这是一个家族的偶然兴起，还是有意为之。其实，这是家族培养接班人的精心设计的战略。看到这些富家子弟打车专挑面的而避开夏利，在路边摊上买日用品和礼物，假期在公司里从底层做起去认真地实习。这些磨练让他们从小明白工作的价值和工作能带来的满足感，而不是躺在祖先的树荫下乘凉，这不仅有利于家族事业的延续，对孩子将来能幸福而有价值地过一生，也至关重要。

美国有不少儿童财商教育方法，大都建议从孩子3、4岁就开始让他自己管理一点零花钱。有的人主张，孩子每周完成一定的工作——比如擦桌子、洗碗，但不包括个人管理方面的事情，比如刷牙后，大人可以给孩子固定数额的钱；比如三岁给三块钱，四岁给四块钱。也有的人主张，只要孩子没有大的失误，可以直接领取一定数额的零花钱。具体采用哪种方案，各家可以根据自己的情况而定。但基本原则是，首先，孩子不应该马上掌握数额太高的钱，比如，爷爷奶奶给的几百元压岁钱可以用孩子的名义存到银行里，将来上大学用。其次，大人应该帮助孩子学习延迟满足，鼓励孩子把每周的零花钱积攒起来，几周以后买个大点的玩具。

上面的故事，也许可以看出家长怎样做可以培养孩子形成正确的财富观念。

首先，家长自己要以身作则，树立正确的财富观念。家长的一言一行都会潜移默化地影响孩子，孩子消费观念和消费行为最初主要是来源于家长。很多家长本身就铺张浪费，喜欢炫耀，爱慕虚荣，结果孩子无形中也养成了这些坏习惯。因此，好的家长要自己学会勤俭节约，不铺张浪费。

其次，家长在平时的生活中，要适时地指导孩子树立正确的财富观念，正确地进行消费。

很多家长都溺爱孩子，给孩子很多零花钱，孩子可支配的钱多了，就很可能乱花钱。因此，一方面，家长要了解孩子的消费需要，再给孩子合适的零花钱。另一方面，家长要教孩子管理自己的零花钱。例如，每个孩子过年都有压岁钱，家长可以将其中一部分留给孩子，或者都留给孩子，但是要跟孩子一起计划如何花费，在尊重孩子意见的同时指导孩子学会管理自己的零花钱。

最后，家长在日常生活中要注意培养孩子正确的消费观念，指导孩子的消费行为。

事实上，家长应从孩子知道用钱去买东西时就要对他们进行正确的财富观念教育，其中最重要的就是要让孩子明白金钱的含义，让孩子明白要通过自己的努力来获得金钱。具体可以这样做：让孩子做家务或者做一些有益的劳动，自己挣零花钱。有的家长就做得很好，给孩子讲解了金钱的意义后，跟孩子商量每洗一顿碗给孩子一毛钱，用一小本子做她的存折，将钱记在存折上，一周结算一次，以后要用零花钱先给父母说一下，在自己的存折上支取。这个办法既能培养孩子的劳动习惯，更培养了孩子从小就不乱花钱的品行。因为孩子知道了挣钱的不容易。

投资意识和经济头脑比金钱更重要

大人们一般都知道，投资会让钱变活，会让自己的财富增值，而这种观念一般都是成人之后从社会中学到的。对现在的小孩子来讲，从小让他们有投资的意识，会让他们的财商在年幼时起步，待到成人时，财富的积累也就会事半功倍了。

春节，范先生8岁的女儿果果收到了1000多元的压岁钱，她把每张钱整齐叠好，准备存到银行“她的”存折里。范先生试探地对她说：“要是把钱存到你的存折，一年有20元的利息；如果存到爸爸的投资账户里，一年有100元利息。你选择哪一个？”果果略微考虑了一下，就爽快决定把钱存到爸爸的投资账户。

3年前，也就是果果5岁的时候，范先生就开始有意识地教她投资理财的知识。3年来，她已经懂得了很多关于投资理财的基本知识，特别是懂得了赚钱有哪些办法和用钱的三个原则。

1. “钱会生钱”。果果5岁的时候，范先生告诉果果“钱会生钱”。她不但不理解，而且还觉得爸爸在说谎。她知道母鸡会生小鸡，妈妈会生小孩，树木会结果实。钱不是生物，不可能也会生钱。范先生笑着拿出了银行存折，把其中银行付的利息指给她看，然后告诉她有关存钱、借钱和利息的基本知识。打那以后，范先生经常带上小孩到银行打存折本，有时候是她自己把本子放进登录机里，每次她看到钱又生出利息来特别高兴。

2.“投资能赚钱”。范先生在住家附近投资了一些房产，每个月都有租金收入，有些由租客通过银行转账，有些要上门收现金。只要方便，范先生都会带上果果去收租金，并告诉她房产投资的知识，让她懂得投资也能赚钱。前几天果果突然告诉范先生：“爸爸，我们家的商铺今后都不要卖，每个月都有钱收，要是卖掉啦，钱很快就会用完。”看来，她已经懂得“长线投资”的好处。

3.“赚钱的办法”。看到果果已经懂得了“钱生钱”和“投资赚钱”这两种赚钱办法，范先生再引导她思考还有哪些赚钱办法。果果想想之后，自己说出了三四种，包括：可以去上班工作赚钱；开公司做生意赚钱；收买旧报纸赚钱等等。

范先生的教育方法就是一个很好的范本，投资意识对于本金很小的孩子来说，比经济头脑更加重要。

在教育过程中，孩子们会深刻体会到：钱是可以为人所用的东西。但除此之外，钱还有另一种为人所用的方式，这就是投资。投资是指人用钱去参与那些被认为是能获取利润的事业或去购买那些被认为是可以增值的东西。如果投资获得了丰富的回报，投资人的财富就会极大增长。

除了范先生的教育模式，还有一些方式，可以帮助孩子们从小养成投资的习惯。虽然孩子们一般不具备进行大笔投资的条件和能力，但如下方式，可在父母指导下进行。

1.成为收藏家

收藏品可以成为获得利润的途径，有些东西买进来再卖出去，可能就会有可观的收益。孩子现在可能已收藏了一些东西，如：篮球或其他运动的门票、邮票、漫画书、硬币、玩偶、旧唱片等等。

2.买储备券

在美国，头储备券时银行只收储备券面值的一半钱，当储备券到期时，孩子可以按金额兑现它。因此，当孩子的父母或叔叔买储备券给他时，实际上是借钱给政府，由孩子将来收取本金和利息。

3.玩股票

买股票和炒股票从严格意义上说是大人的事情，在美国，不少家庭则鼓励孩子也积极参与，家长们将这看成是引导孩子们熟悉经济和培养理财能力的好途径。

购买股票和炒股票之前，孩子们应该知道：

首先，什么是股票。商业的增长需要金钱。为了弄到钱，一些商业机构出售股份——即他们公司的每一单位资产的所有权，这些股份即股票。

其次，孩子也可以像其他人一样买股票。此外，买卖股票要花钱，他还得为每一笔具体的买卖付钱给经纪人。

当决定买股票时，孩子应寻找这样的公司：一个他感兴趣并生产他喜欢的产品的公司；赚钱的和有前景的公司；一个有特殊责任心的公司，如有环保意识和关怀人权的公司。

学习玩股票的一种安全方法是并不真正拥有股票。在美国，常常有一些学生由老师带队来到股市，每人手里有虚拟的一定数目的钱可以用来投资，他们从报纸上跟踪股市信息，并像真的一样打电话进行交易。最终，他们当中用想象中的钱进行的虚拟的交易赚得最多的人，为优胜者。

4.购买债券

孩子在购买债券之前，父母常要求他应该具备这样一些基本知识：债券是筹集资金用于建设和发展的另一种方式。政府或公司发行的债券不是政府或公司的股份而是借给它们的贷款，这种债券承诺到期连本带利归还；债券有一些比股票更好的地方，如：大多数债券风险较低，最安全的是政府债券；有的债券是免税的，可以不通过经纪人直接买到，这会省下很多钱。

5.随时注意自己的投资

当孩子将钱投资于股票或其他项目时，或者仅仅是为了学到更多关于投资的知识时，随时留意它们的价格变化是一个好办法。从报纸或网络上可以了解到股票、债券和其他商业情况，如新的商业机会的文章，什么产业在增长及什么样的人在成功等，这些信息对孩子很有用。只要他随时留意，持之以恒，他的理财素质将得到很大的提高。

在培养孩子的投资意识方面，家长们确实需要煞费苦心，不但贯穿了日常生活的方方面面，而且还涉及了和金钱可能发生的所有环节。这样就不愁培养出天才巨商、金融巨子了。

理智消费，把钱花在该花的地方

给孩子要钱要舍得，但是不代表什么钱都可以花。教导孩子理智消费，并且引导孩子把钱花在该花的地方是培养孩子财商的关键一步。

美国著名的亿万富翁洛克菲勒就深得其中要义。他在孩子7岁以后，每人每周发给3角钱的津贴，同时发给他们一个小记账本，要求他们记载每一分钱的用途和花钱的时间，周末还要孩子们交上自己的账本，以审查其开支的合理性。洛克菲勒在谈到让孩子记账时曾说："要让他们懂得金钱的价值，不要乱花乱用，把钱花在益处。"

孩子不良消费习惯的养成，往往在5岁前就初露端倪了。因此，在这个年龄阶段，学会拒绝孩子的无理需要，就是每位父母都必须做到的。

如果因为面对孩子的一时哭闹，就心生不忍，进而满足孩子的各种需求，那么无疑这种妥协将一而再、再而三地出现，孩子也会渐渐养成欲望无度的恶习。从表面上来看，父母的这种满足是一种爱的表现，可从长远来看，这对孩子的一生却是一种害！

孩子们的通病之一就是乱花钱，不懂得计划，不知道节制。帮助他们处理好这个问题是财商教育的首要内容之一。一个会花钱的孩子已经懂得了管理和计划，他已经成为了自己"金库"的成功运营家。所以，父母一定要对孩子进行适当的理财教育，让孩子学会正确理财。当然，在对孩子进行理财教育时，你还必须考虑到他们的年龄。可能你费尽了口舌，而孩子仍坚持想要那个东西，这没有什么奇怪的。重要的是，要让孩子习惯听到你说不，并解释为什么。

孩子进入童年期后，随着主动性的加强，处理有关钱的问题的能力也会有所提高。因此，加强孩子的理智消费观念，尤为重要。

例如，在此年龄阶段，家长应教育孩子：

1．每周或每月可以有固定的零花钱，但不可要求预支；

2．用自己的钱买电影票、零食或游戏卡片；

3．学会挑选一些物美价廉的商品；

4．存在银行的钱，只能有极少的利息，想要获得高额回报，可以将它放贷出去，或进行投资；

5．如果想要有额外的消费，必须向父母说明是“需要”还是“想要”，并讲出合理的理由。

让孩子接触银行的最好方法就是，当父母到银行办理开户，或是到银行存钱时，把孩子带在身边。这样，孩子就会慢慢学会开户、存款以及提款的流程；并且对储蓄以及利率等知识形成更深刻的认识。

此外，在孩子提出非合理需求时，父母还应帮助孩子区分“想要”和“需要”之间的差别。“想要”大多是一种无理的需求，没有正当理由，得到的快乐是短暂的；而“需要”则是确实对学习或生活有所帮助。当“讲出正当理由”成为了一种固有的消费规则，孩子就会知道，并不是自己的任何需求都应该满足，并渐渐控制自己盲目的购买欲望。

孩子进入中学阶段后，独立意识、思维能力都有所增强，在早期理财教育的基础上，父母还应教育孩子：

1.学会制订和执行预算。制订预算的目的是要让孩子懂得，花钱是要负责任的。在自己的收入范围内要保证自己始终有足够的钱，而避免那种因买太多想买的东西而无法付款的尴尬。方法就是做一个预算表，它是管好钱、有计划用钱的基础，是避免孩子乱花钱的安全阀。

由于孩子小，可以每周制订一次预算，列表时，按下述五个步骤进行：

步骤一：列出每周从各种渠道能获得的可靠收入；

步骤二：列出每周必须要花的钱；

步骤三：列出想要但还没动手的东西的清单；

步骤四：列出想攒钱购买的东西；

步骤五：从收入中扣除必须花费的，剩下的就是可以花或可以攒的钱了，这就是孩子的每周预算。

2.只购买自己需要的产品。很多孩子喜欢省小钱，却在不知不觉中花了大钱。比如他可能会在超市中购买有优惠价的产品，却在不知不觉中因为“优惠”而买了不必要的商品。因此，在对孩子的理财训练中，购物的技巧是十分重要的训练内容，要教会孩子只购买自己需要的产品，而且越早越好。

3.学会识别广告的真假。广告常用一些家长能够识别，但是孩子却很少能够看透的手段来捕获顾客，这些广告试图让孩子们相信它的产品比其他牌子要好，但又不提供严格的证据。

因此，要告诉孩子，广告中存在虚假成分是公认的事实。这种虚假对成人有害，对孩子更加危险。因而要让孩子认识到：大多数厂商依赖广告的原因并不是由于广告传递了产品的信息，而是广告能说服顾客购买产品。

4.养成良好的消费习惯。在教育孩子理智消费、计划消费的时候，除了教孩子一些辨别货物品质的知识外，还应使用一些促进孩子计划用钱的技巧。例如，针对某件物品，可以给孩子规定一个适当的购买价位，并告诉孩子：如果买到物美价廉的物品，多余的差价就是你的。如此，孩子就会积极地进行比较消费，进而养成良好的消费习惯。

正确的生活消费可以改善孩子的生活条件，为孩子将来的发展打下好的

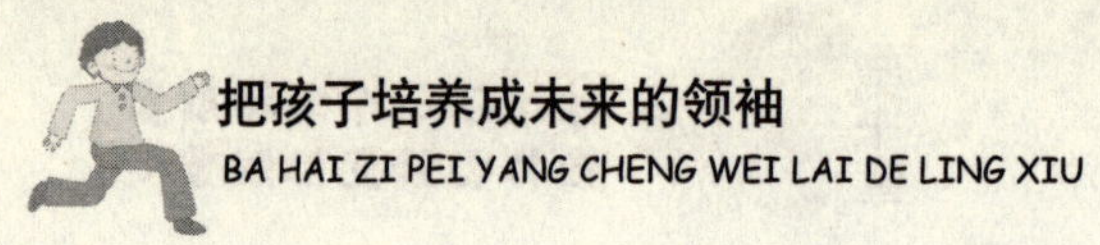

物质基础；错误的消费方式往往会把孩子“惯坏”，成为无所事事的人。所以，作为新时代的父母，在对孩子进行家庭教育时，一定要加入这样一条：教会成长中的孩子理智消费，把钱花在该花的地方。

帮孩子攒钱，养成储蓄习惯

小学乱消费，中学高消费，大学变“月光”，毕业后“啃老”。目前，青少年不良消费习惯和错误的金钱观念影响着他们的成长和发展。“你不理财，财不理你”这话对谁都适用，儿童、青少年也不例外。孩子如果没有攒钱的习惯，那么财商的培养也就是一纸空文。想让孩子在自己的财富之路上走得更远，首先得让孩子学会攒钱。但是由于孩子的能力还在形成阶段，所以要在家长的陪伴下，让孩子的小钱罐慢慢充实起来。

这一切都可以从孩子的压岁钱开始。家长可以通过帮助孩子打理压岁钱，让孩子养成储蓄的习惯。

1.可以设立压岁钱奖励基金。春节期间，孩子都会拥有长辈们给予的压岁钱，少的几百元，多的几千元甚至上万元。如果家长担心孩子没有能力合理处理过多的金钱，不妨设立一个压岁钱基金，对孩子进行行为训练教育。

家长可以事先与孩子约定，把压岁钱作为奖励基金。当孩子主动做家务、对客人礼貌招待、为长辈尽孝心时，就增加他的积分，一个月算下来，按孩子的积分去换奖金，从奖励基金中提取一部分来奖励他，让他们在脑子里形成劳动所得光荣的概念。相应地，当孩子出现不讲礼貌、不尊重长辈、吃饭执意要看电视、沉迷网络游戏等不好的行为时，家长还可以相应地扣除积分，让孩子意识到这些行为是不对的，并学会对自己的行为负责。

2.鼓励孩子每周写一篇记账周记。

程太太从儿子起航上小学一年级开始就给少量零花钱，并告诉他："你可以拿零用钱买玩具和零食，也可以把它攒下来，爸爸妈妈让你自己做主，但爸爸妈妈不会再给你买其他喜欢的东西。如果你确实非常喜欢，就自己攒下零花钱买。"这样，起航从小就明白到自己不能贪心，如果目标定在一部游戏机上，那就只能自觉控制买零食和玩具的花费，忍痛割爱少买巧克力、奥特曼了。

起航今年快9岁了，程太太打算趁过年大人给压岁钱的机会，开始要求儿子学记账，将每笔钱的来龙去脉清楚记录下来，每周写一篇记账周记，对他自己的花钱情况进行检查，看哪些钱该花，哪些钱不该花；哪些钱花多了，哪些钱该花而没花出去，然后对儿子进行指导。"这样才能加深孩子对财富的认识，还能逐渐学会节流，知道怎样把钱花在刀刃上。"

3.还可以用三色盒子玩理财游戏。为孩子准备红、黄、绿3个盒子，红色的用来装固定存款，让孩子把压岁钱等大笔款项的50%存进银行或做稳定投资，存单放进盒子里。黄色盒子则是孩子的"活期储蓄盒"，约占20%，是让孩子用这个盒子的钱买自己喜欢的大件商品。绿色盒子则相当于孩子的流动资金，他平时想买零食、小文具，钱就从这里来。

黄色、绿色盒子的资金分配是灵活的，当孩子很想得到某个大件物品如笔记本电脑、学习机的时候，不妨让孩子自己学着攒钱购买，他们可以省下零用钱，把绿色盒子里的资金调动到黄色盒子里。这样不仅能让孩子从小学会合理分配，还能让孩子学会珍惜财物。

叮当为了搜集各种可爱的机器猫玩具，经常缠住妈妈要这、要那。叮当5岁生日的这天，妈妈为他购买了一个蓝色的机器猫存钱罐，并郑重地告诉他：只要坚持往里面存硬币，机器猫就会实现他的愿望。叮当记住了妈妈的话，到6岁生日时，在妈妈的带领下，叮当用存钱罐的钱买了自己喜欢的书包和文具。

为了让叮当从小养成良好的理财习惯，妈妈没少阅读各类少儿理财教育的书籍。在其中的一本上，她看到对于儿童理财教育的目标要求是：

5岁：知道硬币的等价物，知道钱是怎么来的。

7岁：能看懂价格标签。

8岁：知道可以通过做额外工作赚钱，知道把钱存在储蓄账户里。

9岁：能够制订简单的一周开销计划，购物时知道比较价格。

10岁：懂得每周节约一点钱，以便大笔开销时使用。

由此可见，尽早培养孩子的储蓄意识，有助于孩子从小学习合理消费，并养成为自己的梦想做储蓄、做准备的好习惯。家长更可以通过存钱的过程，让孩子循序渐进学习理财，为以后成为“富小孩”打下基础。

存钱是为了把今天的消费行为转化为明天的消费能力；存钱是为了帮孩子把无关紧要的小钱，积累到一起做有意义的事情。“理财教育”从娃娃抓起，并不是把孩子培养成一个金钱至上的拜金主义者，而是让孩子在存钱过程中，正确对待金钱、运用金钱，更充分地发挥出金钱的作用。因此，家长们不要再犹豫，由这一刻起，跟孩子一起体验存钱的乐趣吧！

利用零用钱让孩子学会自主理财

孩子自主理财的培养应该从孩子手握余钱开始，而孩子手里的闲钱往往是自己的零用钱。家长可以利用孩子手里的零用钱，来培养孩子的理财能力。

要想懂得理财，首先得让孩子“爱财”。

假如孩子想要什么东西，便由父母付款，会令小孩误以为唾手可得；如改为让孩子付钱，有助教育他们一个概念：买东西要付款，借此体验和明白金钱的功用，要是父母灌输金钱的概念太迟，只怕下一代容易养成不懂珍惜金钱，而习惯伸手拿钱买东西的陋习。

例如假期时，用钱的机会也较多，家长可借此机会，帮助宝宝树立正确的金钱观和理财观，避免他们胡乱花费金钱。

孩子在幼儿阶段初步有了金钱概念后，踏入小一的岁月，父母开始给予孩子日常的零用钱，此时，父母定要坚守和实践以下两大原则：

原则1：因应需要给予适当金额的钱。根据孩子实际消费需要而给予金钱，例如休息时买零食的开支，千万不要给孩子太多零用钱，否则难以帮助孩子培养节制和自律用钱的理财习惯。

原则2：每日给予零用钱。倘若一次给予孩子整个月的零用钱，他们会很快便花光。

那么，怎么让孩子们能够合理使用零用钱呢，家长们可以从下面几个方法入手：

首先，教会孩子精明消费学砍价。孩子念小学时，家长有责任鼓励他们建立消费、储蓄、分享等概念。可以集中讲解消费环节，比如说，孩子每月零用钱为20元，若父母与子女双方同意1个月内消费5元，那么，父母便不应干涉孩子买什么东西，而余钱15元便可储蓄起来。

有时孩子或想从储蓄里动用一点钱，购买小礼物送给家人、好友或同学。他们应先问准父母，一起商讨消费用途和所用金额。期间，父母应趁机教导孩子学习砍价，购买较便宜的物品，而不是一看到心仪物品便花尽储蓄购买。

其次，父母要做孩子的榜样。在管教宝宝时，父母要以身作则，包括购物时砍价，让小孩知道父母于消费外，同样有储蓄习惯。另外，家长不要在宝宝面前炫耀名牌，以免令子女变得贪慕虚荣。更重要的一点，就是父母不要用金钱或物质，代替陪伴小孩的时间。因为教育子女是个循序渐进的过程，只有做好孩子的榜样，才能达到教育的目的。

第三，要让孩子善用零用钱。使用零用钱时，会令宝宝于不知不觉间超出预算用了钱，因此，妈妈不妨采取以下策略：

1.事先跟小孩说清楚，如果这周用完零用钱里的金额，要直至下周才可再增值；

2.每次只替孩子的零用钱增值20元；

3.万一宝宝的零用钱金额用尽，但仍未到周末，父母唯有每天给予现金作为孩子的交通费。但谨记不要再于该周内给予子女额外零用钱。

第四，要妥善处理红包钱。若把每年的红包钱交还给孩子使用，他们可能转眼便花费掉。因此，父母应先跟他们说清楚那笔钱的用法，若遇上用钱不节制的孩子，便应由父母保管红包钱。每当孩子要动用，就要向父母拿，而家长更需从旁监察他们用钱的方法。孩子尽管岁数小，可在买东西这点上已经非常有“主见”，买衣服、买鞋，都得孩子自己拿主意；去超市的话更加不得了，这也要、那也要，劝都劝不住。问题就出在孩子不会理财上，只要家长在孩子的零花钱问题上多花点心思，孩子才能从受家长管制转变为主动管理自己的零花钱，并调整自己的花钱行为，从中学到更多“钱”以外的东西。

处理红包，家长可与孩子协商把压岁钱和一部分零花钱存起来，利用假期去旅游，增长知识，开阔眼界，或者在给孩子购买大件物品(如电脑)时，让孩子自己承担一部分费用。

还有一个有效的方法就是给孩子设“小账户”，并执行“财政预算”。为孩子建立“账户”，绝不是简单地为孩子开一个储蓄账户。账户起码要起到三个作用：一是让孩子对自己的账户存款负责，孩子总是喜欢他账户上的钱越来越多，这样，他就不会养成乱花钱的习惯；二是规定他每次花钱使用量不准超过账户的一半，告诉孩子强行超支的后果，这样，孩子以后就不会乱借债去消费，买东西也会精打细算；三是告诉孩子，他账户里的钱还必须尽一些义务，如过年过节给爷爷奶奶等买些小礼物，这样孩子还会省些钱作别的用途。如此从小练习，有益于孩子成人后的理财。

第五，经常和孩子讨论零花钱的分配。关于零花钱，父母应郑重其事地和孩子进行讨论，以期达到彼此满意的解决办法，并且要告诉孩子，协议一旦达成，他就必须遵守执行。也要让孩子明白，零花钱是家庭生活中的一项制度、规矩，这并不是父母对他施加压力的一张王牌，也不会因父母的情绪好坏而随意增减数量。首先，让孩子自己记录都买了些什么，花多少钱买的，一段时期后，帮助孩子判断哪些钱花得值，哪些钱不该花，从而引导孩子买自己真正所需的。其次，把孩子每月的日常开销记录下来，比如学费、饭费、文具费用等，和孩子商量压岁钱和零花钱可以支付哪一部分，并说明如果孩子自己能负担这部分费用，家庭负担能减轻很多，爸爸妈妈就轻松多了。

不要小看孩子手里的零花钱，零花钱是锻炼孩子财商的第一步，积少成多，零花钱也可以成为孩子将来“出去闯”的物质基础。教会您的孩子运用零花钱，让他学会自主理财，您的孩子跟领袖们的距离就会再缩短一步。

人情往来，成大事者不计较小钱

相信大家都有这样的经验：普通老百姓在每天的消费中，都会习惯性地花半小时去砍砍价，省一点小钱——小钱精明。但他们银行账户里说不定就存着20~30万元现金——只是存在银行，收取微薄的利息。富翁正相反：他们在人情往来中，从不计较小钱，而是喜欢留意大事情，对未来发生的变化，他们有远见，早有预备，适应得很好；他们还会利用别人暂时见不到的机会，大捞一把。就这样，普通人越来越普通，富人越来越有钱，想要自己的孩子将来成为富人，就要从小教育孩子，成大事一定不能计较小钱。

威尔森出生在一户贫穷人家，从小他就过着拮据的日子。他清楚记得10岁时的圣诞节，一个妹妹一出生就夭折，为了埋葬她，全家没钱过圣诞。邻居孩子都不和他玩，然而，父母对生活并没有放弃，甚至还利用仅有的一些小钱，帮助比他们更穷的人。父母的教育让威尔森明白，一时的贫穷不代表一世，只要用心，总有一天，一定会比别人更有钱。

威尔森成年后成为一名金牌推销员，他的业绩总是位居榜首，几年下来，他就脱离了贫困的生活，买了自己的房子，步入了中产阶级的行列。威尔森成功的秘诀是什么呢？就是不在乎小钱，父亲的教导他永远记在心上，每当遇到穷人，威尔森都会给他们适当的优惠。这样虽然损失了自己的利益。然而，受他帮助的朋友们会把他介绍给其他潜在顾客，就这样威尔森名气越来越大，不仅被人们夸奖有人情味，而且成功地赚到了自己的第一桶金。

看住了小钱，就会丢掉大钱，因为人的思路被限制在小钱上面，人的精力是有限的，喜欢斤斤计较，就会花费大量的时间跟精力，就不会再有多余的精力放在大钱身上。当然，这并不是说要教育孩子花钱大手大脚，不需要计算，要知道节约跟吝啬是有区别的，慷慨跟大手大脚本质上是不同的。我们要教育孩子节约，而不是教育孩子吝啬，人情往来该花的钱还是要花。

也许很多家长会说，我们教育孩子慷慨了，我们的孩子懂得了舍得花小钱，别人的孩子不这样做的话，我们是不是吃亏了啊？其实，“慷慨”是一种外在的行动表示，“吃亏”是一种内在的主观感受。妈妈们并不知道“慷慨”的孩子心里是否真认为“吃亏”，对于吃亏的感觉只属于妈妈自己。假如孩子真的认为“吃亏”了，恐怕他们就不会那样“慷慨”了。

儿童时期是家长培养孩子人生观、价值观的黄金时代，孩子是否感到“吃亏”，是和他的价值观密切相关的。孩子正在形成自己的价值观，而且孩子价值观的形成必定会受父母影响。如果家长一味地认为孩子吃亏，孩子以后就会变得不敢花小钱去“慷慨”了。

彤彤性情外向，是个特慷慨的孩子，她对小伙伴从来不吝啬。学校组织春游，家长给她买了不少零食，彤彤都跟同学们一起分享。平时不少小朋友愿意上彤彤家来玩，彤彤有不少玩具都是她爸爸从国外带回来的，她都愿意搬出来，再贵、再爱好的玩具也不例外。有时候玩的人一多，价钱不菲的玩具就被折腾坏了，彤彤也不在乎，下回还这样。彤彤奶奶看到这样很替孩子担忧：孙女儿在碰到那些不慷慨的小朋友和家长时，心里会不会不平衡？这样“慷慨”的孩子进进社会后会不会吃很多亏呢？

然而彤彤妈却不这样认为：她觉得孩子也许花了些小钱，把食物跟玩具分给别人，自己没有享受到。但是无形中，彤彤多了很多朋友，性格变得活泼开朗，学习上的问题再也不用请教父母，而是跟小伙伴们讨论，无形中，彤彤得到了一笔大财富。小小的付出把她打造成为了社会需要的人才，将来在社会上，她的财商也会超越其他同龄人。

会赚钱，也要会花钱，花了小钱才能赚大钱，孩子的金钱观需要家长去塑造，家长一定要让孩子明白，节约不代表吝啬，有目的地花小钱不代表浪费，教会孩子花“该花的钱”。

让孩子知道，聪明的脑袋会生钱

培养孩子的财商关键就在于家庭理财教育。要从小培养孩子的金钱观，第一步就要从“给孩子钱”向“让孩子去赚钱”转变，让孩子明白，钱是必须通过正当劳动才能挣得的，并且越聪明的脑袋赚的钱越多。

孟太太的儿子孟强即将上初中，为了改变孩子“伸手要钱”的毛病，她让孩子通过干家务活获取零花钱。“例如，扫一次地，给2元；洗一次碗，给3元，让他给自己打工，赚零花钱。”自从孟强开始自己“打工”挣钱后，他就开始思考如何能赚更多的钱，并且是利用脑力而不是体力。暑假到了，孟强终于想到了一个赚钱的办法，他开始帮学习差的同学补习英语，为什么要帮别人补习呢？原来，孟强的脑袋瓜里已经有了一个把智慧转变为金钱的详细计划。孟强的目的是，现在开始锻炼自己，上大学后就可以做家教靠头脑赚钱了。

犹太人被誉为最会做生意的人，他们在孩子小的时候就会教育孩子：要用聪明赚钱，当别人说一加一等于二的时候，你应该想到大于三。

一天，一位犹太人父亲问儿子一磅铜的价钱是多少？儿子答35美分。父亲说：“对，整个得克萨斯州都知道每磅铜的价钱是35美分，但作为犹太人的儿子，应该说成是3.5美元，你试着把一磅铜做成门把看看。”20年后，父亲死了，儿子独自运营铜器店。

他做过铜鼓，做过瑞士钟表上的簧片，做过奥运会的奖牌，他曾把一磅铜卖到3500美元，这时他已是麦考尔公司的董事长了。

世界上一切富翁都是最会用聪明的头脑赚钱的，你就是把他变成穷光蛋，他很快又是富翁，由于他失去了资金，失去厂房，但他还有聪明才智。洛克菲勒曾放言：“假设把我一切财产都抢走，并将我扔到沙漠上，只需有一支驼队经过，我很快就会富起来。”

中国的亲子理财教育一向简单，因此在教孩子如何赚钱的问题上，也少有比较成功的经验。我们常听父母们抱怨：“怎么教孩子赚钱呢？幼儿园就教显然早了点，可进入小学后，学业负担就开始日益加重，每周能有一天让他轻松地玩耍就不错了，实在想不出还有什么教他赚钱的时间和好方式。”

无论是国内还是国外，通过家务劳动来获得报酬，让孩子赚钱的传统方式，这种方式的代表人物是摩根财团的创始人老摩根。

老摩根靠卖鸡蛋和开杂货店起家，发家后对子女要求十分严格，规定孩子每月的零花钱都必须通过干家务来获得，重要的是转动你们的脑筋，谁干得多，干得好，获得的报酬则越多。于是，几个孩子都抢着干家务。最小的托马斯因为老抢不到活干，连每天买零食的钱都没有，所以非常节省。老摩根知道后对托马斯说：“你不应在用钱方面节省，而应去想怎么多干活才能多挣钱。”这句话提醒了托马斯，于是他想了很多干活的点子，零花钱渐渐多了起来，不仅懂得了理财中赚比省更重要的道理，更重要的是他懂得了用脑袋去赚钱，比用手去赚钱要赚得多。

要想让孩子成为聪明的掘金者，还要教孩子发现“商机”。

老徐是一家公司的高管，年轻时曾经远赴海外留学，国外家长从小就开始培养子女挣钱能力的做法，给他留下了深刻的印象。在对女儿的教育中，他也开始有意识地进行“财商”教育，尤其是让孩子培养动脑袋赚钱的能力。“我觉得女儿在学校里有一次二手书交易市场的活动办得就很不错。”在二手书交易市场上，孩子们把自己已经读过的书籍、报刊带到学校里，几个人开设一个小型的书摊，孩子们自己定价、互相砍价。一天的活动下来，老徐的女儿在父亲的帮助下，通过砍价、还价、倒卖二手书，最后挣了60多元，又用这笔钱买了不少别的小朋友的旧书。

当然，鼓励孩子赚钱，不是让孩子尽情消费他们赚到的金钱，而是通过一些方式把金钱积累下来，并借机教会他储蓄或稳健投资等一些最基本的理财技巧。毕竟，能把自己赚来的钱积累下来，还能感受到金钱在储蓄账户里成长，这对每个孩子来说都是神奇的体验。有了这些神奇的体验，更能激发孩子对金钱的渴求，也更能激励他们开动脑筋，赚更多的钱。

家长能留给孩子的财产是有限的，然而如果能留给孩子一个会赚钱的头脑，那么孩子可以获取的财富将是无穷无尽的。只有培养孩子的财商，培养孩子主动赚钱的积极性，孩子的一生才会有所作为。

翟杰 老师培训介绍

鬼谷子研究专家　金牌节目主持人
亲子教育专家　口才训练专家

★★★★★★　　★★★★★★

翟杰教授师承于中国教育艺术泰斗——李燕杰教授、中国演讲艺术泰斗——彭清一教授。翟杰博古通今，学贯中西，将中华国学智慧精髓与国际先进培训理念融为一体，开发出一套科学、实用、创新的培训体系。翟杰独创的纵横捭阖中华国学精髓培训系统、生命突破多元智能教育训练系统、将多元智能、全脑思维、创新思维、情景式、体验式、启发式、互动式、寓教于乐、因材施教、教学相长等古今中外的教育培训经典集之大成，信手拈来，运用自如。

翟杰教授，凭借多年从事企业管理培训与国家公务员的工作经验，加之二十余年新闻工作的深厚功底,以记者的敏感、编辑的缜密、节目主持人的灵活与雄辩，以互动式心理体验的训练方式，以平等交流、共同提高的教学态度，利用其独创的多元智能培训方法，启发每一位参与者，充分认识自我生命潜能，挖掘自身潜力，从而更好地实现人生价值。

正如辽宁省广播电视厅副厅长郭东义所说：讲台上的翟杰，温文尔雅、落落大方、平易近人、和蔼可亲。时而口若悬河、侃侃而谈，时而轻歌曼舞、风度翩翩。一言一语，口齿清晰，声声入耳；一招一式，赏心悦目，潇洒干练。紧要处，如疾风暴雨、排山倒海；舒缓时，如轻风弱柳、静水微澜。解疑难，如雪中送炭；讲道理，似抽丝剥茧。亦庄亦谐、或喜或悲；刚柔相济、张弛有度。台下的受众，不知不觉地被吸引、被感染、被疏导、被征服，情不自禁地与台上相呼应、相交流、相启发、相鼓励。整个台上台下，形成一体。时而喜笑颜开，时而声泪俱下；时而慷慨激昂，时而掩面沉思；时而恍然大悟，时而跃跃欲试。在轻松愉快的氛围中，使心灵得到净化，受到震撼，获得力量。从而进一步认识自我，重塑自我、突破自我，实现自我突破与超越。

目前，翟杰教授主持的各类培训及讲演已达2000多场，受众达1000万人次。上有85岁高龄的老革命、厅局级领导干部、高级专家、教授、总裁、硕士、博士、博士后、奥运志愿者，下有年仅6岁的少年儿童、中小学生，还有解放军战士、武警官兵、人民警察、残疾人和孤儿……凡是参加过培训的人们，无不耳目一新，受益匪浅。

翟杰教授在从事培训事业的十多年里，始终坚持多角度、多媒体、多形式的培训方法。他的课程大多是采用载歌载舞、随机应变的体验式训练方式，让学员在全方位立体训练的形式中，突破自我、感悟人生、寻找方法。

邮箱：zbz159@vip.sina.com　**联系电话**：010-68487630　**手机**：13910873125

主体课程：

一、中华国学智慧精髓系列

1、中国谋圣——鬼谷子谋略系列课程

鬼谷子谋略与纵横捭阖

鬼谷子谋略与总裁智慧

鬼谷子谋略与领导艺术

鬼谷子谋略与人性管理

鬼谷子谋略与孙子兵法

鬼谷子谋略与人生智慧

鬼谷子谋略与商业谈判

鬼谷子谋略与销售口才

鬼谷子谋略与高效沟通

鬼谷子谋略与女性智慧

鬼谷子谋略与应变口才

鬼谷子与军地两用人才

适用范围：从政经商、领导艺术、谈判技巧、销售口才、人际沟通、团队管理、女性智慧、军事谋略、养性舍身等领域

2.中国商圣——翟杰话说财神爷

适用范围：从政经商、致富奇术、理财秘籍、为人处事等领域

3.平民圣人——墨子的和谐团队之道

适用范围：领袖风范、从政经商、团队精神等领域

4.中国兵圣——孙子的战略思想解析

适用范围：从政经商、领导艺术、谈判技巧、团队管理、女性智慧、军事谋略等领域

邮箱：zbz159@vip.sina.com　**联系电话：**010-68487630　**手机：**13910873125

5.国学精粹——诸子百家韬略解析

适用范围：地球村全体村民

二、演讲主持口才训练系列

1.《口才是练出来的》特训营

2.《魅力口才三支剑》特训营

3.企业培训师特训营

4.销售口才特训营

5.营销沟通口才特训营

6.主持人脱口秀特训营

7.领导者的口才修炼

三、营销管理技巧培训系列

1.毛泽东的领导智慧

2.向中国共产党学管理

3.企业人本管理与社会责任

4.提升领导力十项修炼

5.翟杰无极行销

6.高效沟通谈判技巧

7.高效时间管理

8.商务政务生活礼仪

四、潜能拓展亲子教育系列

1.生命突破训练营（成人版、少年版）

2.培养优秀的独生子女

3.父母的品格影响孩子的一生

4.性格分析与人际交往

5.做更好的自己

6.大学生职业生涯规划

邮箱： zbz159@vip.sina.com　**联系电话：** 010-68487630　**手机：** 13910873125

翟杰教授曾经服务过的单位：

◆**教育类**：中共中央党校、清华大学、北京大学、中国人民大学、中科院研究生院、上海交通大学、哈尔滨工业大学、兰州大学、东北大学、南昌大学、国资委党校、辽宁省委党校、中国人民解放军防化军事学院、北京华夏管理学院、绵阳十中等近百所院校。

◆**党政类**：商务部、文化部、国资委职业经理研究中心、中共海南省委、中共石家庄市委、无锡市委、常州市委、宜昌市委、黔东南市委、中华供销总社、北京市总工会、重庆市外经贸委等几十家政府机关。

◆**金融类**：中国人民银行、中国银行、中国工商银行、中国农业银行、中国农业发展银行、招商银行、中国人寿、人保财险、人保寿险、中国平安、太平洋保险、民生人寿、太平人寿、泰康人寿、新华人寿、幸福人寿、永安财险、中宏保险、安联大众、中保康联、恒康天安、金盛保险、信诚保险、友邦保险、太平洋安泰等几十家金融机构。

◆**国企类**：中国移动、中国电信、中国期货、国家大剧院、国家电网、大唐电力、贵州电网、华北电网、黄河水电、全聚德、新华书店等几十家单位。

◆**服务类**：北京奥运志愿者、爱国者、真心食品、蜘蛛王鞋业、金百万餐饮、世华集团、博士德、天道合圣、华仔集团等近百家单位。

◆**国际类**：美国卡乐康、丹麦丹佛斯、马来西亚科技大学、马来西亚肯尼机构、马来西亚《南洋商报》、马来西亚中华总商会、香港永亨、马来西亚CORONAR机构等。

◆**媒体类**：中央电视台《奋斗》、中国教育电视台、中国保险报、东南卫视、香港华娱卫视、专家网、总裁网、福州日报、沈阳晚报、江阴电视台、中国杰出青年、搜狐网、《清华继教》、新时代管理、世界慈善家、马来西亚国家电台、《南洋商报》、《中国报》、《创业家》、《国际商联》、《企业家》等。

邮箱：zbz159@vip.sina.com　**联系电话**：010-68487630　**手机**：13910873125